D1249327

LE GUIDE
DES MÉCHANTS
RAISINS

LE GUIDE
DES MÉCHANTS
RAISINS

Patrick Désy
Claude Langlois
Mathieu Turbide

Les meilleurs vins pour toutes les occasions

LES ÉDITIONS
DU JOURNAL

Éditrice : Marie Labrecque
Chargée de projet : Marylène Kirouac
Coordination éditoriale : Ariane Caron-Lacoste
Révision linguistique : Nolsina Yim
Correction d'épreuves : Marylène Kirouac
Conception graphique : Benoit Dussault
Mise en page : Olivier Lasser

**Catalogage avant publication de Bibliothèque et Archives nationales
du Québec et Bibliothèque et Archives Canada**

Désy, Patrick, 1975-
Le guide des Méchants Raisins : les meilleurs vins pour toutes les occasions
Comprend un index.
ISBN 978-2-89761-013-5

1. Vin - Guides, manuels etc. 2. Accord des vins et des mets. I. Langlois, Claude, 1948-   .
II. Turbide, Mathieu, 1970-   . III. Titre.

TP548.2.D47 2015   641.2'2   C2015-942080-6

Les éditions du Journal
Groupe Ville-Marie Littérature inc.*
Une société de Québecor Média
1055, boulevard René-Lévesque Est, bureau 300
Montréal (Québec) H2L 4S5
Tél. : 514 523-7993, poste 4201
Téléc. : 514 282-7530
Courriel : info@leseditionsdujournal.com
Vice-président à l'édition : Martin Balthazar

Distributeur
Les Messageries ADP *
2315, rue de la Province
Longueuil (Québec) J4G 1G4
Tél. : 450 640-1234
Téléc. : 450 674-6937
* filiale du groupe Sogides inc.
  filiale de Québecor Média inc.

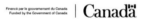

Financé par le gouvernement du Canada
Funded by the Government of Canada | Canadä

Nous remercions le Conseil des arts du Canada de l'aide
accordée à notre programme de publication.

Les éditions du Journal bénéficient du soutien de la Société de développement
des entreprises culturelles du Québec (SODEC) pour son programme d'édition.
Gouvernement du Québec — Programme de crédit d'impôt pour l'édition de
livres — Gestion SODEC.

Dépôt légal : 4e trimestre 2015

COMPRENDRE LES NOTES DANS CE GUIDE

Il existe plusieurs façons de noter un vin. On peut lui donner une note sur cinq, le plus souvent en utilisant des étoiles. On voit aussi souvent des notes sur 10, sur 20 ou sur 100, comme à l'école. On peut même ajouter des demi-points.

Les trois Méchants Raisins ont toujours noté de façon différentes : Claude sur 5 étoiles (avec des demi-étoiles), Patrick sur 20 et Mathieu, lui, change souvent d'idées : parfois avec des étoiles, parfois avec des illustrations de raisins plus ou moins contents.

Dans le *Guide*, les Raisins s'entendent pour noter sur 20, avec des demi-points. En réalité, le système de notation débute à 10/20, puisque les vins sous 10 points ne méritent pas de figurer dans ce guide et qu'il est un peu absurde de nuancer la médiocrité. Autrement dit, quand c'est mauvais, c'est mauvais ! Ce n'est pas un système parfait, mais il a l'avantage d'être simple.

À quoi correspondent les notes ?

11/20 et moins = Vin sans intérêt

12-12,5/20 = Vin correct, sans plus

13-13,5/20 = Vin moyen

14-14,5/20 = Assez bon vin

15-15,5/20 = Bon vin

16-16,5/20 = Très bon vin

17-17,5/20 = Excellent vin

18-18,5/20 = Grand vin

19-19,5/20 = Vin exceptionnel

20/20 = Vin mythique

Pas de passe-droit !

Par ailleurs, nous notons dans l'absolu, c'est-à-dire que tous les vins sont jugés de la même manière, qu'ils soient de grands réputés ou de simples petits de tous les jours. Nous comparons donc la qualité du vin dégusté à celle de tous les autres vins et non pas aux seuls de la même catégorie. Un petit malbec argentin à moins de 15 $ a beau être le meilleur de sa catégorie, il n'aura pas pour autant une note équivalente à celle d'un grand cru de Bordeaux. Ce super malbec pourra recevoir 15 points, mais pas les 18 ou 18,5 obtenus par le grand cru de Bordeaux.

Trois Méchants Raisins « aveugles » valent mieux qu'un

Plusieurs des vins commentés dans ce guide ont été dégustés et notés de manière collégiale, c'est-à-dire par les trois Méchants Raisins réunis autour d'un comptoir de cuisine qui échangent sur les qualités et points faibles des mêmes vins. Parfois d'accord, parfois pas du tout... Mais les vins que nous vous conseillons ont fait l'objet d'une entente, sans avoir eu à se lancer des bouteilles sur la tête ! Évidemment, des contraintes de logistique et de temps ont également fait en sorte que plusieurs des cuvées commentées ont été dégustées en solo. Fait important à noter : nous avons, autant que possible, goûté à l'aveugle, sans avoir vu la bouteille ou l'étiquette, donc nous étions libres de tout préjugé. « La vérité est dans le verre ! » La dégustation à l'aveugle est une grande leçon d'humilité et évite au critique d'être influencé. Au final, évidemment, il faut dévoiler la bouteille pour situer le vin dans son contexte, ce qui aide à le décrire et à le noter. Mais on juge d'abord à l'aveugle.

Suivez-nous sur le blogue pour rester à jour !

La majorité des vins ont été dégustés au courant de l'été 2015. Il est donc possible que certains ne soient plus disponibles au moment où vous voudrez les acheter. Il faut donc vérifier sur le site de la SAQ (www.saq.com) pour vous en assurer.

De plus, des vins peuvent avoir été jugés pour un millésime antérieur à celui que vous allez retrouver sur les tablettes. Dans certains cas, nous avons eu suffisamment confiance dans le savoir-faire du producteur et le millésime dégusté pour faire référence au prochain sans y avoir goûté. Afin de remédier à la situation, nous commenterons sur notre blogue Les Méchants Raisins (www.journaldemontreal.com/blogues/mechantsraisins) les nouveaux millésimes qui débarqueront au fil de l'année.

 Surveillez nos coups de cœur !

DIX VINS POUR SÉDUIRE À COUP SÛR LORS D'UN PREMIER RENDEZ-VOUS

S'il y a une chose avec laquelle on ne veut pas se planter lors d'une première rencontre, c'est bien le vin. Encore plus que la voiture que vous conduisez, que l'endroit où vous projetez d'amener votre conquête ou encore d'y montrer vos prouesses...

Et en cuisine, s'il existe un point sur lequel on accroche lors d'un premier rendez-vous, c'est évidemment le vin; il rassemble, aiguise les sens et émoustille l'esprit. Voici dix bouteilles qui sauront aider Cupidon à viser droit au cœur !

CREDE 2014
BISOL, CONEGLIANO VALDOBBIADENE PROSECCO, ITALIE 11,5 %

15/20 Mettez de côté tous les préjugés que vous pourriez avoir envers les proseccos. Des bulles de bonne finesse, un nez bien expressif d'épices douces, de fleurs printanières et de zeste d'agrumes. Bien sec, simple et énergique, la bouche montre beaucoup d'harmonie. Un véritable vin de soif.

20,85 $ CODE SAQ : 10839168   6,8 g/l

LAURENT-PERRIER BRUT
CHAMPAGNE, FRANCE 12 %

16,5/20 Si vous souhaitez mettre toutes les chances de votre côté, le champagne est un indéniable atout. Optez pour ce Laurent-Perrier avec des bulles fines, légères et festives, qui laisse une impression de bouche crémeuse et caressante. Porté par des notes de pêches blanches, de tilleul et par un arrière-plan crayeux, c'est un champagne soyeux et généreux grâce à son dosage élevé pour un brut. Il se démarque cependant par son intensité, et surtout, par son élégance.

62,75 $ CODE SAQ : 00340679   12 g/l

TAPIZ ALTA COLLECTION CHARDONNAY 2013
FINCAS PATAGONICAS
MENDOZA, ARGENTINE 13,9 %

$\frac{15}{20}$ Sous la houlette du grand Jean-Claude Berrouet, ex-vinificateur au non moins célèbre Petrus à Pomerol, on est ici en présence d'un chardonnay bourré de charme et impressionnant de précision. Ne vous attendez pas à un style tendu comme à Chablis, mais force est d'admettre que l'équilibre entre le côté ample et riche, voire gras et l'acidité du vin est remarquable. C'est beurré, avec des notes finement boisées et beaucoup de fruits blancs en filigrane. On le sert bien rafraîchi (10 °C), avec des brochettes de poulet.

22,65 $ CODE SAQ : 12509681   4,3 g/l

PINOT GRIS « BARRIQUES » 2012
DOMAINE OSTERTAG, ALSACE, FRANCE 12,5 %

$\frac{16}{20}$ Oubliez le style lourd aux parfums mal définis de melon et d'épices. Cette version « barrique » impressionne par sa pureté et sa légèreté. Un nez tout en subtilité, où la minéralité du vin s'exprime avec finesse, pour notre plus grand bonheur. Tonalités de cardamome, de fleur et de jasmin, avec une pointe de miel de trèfle. Droit en attaque, le vin gagne du volume tout en donnant l'impression de rester complètement sec. Finale délicate et persistante sur les arômes perçus au nez. Éviter de le servir trop froid (12 °C idéalement).

33 $ CODE SAQ : 00866681   4,7 g/l

CHABLIS 2013
SAMUEL BILLAUD, FRANCE 12,5 %

16/20 L'achat par la famille Faiveley du domaine Billaud-Simon à l'été 2014 est venu mettre un terme à une triste chicane familiale. Ce même achat avait vu le talentueux Samuel Billaud se lancer comme négociant-vinificateur. Le plus beau, c'est que Samuel a pu récupérer 1/6 des vignes du domaine et ce, sur chacun des grands crus. Ne manquez pas son « petit » village. Expressif à souhait avec des notes de miel, de cire, de gingembre, de citron confit et d'iode. Tendre, élégant et d'assez bonne densité. Généreux et crayeux en finale. Un chablis sérieux et gourmand. Le 2014 qui devrait faire son apparition sur les tablettes d'ici peu, est tout aussi réussi.

26,90 $ CODE SAQ : 11890900   2,8 g/l

HEDO 2012
GÉRARD BERTRAND, IGP HÉRAULT, FRANCE 14 %

15/20 Nouvelle entrée à la SAQ. Cuvée « hédoniste » aux accents modernes, mais diablement bien maîtrisée. Parfums charmeurs de prune, de café, de fraise en confiture, de garrigue et un accent de réglisse. En bouche, le vin enrobe le palais, laisse une impression mi-corsée et conserve ce qu'il faut d'acidité, alors que la finale presque veloutée s'étire de bonne façon.

22,40 $ CODE SAQ : 12171106   4,9 g/l

TÊTE-À-TÊTE 2010
TERRE ROUGE, CALIFORNIE, ÉTATS-UNIS 14,5 %

$\frac{15,5}{20}$ N'allez pas croire que c'est simplement pour le nom du vin que nous l'avons choisi. Car au-delà du thème, il y a, comme on dit, beaucoup de vin ici. Un assemblage typiquement rhodanien de ganache, de syrah et de mourvèdre (ou GSM pour les initiés) qui plaira aux amateurs de vins charnus et juteux; ceci sans tomber dans le piège de la caricature. Un vin certes puissant, avec ses presque 15 % d'alcool, mais la générosité du fruit et l'acidité de bonne tenue permettent à l'ensemble de rester digeste.

25,80 $ CODE SAQ : 10745989   4,2 g/l

BRUNELLO DI MONTALCINO 2010
CASTELLO BANFI, ITALIE 13,5 %

$\frac{17}{20}$ Oui, d'accord, ce n'est pas à la portée de toutes les bourses, mais pour émoustiller le soyeux du premier baiser, difficile de trouver mieux. Un rouge tout en nuance, charmeur avec ses notes de cacao, de cerise mûre et de rose fanée. Matière riche et enveloppante, sans excès solaire qui donne parfois des profils de fruits cuits. C'est frais et de bonne profondeur. Sans autre protection que le bouchon simplement replacé sur la bouteille, la qualité de la cuvée n'a pratiquement pas fléchi durant les 72 heures que nous l'avons dégustée. Une superbe bouteille.

60 $ CODE SAQ : 10268596   3,9 g/l

NIVOLE
MICHELE CHIARLO, MOSCATO D'ASTI, ITALIE 5 %

14,5
––––
20

Vous êtes plutôt dent sucrée ? À base de muscat, des parfums bien détaillés et un côté riche de la bouche qui donnent une impression crémeuse. Tonalités de fleur blanche, d'abricot, de pâte à biscuit et cette ampleur naturelle apportée par le muscat. Avec ses 5 % d'alcool et son équilibre, c'est le genre de péché mignon qui vous fera passer une très agréable fin de soirée...

11,95 $ — 375 ml

CODE SAQ : 00979062 ⟩ 60 g/l

MUSCAT DE RIVESALTES 2010
DOMAINE CAZES, FRANCE 15 %

16
––––
20

Un domaine sérieux où la qualité est constante. Un muscat tout en finesse grâce à ses parfums nuancés de muscat, évidemment, mais aussi d'agrumes chauds et de tilleul. C'est ample, riche, mais tonique en même temps. Une finale élégante, sans lourdeur et de bonne persistance. Difficile de ne pas succomber.

26,05 $

CODE SAQ : 00961805 ⟩ 60 g/l

DIX VINS POUR NOYER UNE PEINE D'AMOUR

Facile de tomber dans le « fort » pour soulager le mal à l'âme et apaiser les entailles au cœur. Quelques rasades de vodka et on a l'impression que ça va un peu mieux. Sachant que l'humeur a une incidence directe sur l'appréciation, gustative ou pas, l'idée d'une vodka industriellement insipide a son mérite. Est-ce pour autant une raison pour ne pas boire une bonne bouteille ?

Mais, si nous étions de vrais « Méchants » Raisins, on vous dirait que le vin demeure un formidable remède. Surtout lorsqu'il est bon... Et rappelez-vous les paroles de Renaud sur Manu : « Une gonzesse de perdue, c'est dix copains qui r'viennent. »

CŒUR DE VENDANGES 2014
PIERRE-MARIE CHERMETTE, BEAUJOLAIS
FRANCE 12,5 %

15/20 Le gamay se montre sous ses plus beaux habits avec des parfums bien définis, évoquant la fraise, la ronce, les épices douces et la violette. C'est soyeux, presque langoureux; la matière de belle richesse s'articule autour d'une fine trame acidulée qui rappelle le bonbon anglais en finale.

22,90 $ CODE SAQ : 11865211   1,8 g/l

EL VINCULO CRIANZA 2009
ALEJANDRO FERNÁNDEZ, LA MANCHA
ESPAGNE 14 %

16/20 Un 100 % tempranillo de La Mancha, région située en plein centre de l'Espagne. Le vin provient de l'écurie d'Alejandro Fernández, celui à qui l'on doit la magie des vins de la maison Pesquera. Des notes de réduction à l'ouverture, mais avec l'air, ça se place. Le fruit se pointe le bout du nez avec des tonalités d'encens et de prune. Matière fraîche et de qualité qui donnent une impression serrée et des tanins légèrement râpeux, sans pour autant nuire à l'équilibre. Regoûté le lendemain, le vin était tout aussi bon. Il plaira aux amateurs qui recherchent une pureté plus *edgy*. Cela dit, ce n'est pas pour tout le monde, car cela contraste avec le style auquel Fernández nous avait habitués. Prenez soin de le passer en carafe une bonne heure avant de le servir. Il fera merveille avec une souris d'agneau braisée.

26,30 $ CODE SAQ : 11896691   1,6 g/l

VIEILLES VIGNES 2009
CHÂTEAU PEYROS, MADIRAN, FRANCE 13,5 %

15,5 / 20 Coup de cœur pour cet excellent vin à base de tannat. Déjà complexe sur des tonalités d'encre, de cerise noire, de menthe et de fumée. Matière joufflue et fraîche reposant sur une structure tannique mi-corsée et offrant une belle finale aromatique sur des notes de fruits noirs. Potentiel de garde indéniable (trois à cinq ans). Accord parfait avec le magret de canard.

20,10 $ CODE SAQ : 00488742   3,2 g/l

COUP DE CŒUR

CÔTÉ MER 2012
DOMAINE DE LA RECTORIE, COLLIOURE
FRANCE 14 %

16 / 20 Partez à la mer, ça vous changera les idées ! Une petite bombe de fruits noirs aux accents de viande fumée, de poivre et une salinité inspirante en toile de fond. Bouche charnue et digeste avec un fruit chaud, des tanins de qualité et une impression iodée en finale qui lui donne du coffre. La mer est tout à côté, qu'on vous dit !

37,10 $ CODE SAQ : 10781242   2,1 g/l

MARIE-GABRIELLE 2011
**DOMAINE CAZES, CÔTES DU ROUSSILLON
FRANCE 14 %**

15/20 Les vins de la famille Cazes sont synonymes de qualité. Un vin frivole aux parfums charmeurs et bien définis de mûre fraîche, de fraise écrasée, d'églantier et de garrigue. Dominé par la syrah et complété par le grenache et le mourvèdre, il charme par sa souplesse. Le fruit enrobé garde une bonne poigne tannique. C'est plein de soleil et diablement bon.

19,85 $ CODE SAQ : 00851600   3,8 g/l

GAMAY 2013
LOUIS LATOUR BOURGOGNE, FRANCE 12,7 %

14/20 Un petit rouge pas compliqué, tout léger et porteur de bonheur. C'est franc, souple, avec une belle rondeur dans le fruit, de l'acidité et une allonge respectable. Festif et bien fait, ça vous remet les idées en place. Servir assez frais (14-15 ˚C).

18,80 $ CODE SAQ : 11979242   2,2 g/l

MERLOT 2011
CHRISTIAN MOUEIX, BORDEAUX, FRANCE 13 %

14,5/20 L'archétype du bordeaux générique bien fait. Un nez classique et doté d'une certaine élégance grâce à ses accents de framboise et de fumée. C'est généreux, presque suave et il se termine sur une petite pointe capiteuse, sans rien enlever au côté digeste du vin.

17,40 $ CODE SAQ : 00369405   3,1 g/l

CUVÉE ALEXANDRE CABERNET-SAUVIGNON 2012
CASA LAPOSTOLLE, VALLE DE COLCHAGUA CHILI 14 %

15/20 Belle surprise que ce cabernet-sauvignon : il a peu à voir avec les notes animales et végétales que l'on retrouve trop souvent dans les vins du Chili. Joli parfums de cassis, de cerise et de cèdre. C'est riche, mi-corsé et d'assez bonne vivacité. Bonne persistance en finale. À l'aveugle, nous étions tous en Europe. Ça se boit avec plaisir.

25,75 $ CODE SAQ : 10767053   3,7 g/l

COUP DE CŒUR

POGGIO DEI GELSI 2014
FALESCO, EST! EST!! EST!!! DI MONTEFIASCONE
ITALIE 12,5 %

15/20 Un ovni italien. D'abord par le nom plutôt rigolo de son appellation, Est! Est!! Est!!! Di Montefiascone, puis ensuite par son encépagement qui sort des sentiers battus : roscetto, malvoisie et trebbiano. Ça donne un vin aux parfums étincelants de fleurs et de fruits jaunes. La bouche est aérienne, concise par une belle acidité, et se termine sur une impression sèche. Le candidat parfait pour débuter la soirée et faire de nouveaux plans !

17,25 $ CODE SAQ : 11952091   2,2 g/l

LÖSSTERRASSEN GRÜNER VELTLINER 2014
MANFRED FELSNER, NIEDERÖSTERREICH
AUTRICHE 12,5 %

14,5/20 On s'intéresse malheureusement trop peu aux vins autrichiens. C'est d'autant plus triste que la sélection à la SAQ, quoique restreinte, est pourtant d'un excellent niveau. Celui-ci est plutôt facile, frais et de bonne expression. Parfums calcaires, de fruits jaunes et de pommettes transposés dans un tableau floral. Malgré la rondeur en attaque, on s'étonne de l'équilibre entre la vivacité et la richesse du fruité qui donne à l'ensemble une sensation de souplesse et de fraîcheur. On est charmé !

18,60 $ CODE SAQ : 10790333   4,1 g/l

CINQ
FAUSSES VÉRITÉS
SUR LE VIN

C'est fou ce que l'on peut entendre à propos du vin. Comme pour n'importe quoi qui découle de l'appréciation subjective, il y a souvent beaucoup de bruit et, malheureusement, peu de moyens de vérifier. Autrement dit, on peut facilement tomber dans une zone grise et construire des fausses vérités. En voilà cinq sur lesquelles Les Méchants Raisins font la lumière.

« BLANC SUR ROUGE, RIEN NE BOUGE. ROUGE SUR BLANC, TOUT LE FOUT LE CAMP... »

C'est sans doute la plus connue de toutes. C'est probablement aussi la plus fausse, surtout si l'on se réfère à l'absurde possibilité d'être malade en buvant du blanc après du rouge. De ce côté, tout est question de modération. D'un point de vue pratique, rien n'interdit de boire un blanc après un rouge. Surtout à table. L'acidité souvent plus marquée du blanc permet de raviver le palais bombardé par les tanins. Par ailleurs, en Bourgogne, on sert généralement les blancs après les rouges. Le champagne est certainement le meilleur vin blanc pour passer à n'importe quel moment. Même au petit déjeuner !

« VIN FRUITÉ = VIN SUCRÉ »

Ce sont deux choses différentes. On dit d'un vin qu'il est fruité parce que ses arômes rappellent ceux du raisin ou d'un fruit. Un sucré contient du sucre résiduel en opposition à un sec qui lui, en contient peu ou pas. De manière générale, tous les vins secs qui sont le moindrement bien faits sont fruités en jeunesse. Les vins sucrés aussi. En vieillissant, les deux perdent peu à peu leur fruité pour évoluer vers des notes secondaires, voire tertiaires. Pour le sucre, avec le temps, le vin a tendance à les « manger », ce qui contribue à le complexifier et... à le faire paraître plus sec.

« ON PEUT PASSER LES VINS ROUGES EN CARAFE, MAIS PAS LES BLANCS. »

N'importe quoi ! Parce qu'ils sont plus fragiles de constitution, les vignerons ont tendance à ajouter plus de sulfites pour les protéger. À l'ouverture, certains peuvent s'avérer timides, pour ne pas dire muets. Le passage en carafe permettra justement de dissiper le So2, ce qui permettra au vin de mieux s'exprimer. Bien que nous ayons eu certaines expériences intéressantes, mais jamais convaincantes, nous déconseillons l'utilisation de la carafe avec les champagnes et autres vins effervescents. Rouge ou blanc, nous vous suggérons de commencer par « carafer » la moitié de la bouteille, puis d'évaluer en fonction de l'évolution du vin. En terminant, assurez-vous de le garder à bonne température de service; c'est probablement plus important que la carafe !

« LES VINS SOUS CAPSULE À VIS SONT DE MOINS BONNE QUALITÉ QUE CEUX BOUCHÉS AVEC DU LIÈGE. »

C'est une fausse vérité qui a de plus en plus tendance à disparaître. Tant mieux ! Il n'en reste pas moins qu'on a souvent le réflexe de juger négativement les vins sous capsule à vis. L'ennui c'est que le bon liège coûte cher, si bien qu'on trouve encore beaucoup trop de bouchons bon marché de mauvaise qualité. On est d'ailleurs toujours estomaqués de constater que certains vignerons prennent le risque de bousiller une année complète de travail en optant pour des bouchons pourris. Les capsules à vis ont parfois tendance à livrer des vins « réduits » à l'ouverture.

Il suffit habituellement de 15-30 minutes d'oxygène et le tour est joué. Pour les irréductibles sceptiques, sachez qu'il existe plusieurs expériences concluantes sur le vieillissement du vin bouché par capsule à vis, notamment au Château Margaux, premier cru classé du Médoc.

« LE VIN BLANC DONNE MAL À LA TÊTE. »

Il existe beaucoup de légendes urbaines qui laissent penser que le vin blanc donne le mal de bloc. Sans dire que c'est faux, il importe de nuancer en disant qu'il existe grosso modo trois sources possibles à cela : le soufre, la tyramine et l'alcool. L'ajout d'anhydride sulfureux dans le vin, dans le but d'en assurer une meilleure conservation, peut causer une dilatation des vaisseaux cérébraux chez les personnes dites « intolérantes ». Rouge comme blanc, plus le vigneron sera soucieux du cru qu'il élabore, moins il aura besoin d'en ajouter. Règle générale, plus les cuvées sont riches en sucre résiduel, plus elles contiennent de soufre afin d'éviter une éventuelle reprise de fermentation. La tyramine provient du vieillissement. On la trouve surtout dans les rouges qui ont quelques années de bouteille. Seulement une très petite partie de la population y est allergique. L'alcool, enfin, déshydrate l'organisme et peut, conséquence logique, provoquer des maux de tête. Un conseil pour les éviter : un verre d'eau pour chaque verre de vin et deux grands verres d'eau avant le dodo !

CINQ VINS POUR LES SUSHIS

Trouver un bon vin pour accompagner les sushis n'est pas chose facile. Après tout, des sushis, ce n'est pas cuit, c'est tiède, souvent frais, c'est salé (sauce soya), épicé (sauce pimentée, wasabi...), vinaigré (riz, gingembre mariné etc). **Il faut donc des cuvées avec suffisamment de sucre résiduel pour couper le salé de la sauce soya et avec assez de fruité et de caractère pour persister en bouche, même après « l'agression » du wasabi.**

FUZION CHENIN BLANC/ TORRONTÉS
MENDOZA, ZUCCARDI, ARGENTINE 13 %

13/20 Nous ne sommes pas de grands fans des vins Fuzion, mais celui-ci, dans le contexte bien particulier d'arroser une soirée de sushis, est une bonne affaire. Pas cher, c'est un vin aromatique, à peine demi-sec, mais suffisamment pour contrebalancer le salé. À essayer.

10,45 $ CODE SAQ : 10754199   4,2 g/l

RIESLING 2014
DR. LOOSEN, MOSELLE, ALLEMAGNE 8,5 %

15/20 Ce petit riesling demi-doux de la Moselle montre un beau caractère floral avec des notes d'agrumes. C'est vraiment sucré, le faible taux d'alcool semble mettre en valeur la douceur du fruit plutôt que la chaleur habituelle de l'alcool. Parfait pour les sushis épicés.

15,60 $ CODE SAQ : 10685251   48 g/l

EVERYDAY
THE DREAMING TREE, CALIFORNIE ÉTATS-UNIS 12,5 %

14/20 Un vin original et relativement nouveau à la SAQ. C'est un assemblage de gewurztraminer, de riesling, d'albariño et de viognier, concocté par le chanteur Dave Matthews qui a donné à ses vins le nom d'une de ses chansons célèbres : *The Dreaming Tree*. Le vin est charmeur, un peu facile, mais pour les sushis, il a le profil parfait.

18 $ CODE SAQ : 12270913   11 g/l

GEWURZTRAMINER CUVÉE BACCHUS
PFAFF, ALSACE, FRANCE 13,5%

14 / 20 Probablement le gewruztraminer le plus connu au Québec, vu sa grande disponibilité, Ce n'est pas le meilleur, ni le plus épicé, ni le plus parfumé, mais à ce prix, il fait le travail. Et il est constant, millésime après millésime.

19,95 $ CODE SAQ : 00197228 19 g/l

GEWURZTRAMINER 2013
KIENTZ, ALSACE, FRANCE 13%

15 / 20 Une coche au-dessus de celui de Pfaff, plus riche, plus parfumé justement. On y sent bien le litchi et le parfum de roses si caractéristique au gewurz. Le vin reste aérien malgré son taux de sucre et son onctuosité.

22,60 $ CODE SAQ : 11153045 26 g/l

DIX VINS POUR LE HOMARD ET LE CRABE

Fin avril début mai, c'est le début de la saison de la pêche aux homards et aux crabes des neiges. Bien sûr, on peut trouver du crabe vivant dans nos poissonneries, mais la plupart du temps ce sont des déjà cuits (sur le bateau de pêche même) que l'on achète. Inversement, si on peut trouver du homard déjà cuit, on l'achète la plupart du temps vivant.

La chair de ces deux crustacés est fine et délicate, mais celle du homard tire un peu sur la noisette avec des accents presque sucrés, tandis que celle du crabe tend plus vers le salé.

RÉSERVE MAISON NICOLAS 2014
CHARDONNAY, PAYS D'OC, FRANCE 12,5 %

14,5 / 20 Année après année, ce vin continue d'être satisfaisant. Il est tendre, rond, tout en ayant en même temps de la tenue. À petit prix, difficile de trouver mieux pour accompagner le homard.

12,75 $ CODE SAQ : 00577122 1,9 g/l

ORMARINE LES PINS DE CAMILLE 2014
PICPOUL DE PINET, COTEAUX-DU-LANGUEDOC FRANCE 13 %

15 / 20 De la rondeur, presque du gras en attaque, mais en milieu de bouche une acidité qui assure la fraîcheur et donne du tonus à l'ensemble. Avec ce vin : du crabe.

13,95 $ CODE SAQ : 00266064 2,3 g/l

SAUMUR, SAINT-FLORENT 2014
DOMAINE LANGLOIS-CHATEAU, FRANCE 12,5 %

15 / 20 Petit frère en blanc du saumur rouge de la même maison, ce vin composé de chenin blanc a la vivacité qu'il faut, le croquant pour accompagner le crabe et surtout cette petite note saline qui le caractérise.

17,30 $ CODE SAQ : 00962316 4,2 g/l

MÂCON-LUGNY
« LES GENIÈVRES » 2013
LOUIS LATOUR, FRANCE 13 %

16/20 Nous avons eu un coup de cœur pour ce beau mâcon, un peu citronné, avec une petite touche de noisette, rond et frais et élaboré à dessein, dirait-on, pour les crustacés.
Le vin devrait arriver à la SAQ cet automne.
Avec ce vin : du homard.

22,80 $ CODE SAQ : inconnu   ND g/l

INAMA SOAVE CLASSICO 2013
AZIENDA AGRICOLA, ITALIE 12,5 %

16/20 Élaboré par une des meilleures maisons de la Vénétie, le vin est minéral et dégage de la vivacité.
Il fait montre même d'une certaine tension apportée par sa vibrante acidité; mais en même temps, la structure acide est soigneusement enrobée par un fruit délicat et fin. Une pureté d'expression exemplaire du cépage garganega, cultivé en Soave. Avec ce vin : du homard.

20,30 $ CODE SAQ : 00908004   3,2 g/l

MENETOU-SALON
« LES BLANCHAIS » 2013
DOMAINE PELLÉ, FRANCE 13 %

17/20 Quand le terroir transcende le cépage, en l'occurrence le sauvignon ici, ça donne ce blanc superbe, à la fois minéral et floral, nerveux, croquant et subtilement ciselé. Du sauvignon, le vin n'a retenu que son âme; et ici, elle est en état de grâce. Avec ce vin : du crabe.

30,25 $ CODE SAQ : 00872572   < 1,2 g/l

ATLANTIS 2014
DOMAINE I.M. AGYROSCYCLADES IGP
GRÈCE 13 %

14,5 / 20 Composé d'assyrtiko (90 %), un cépage à l'acidité plutôt tranchante, le vin est, ici, un peu arrondi par l'assemblage de deux autres raisins grecs : l'athiri et l'aidani. Un peu salin et citronné, un rien perlant, il est à son meilleur avec les coquillages et les crustacés. Avec ce vin : du crabe et du homard.

18,20 $ CODE SAQ : 11097477   3,5 g/l

MARQUIS DE GOULAINE 2013
VAL DE LOIRE, FRANCE 12 %

15 / 20 Quand le sauvignon présente une telle subtilité et qu'il laisse parler, ne serait-ce que modestement le terroir plutôt que son petit caractère variétal, on embarque. Frais, léger, il s'exprime avec de beaux accents minéraux qui en signent joliment la provenance. Avec ce vin : du crabe.

15,95 $ CODE SAQ : 11905737   4,5 g/l

BOURGOGNE JURASSIQUE 2014
JEAN-MARC BROCARD, FRANCE 12,5 %

16/20 On ne se lasse pas de ce vin, dont la qualité ne se dément pas d'un millésime à l'autre. Sec, croquant, tonifiant, il a cette minéralité que l'on retrouve dans les chablis; ce qui va de soi quand on sait (ça va intéresser les maniaques de terroirs) qu'il est le résultat d'un mariage de vins provenant de sols portlandiens, kimméridgiens et oxfordiens. Avec ce vin : du homard.

20,25 $ CODE SAQ : 11459087 1,7 g/l

POUILLY-FUISSÉ 2015
JEAN-CLAUDE BOISSET, FRANCE 13 %

15,5/20 Délicat, subtil, un travail du bois très fin qui lui apporte un petit côté noisette, légèrement citronné. Le homard est presque aussi heureux avec ce blanc, comment dire... qu'un crustacé dans l'eau. Avec ce vin : du homard.

25,45 $ CODE SAQ : 11675708 1,8 g/l

DIX VINS ASSEZ « OLÉ, OLÉ » POUR SUPPORTER LA CHALEUR DES METS MEXICAINS ET LAISSER DE CÔTÉ LA CORONA

Les sommeliers vous parlent plus souvent de vins pour accompagner les poissons, les grillades ou la cuisine italienne, mais il est rare qu'on les entende vous causer de nachos, de guacamole, de fajitas ou d'enchiladas… **Ne reculant devant rien, les Méchants Raisins, eux, vous les disent, en glissant les mots «soleil», «épices», «tanins souples» et «fraîcheur».**

MAS DES TOURELLES
GRANDE CUVÉE 2013
PAYS D'OC, GFA DE FORTON, FRANCE 14 %

14/20 À tout petit prix, un vin aux accents du sud, avec des notes de fruits rouges configurées, rond et souple en bouche et une chaleur qui lui vient de son taux d'alcool assez élevé (14 %). Servez-le bien frais.

9,95 $ CODE SAQ : 11975233   2,1 g/l

LAPACCIO PRIMITIVO 2013
PASQUA, SALENTO, ITALIE 13,5 %

14/20 Le primitivo ressemble beaucoup au zinfandel. Nez charmeur de framboise sauvage avec un côté poivré bien frais. Bouche assez massive, ronde avec une impression de « sucrosité » : le style plaît à beaucoup. Bien correct, si on le compare à d'autres vins du même genre.

14,95 $ CODE SAQ : 0610204   12 g/l

VINTNER'S BLEND 2013
ZINFANDEL
RAVENSWOOD, CALIFORNIE, ÉTATS-UNIS 13,5 %

15/20 Contrairement à d'autres zins, ce n'est pas un vin lourd et « alcooleux ». Il montre une acidité très présente et un fruité de petits fruits (framboises, cerises) très fringant. Comme tous les zins, il présente aussi des notes de poivrons et de poivre, ce qui en fait le compagnon idéal des mets mexicains assaisonnés de salsa.

19 $ CODE SAQ : 00427021   4,5 g/l

PKNT CARMENERE
TERRAUSTRAL, VALLE CENTRAL, CHILI 13,5 %

15/20 On l'avoue : le piment sur l'étiquette qui rappelle la forme du Chili nous fait tout de suite penser à la bouffe mexicaine. Le vin est-il d'accord ? Oui ! Nez de fraise pas trop mûre, avec une touche végétale qui vient souligner l'ensemble. Bouche qui donne une impression de gras, généreuse mais pas puissante et des tanins qui lui ajoutent du caractère.

14,10 $ CODE SAQ : 10669816 5,5 g/l

PETITE SIRAH
L.A. CETTO, MEXIQUE 13,5 %

14/20 Difficile de parler de mets mexicains sans évoquer l'un des rares vins mexicains vendus à la SAQ. C'est un vin de chaleur — on n'est pas surpris —, avec des notes de fruits confiturées, une touche végétale aussi. C'est assez costaud, un peu rustique, mais agréable.

12,60 $ CODE SAQ : 00429761 2,2 g/l

BENJAMIN BONARDA 2014
NIETO SENETINER, LUJÁN DE CUJO
ARGENTINE 13,5 %

13,5/20 Une nouveauté à la SAQ et à tout petit prix. La bonarda est un cépage d'origine italienne, mais cultivée essentiellement en Argentine de nos jours. Vif et léger, il permettra d'apaiser la vigueur des piments jalapeños et l'acidité des tomates.

11 $ CODE SAQ : 00427021 3,7 g/l

LUZON JUMILLA 2011
ESPAGNE 14 %

15/20 En dépit de sa teneur en alcool, ce vin est équilibré et frais. Le nez a commencé à évoluer sur le sous-bois, tandis que la bouche est fondue, peu corsée et les saveurs sont un brin épicées. Le vin est tonique, il a du nerf dans le talon et il est franchement bon. Fait de 70 % de monastrell (c'est le nom que l'on donne au mourvèdre en Espagne) et de 30 % de syrah.

15,95 $ CODE SAQ : 10858158   2,9 g/l

IBÉRICOS
TORRES, RIOJA, ESPAGNE 14 %

14/20 De la famille catalane Torres, un autre vin chaleureux, fort en alcool, mais avec suffisamment de fruits et de fraîcheur pour relever la cuisine du sud. Ça vaut tout autant pour la cuisine mexicaine que celle de l'Espagne ou de l'Amérique du Sud.

17,85 $ CODE SAQ : 11180342   3 g/l

PETALOS 2012
DESCENDIENTES DE J. PALACIOS, BIERZO
ESPAGNE 13,5 %

16/20 Une belle bouteille et un beau vin, aux arômes complexes de fruits rouges très mûrs, avec ses notes de cuir, ses tanins fermes, sa belle concentration de saveurs et sa belle acidité aussi.

23,80 $ CODE SAQ : 10551471   1,8 g/l

... ET UN BLANC ???

TORRONTES 2014
ETCHART CAFAYATE, ARGENTINE 13,5 %

15/20 Le torrontés, originellement espagnol, survit maintenant en Argentine, où il donne des vins blancs secs vifs, aromatiques et amples. Celui d'Etchart est un modèle du genre : droit, aux arômes floraux agrémentés d'une touche de miel. On l'imagine bien se mesurer à la ceviche, aux plats couverts de coriandre fraîche et à la salsa à la mangue.

14,85 $ CODE SAQ : 00283754   2,3 g/l

DIX VINS POUR ARROSER VOS GRILLADES SUR LE BBQ

Dans le domaine du BBQ, tout doit être costaud. Ce n'est pas qu'une métaphore. La cuisson sur BBQ scelle la saveur à l'intérieur de la viande saisie, ce qui lui permet de conserver ses jus et ses saveurs. De plus, la plupart du temps, les viandes grillées sur BBQ sont généreusement assaisonnées : poivre concassé, marinades, herbes aromatiques. Sans compter les sauces BBQ, avec les mélanges explosifs de vinaigre, de sucre, de tomates, d'épices et de saveurs de fumée.

Il faut donc des vins qui ne font pas non plus dans la subtilité. De ceux qui ont du corps et des tanins assez costauds pour supporter l'acidité des sucs de viande. Des vins assez fruités, aussi, pour bien calmer les saveurs de fumée qui imprègnent la viande.

POUR LES GRILLADES DE BŒUF OU D'AGNEAU

CHÂTEAU DE GAUDOU TRADITION 2014
CAHORS, FRANCE 12,5 %

15/20 Foncé comme il se doit, avec de beaux arômes de violettes et de bleuets. Belle attaque vive en bouche, avec beaucoup de fruits. Intense, mais un peu court.

17,15 $ CODE SAQ : 00919324 2 g/l

COUP DE CŒUR

CHÂTEAU SUAU 2013
CÔTES DE BORDEAUX, FRANCE 12,5 %

15/20 L'un des beaux bordeaux génériques à la SAQ, constant d'un millésime à l'autre. Arômes typiques : cassis, cerises noires, pain grillé. Belle acidité. Texture souple avec des tanins discrets mais fermes.

17,70 $ CODE SAQ : 10395149 2,2 g/l

SELECCIÓN MALBEC 2012
ALAMOS, ARGENTINE 14 %

14/20 Rien de raffiné dans ce vin costaud et joufflu, aux accents de fruits noirs confiturés avec des notes herbacées intrigantes (thym, sauge). Corsé et savoureux. Parfait pour le bœuf saignant.

18,95 $ CODE SAQ : 11015726   2,3 g/l

CHÂTEAU BOUSCASSÉ 2010
MADIRAN, FRANCE 14 %

16/20 Alain Brumont est le « pape » du Madiran. Moins costaud et moins complexe que son grand frère Montus ou même que la cuvée Bouscassé « vieilles vignes », le Bouscassé « régulier » est néanmoins un vin bâti sur du solide, avec des notes de mûres, d'olives noires et de café, une bouche bien charpentée et une assez longue finale.

21,25 $ CODE SAQ : 00856575   2,7 g/l

CUVÉE ALEXANDRE CABERNET SAUVIGNON 2012
CASA LAPOSTOLLE, COLCHAGUA, CHILI 14 %

14,5/20 Un cabernet bio aux accents de cassis et d'eucalyptus agrémentés d'une touche grillée et de vanille. Un fruité un peu tapageur, mais bien équilibré par une belle acidité et des tanins fermes.

25,75 $ CODE SAQ : 10767053   3,7 g/l

POUR LES GRILLADES DE POULET OU DE PORC (FILET, CÔTELETTES, SAUCISSES...)

COUP DE CŒUR

SYRAH 2014
CUSUMANO, SICILE, ITALIE 14 %

14/20 Voici une syrah juteuse, au fruité éclatant de cerises et d'olives noires séchées. Pas du tout boisé et avec une acidité rafraîchissante. Idéal pour le filet de porc avec des légumes grillés.

14,20 $ CODE SAQ : 10960777   2,3 g/l

COUP DE CŒUR

VALE DO BOMFIM 2012
DOW'S, DOURO, PORTUGAL 13,5 %

16/20 La maison Dow, de la famille Symington, est plus connue pour ses portos riches et puissants. Ce vin est tiré du cépage touriga nacional, au vignoble de la Quinta do Bomfim qui produit aussi un excellent porto. On en fait un rouge sec depuis 2004. Il est charnu, avec des notes de fruits noirs et d'épices.

15,95 $ CODE SAQ : 10838982   2,9 g/l

PINOT NOIR RESERVA 2014
CONO SUR, CASABLANCA, CHILI 14 %

15/20 Un pinot noir d'excellente facture à bon prix, aux fruités de framboises et de fraises. Souple et tendre, il reste bien équilibré et assez long en finale. Pour les volailles grillées.

16,40 $ CODE SAQ : 00874891   2,6 g/l

BELLERUCHE 2014
CHAPOUTIER, CÔTES-DU-RHÔNE, FRANCE 14 %

15/20 Cet assemblage du Rhône est composé en majeure partie de grenache et relevé par un peu de syrah. C'est un vin riche aux notes de cerises noires, de poivre et de réglisse; chaleureux et épicé en finale.

17,95 $ CODE SAQ : 00476846   3 g/l

LA VENDIMIA 2013
ALVARO PALACIOS, RIOJA, ESPAGNE 14,8 %

16,5/20 Un vin agréable aux notes de prunes, de framboises et de vanille. Superbe en bouche, malgré un taux d'alcool élevé. Il conserve une acidité qui réveille les papilles. Un vin de plaisirs assurés.

17,95 $ CODE SAQ : 10360317   2,2 g/l

DIX VINS POUR LE BRUNCH

Que ça soit entre amis, avec la famille ou en amoureux, rien n'est plus agréable que d'étirer le temps à table autour d'un brunch et de quelques bonnes bouteilles. En voici dix qui seront un passe-partout idéal !

CHARDONNAY 2013
INAMA, VENETO, ITALIE 12,5 %

15,5
—
20
Une version qu'on pourrait qualifier de stricte et délicate du cépage blanc probablement le plus connu de la planète. Des notes d'abricot, de marguerite, d'herbe et d'iode. Tendre, franc et facile à boire. C'est presque et glou et glou. Évitez de le servir trop froid en visant une température d'environ 12 °C.

19,85 $ CODE SAQ : 11587177   2,1 g/l

MOSCHOFILERO 2013
BOUTARI, MANTINIA, GRÈCE 11,5 %

15/20 Aussi bon, sinon meilleur que le 2012, ce petit blanc grec à base de moschofilero est parfumé à souhait avec ses odeurs de fleur blanche, d'abricot et cette touche « muscatée » qui lui donne de la personnalité. Bouche ample donnant une impression ample, mais d'une grande sapidité de par son acidité franche et sa finale sur des notes amères. Impressionnant de constitution, le vin n'a pas pris une ride durant les trois à quatre jours de sa dégustation. Le 2014 devrait bientôt faire son apparition sur les tablettes de la SAQ.

14,85 $ CODE SAQ : 11101819   6 g/l

CALCARI XAREL-LO 2013
PARÈS BALTÀ, PENEDÈS, ESPAGNE 12 %

15/20 Viticulture biologique pour ce joli blanc espagnol élaboré à base de xarel-lo (prononcez charelo). Éclatant, bien frais, avec une attaque droite et une matière qui donnent l'impression d'enrober le palais tout en restant très sec. Finale soutenue et saline.

19,20 $ CODE SAQ : 11377225   1,4 g/l

LES TROIS P'TITS C 2012
VIGNOBLE DU LOUP BLANC, IGP VAL DE CESSE
FRANCE 14 %

15/20 Vin d'Alain Rochard, Québécois d'adoption. Tempranillo, grenache et carignan pour 30 % chacun d'entre eux et 10 % d'alicante. Le tout séjourne 20 mois en cuve tronconique de bois. Jolis parfums de fruits à noyau, d'épice et d'éther volatile qui viennent faire jazzer le tout. Bouche délicate, féminine dans la texture avec des tanins enrobés. On sent beaucoup de fraîcheur et une impression croquante en finale.

24,30 $ CODE SAQ : 10528239   1,9 g/l

SIGNARGUES 2014
DOMAINE LA MONTAGNETTE, CÔTES DU RHÔNE
VILLAGES, FRANCE 14,5 %

14,5/20 Vin au fruité explosif composé majoritairement de grenache et complété par la syrah, le mourvèdre et le carignan. Il évoque d'enjôleuses flaveurs de cassis, de garrigue et de poivre moulu. La bouche est généreuse, les tanins sont presque gouleyants, quoique légèrement astringents en finale. Il demeure droit et offre une longueur respectable.

17,15 $ CODE SAQ : 11095949   2,7 g/l

RISERVA 2009
SALICE SALENTINO, TAURINO, ITALIE 14 %

$$\frac{14,5}{20}$$

Un vin de soleil créé à partir de cépages dont on entend trop peu souvent parler — negroamaro et malvasia nera — et qui déborde de fraîcheur. C'est comme voyager dans le sud de l'Italie à petit prix. Anis chauffé, kirsch, figue séchée, rhubarbe. Rustique et généreux, il se montre étonnamment digeste en raison de son acidité plutôt élevée. On a simplement envie d'en prendre un autre verre.

16,95 $ CODE SAQ : 00411892   5,3 g/l

CARTE BLANCHE 2013
DOMAINE ST-JEAN DE LA GINESTE CORBIÈRES FRANCE 14 %

$$\frac{15}{20}$$

Les vins de cette magnifique région du Languedoc ont parfois tendance à être « chargés », c'est-à-dire riches, puissants, avec des tanins rustiques et des taux d'alcool élevés, ce qui ne facilite en rien l'atteinte d'un équilibre. Ce n'est pas le cas ici. Le carignan qui domine l'assemblage à 50 %, longtemps boudé mais parfaitement adapté au climat de la région, n'y est sûrement pas étranger. Le fruit paraît frais et croquant. Des saveurs de garrigue et de goudron. On joue la carte de l'élégance sans renier ses racines. Mi-corsé et d'ampleur moyenne. Franc et surtout digeste. On sert autour de 16 °C. Mariage tout indiqué avec la dinde.

16,95 $ CODE SAQ : 00875252   2,8 g/l

COUP DE CŒUR

VOLPAIA 2012
GIOVANNELLA, CHIANTI CLASSICO, STIANTI ITALIE 13 %

15,5 / 20 Autant le sangiovese peut donner des vins ordinaires et sans personnalité, autant il peut être vibrant et racé. C'est précisément le cas ici avec cette cuvée Volpaia. À l'image de son grand frère Riserva, on perçoit une matière soyeuse et juteuse dont le tracé de bouche incite à une autre gorgée. Cerise, thym, touche sanguine, impression florale qui apporte un côté féminin. Souple à l'attaque, le vin profite d'une acidité de qualité qui fait saliver et projette en avant les arômes, tout en rendant l'ensemble digeste, pour ne pas dire, ici aussi et glou et glou. Énormément de plaisir.

25,30 $ CODE SAQ : 10858262   2,2 g/l

LES COCALIÈRES 2013
DOMAINE AUPILHAC, LANGUEDOC-ROUSSILLON, FRANCE 13 %

16 / 20 Les Cocalières, c'est une grande parcelle similaire à une grande arène, mise au monde par Sylvain Fadat. Composé de roussanne, de marsanne, de grenache blanc et de vermentino, c'est un vin hautement parfumé avec des tonalités de genêt, de poire et de tilleul. Joliment texturé, acidité basse, mais beaucoup de tenue, et une fine longueur aromatique en finale. Un vin de soif.

29,40 $ CODE SAQ : 11926950   1,2 g/l

LES ABEILLES 2013
JEAN-LUC COLOMBO, CÔTE DU RHÔNE
FRANCE 14 %

14/20 Un assemblage classique de grenache, de syrah et de mourvèdre habilement maîtrisé qui donne un rouge de facture simple, souple et montrant un fruit fort agréable. Légère impression de fumée et de confiture de fruits noirs en finale. À boire au cours des deux à trois prochaines années. Servir assez frais, autour de 14 °C.

18,55 $ CODE SAQ : 11460088   2,2 g/l

CINQ VINS QUE VOUS POUVEZ APPORTER EN PIQUE-NIQUE POUR UNE ESCAPADE DANS LA NATURE

Y a-t-il quelque chose de plus plaisant, l'été, que de trouver un petit coin de paradis, près d'un cours d'eau, sous un grand arbre, d'étendre la nappe « carreautée », de s'asseoir sur l'herbe et d'ouvrir une bonne bouteille ? Non, nous aussi, on n'a pas trouvé mieux. Voici donc de quoi mieux s'y préparer...

CHEVALIER DE DYONIS PINOT NOIR 2013
DEALU MARE, ROUMANIE 11,5 %

15/20 Petit pinot noir de Roumanie qui, à l'aveugle, fait la barbe à bien des bourgognes vendus le double du prix. Translucide. Arômes de bonne netteté : fruits rouges acidulés et épices. Souple, rond et tout en conservant ce qu'il faut de fraîcheur. Parfait pour le sandwich maison au prosciutto.

10,95 $ CODE SAQ : 00554139 2,7 g/l

MAPU 2012 CABERNET SAUVIGNON — CARMENERE
VALLE CENTRAL, CHILI 13,5 %

14/20 Un vin tout simple. Au nez, on y trouve des notes de poivrons mûrs, de cerises. En bouche, c'est bien structuré pour une bouteille de ce prix, avec une trame tannique fine, une belle acidité.

10,90 $ CODE SAQ : 10530283 3,1 g/l

GAZELA, VINHO VERDE
SOGRAPE, PORTUGAL 9 %

13,5/20 Prévoyez de partir avec le vin déjà très froid et d'apporter un sac thermos ou une petite glacière. Vous pourrez ainsi profiter de ce vinho verde, une cuvée « plaisir très unique », à faible taux d'alcool, une bonne dose de sucre et une effervescence perlante qui chatouille la langue. Ça goûte la lime. Idéal en apéro.

10,90 $ CODE SAQ : 10667351 12 g/l

BONACOSTA
MASI, VALPOLICELLA CLASSICO, ITALIE 12 %

14/20 Avec un peu de pain, des salamis, des pâtés, quelques fromages et ce petit vin vénitien souple et charmeur, aux accents de cerises et de prunes, on peut se faire un beau pique-nique.

16,95 $ CODE SAQ : 00285585   4,6 g/l

MONTE DELLE VIGNE 2014
LAMBRUSCO, ÉMILIE-ROMAGNE, ITALIE 11,5 %

14/20 La plupart d'entre nous l'ignorent, mais dans plusieurs régions d'Italie, on boit des vins rouges, demi-secs, légers et... mousseux ! Étrange, mais agréable quand on se prête au jeu. Il n'est pas nécessaire qu'il soit très froid, il suffit de le servir frais, avec des hors-d'œuvre et des charcuteries.

17,90 $ CODE SAQ : 11873190   20 g/l

DIX VINS QUI ACCOMPAGNERONT MIEUX VOTRE HAMBURGER QU'UNE BOUTEILLE DE COKE

Bien sûr, on n'a absolument rien contre le Coke, les colas en général pour ne pas faire de jaloux, lesquels, de fait, se marient traditionnellement très bien avec le burger. Encore que la Root Beer se défend pas mal non plus. Mais puisqu'on parle ici de vin, en voici dix qui devraient faire mieux que le cola.

TORUS 2010
ALAIN BRUMONT, MADIRAN, FRANCE 14 %

15/20 Vineux, gourmand, presque joufflu, ce vin signé Alain Brumont est un solide gaillard. Structuré donc (nous sommes à Madiran), mais non dépourvu pour autant d'une certaine élégance.

16,95 $ CODE SAQ : 00466656   2,6 g/l

SAVEURS OUBLIÉES 2011
LES VIGNERONS CATALANS
CÔTES DU ROUSSILLON VILLAGES
FRANCE 13,5 %

14/20 Il est épicé, a du corps, les tanins sont présents, mais aimables, et on y retrouve ce côté enveloppant du grenache que nous aimons bien. En tout cas, avec le burger, il ne fait pas de chichi.

10,35 $ CODE SAQ : 00448498   2,4 g/l

CÔTE-DU-RHÔNE 2013 PASSEPORT
BARTON & GUESTIER, FRANCE 12,5 %

15/20 Cette maison de négoce trois fois centenaire est davantage connue chez nous pour ses vins de Bordeaux (elle y est d'ailleurs née). Mais la vérité, c'est qu'elle est présente dans la plupart des grandes appellations de France, dont évidemment les Côtes-du-Rhône. C'est franchement un joli petit vin agréable, léger, gouleyant et un peu épicé; la parfaite «peti-te cot-te» (prononcez «avé» l'accent) des bistrots parisiens.

15,95 $ CODE SAQ : 12383619   2,2 g/l

IJALBA RESERVA 2010
VINA IJALBA, RIOJA, ESPAGNE 13,5 %

16/20 Réussite en 2010 que ce vin, encore marqué légèrement par son élevage en barriques. La bouche est fraîche, droite, digeste et le bois est présent, mais, comment dire, sans ostentation : à la manière en somme des riojas classiques, mais avec une tenue parfaitement moderne. Assemblage de tempranillo (80 %) et de graciano (20 %).

21,50 $ CODE SAQ : 00478743 2,1 g/l

RAPSANI 2012
TSANTALI, GRÈCE 13,5 %

15,5/20 Rapsani, c'est le nom de cette appellation située non loin de la ville de Thessalonique ; les cépages de xinomavro, de krassato et de stravroto ont été complantés dans le vignoble. Moyennement corsé, le vin est léger, frais, avec cette belle acidité apportée par le xinomavro. Rond et gouleyant si on se donne la peine de le passer en carafe avant le service. De belles odeurs de fleurs fanées apparaissent à l'aération.

12,40 $ CODE SAQ : 00590836 2,5 g/l

DUQUE DE VISEU 2012
SOGRAPE VINHOS, DÃO, CARVALHAIS, PORTUGAL 12,5 %

15,5/20 Meilleur que jamais en 2012, nous semble-t-il. Moyennement corsé, mais doté quand même d'une structure, ce qui ne l'empêche pas d'être souple et bien en chair; avec une petite note de réglisse (une partie du cru a vu le bois), c'est un vin qui « se descend » bien. Il est fait avec les raisins touriga nacional, jaen, alfrocheiro preto et tinta roriz (le nom du tempranillo au Portugal).

12,95 $ CODE SAQ : 00546309   2,2 g/l

LIRAC 2012
CHÂTEAU MONT-REDON, FRANCE 14,5 %

16/20 On s'entend qu'à ce prix, le hamburger a intérêt à être bon. En tout cas, le vin l'est, assurément; beau côté épicé du grenache, bouche joufflue, moyennement corsé, il est généreux et savoureux.

24,30 $ CODE SAQ : 11293970   3 g/l

PASO À PASO 2013
BODEGAS VOLVER, CASTILLA-LA MANCHA ESPAGNE 14,5 %

15,5/20 Tout en fruit, en chair et en formes. Épicé, généreux, de corps moyen, on en a pour notre argent.

16,90 $ CODE SAQ : 12207771   4,1 g/l

LOS MOLINOS 2013
FÉLIX SOLIS, VALDEPENAS, TEMPRANILLO
ESPAGNE 13,5 %

13/20 Pour le burger avalé en vitesse le midi. Ce petit rouge, léger et plaisant, ne vous fera pas la tête lourde de retour au travail. Sa plus grande qualité : il se laisse boire à grandes lampées, presque comme… un cola.

9 $ CODE SAQ : 00548875   1,9 g/l

CAMPOBARRO 2013
RIBERA DEL GUADIANA, TEMPRANILLO
ESPAGNE 13,5 %

15/20 Égal à lui-même, ce vin continue d'en donner plus que pour son argent. Joli fruit, gourmand, généreux, des tanins fermes, une certaine rusticité : le burger est heureux.

10,25 $ CODE SAQ : 10357994   3,2 g/l

DIX VINS
« CHÂTEAU
SPAGHATT »

Quel vin pour mon « spaghatt » ? C'est une question classique qui pourrait avoir 1000 réponses. Résumons cela en quelques phrases...

1. ACIDITÉ : les tomates sont acides, particulièrement si la sauce est faite avec des tomates fraîches et qu'elle ne cuit pas longtemps. Le vin devra donc lui aussi avoir une bonne dose d'acidité, sinon il va « s'évanouir » devant votre « spaghatt ».

2. SEL ET ÉPICES : La plupart des sauces à spaghettis sont aussi plutôt salées et épicées. Il faut donc éviter des vins trop tanniques qui se heurteraient à la force du sel et des épices.

3. VIANDÉE ou VÉGÉE ? La sauce tomates traditionnelle d'Italie ne contient pas de viande, si ce n'est la version bolognaise, dans laquelle on retrouve des boulettes de veau haché. Ici, au Québec, la majorité des sauces contiennent beaucoup de bœuf haché. Ça change drôlement le goût et ça change aussi beaucoup les accords avec le vin. Les sauces très « viandées » qui sont habituellement cuites de longues heures, vont nécessiter des vins plus costauds, plus corsés.

BOTTERO
BOTTER, VENETO, ITALIE 11,5 %

13/20 C'est le vin «maison» de plusieurs restaurants italiens et on les comprend. Le Bottero est ridiculement abordable, il est constant et fidèle à ce que doit être le petit vin de tous les jours de la Vénétie: fruité, un tantinet végétal, vif et souple.

11,55 $ pour 1 l
CODE SAQ : 00409888   4 g/l

MEDORO 2013
UMANI RONCHI, MARCHE, ITALIE 13 %

14/20 Bien parfumé, un style plus délicat, floral, notes de cerises. Bouche sapide, belle fraîcheur, acidité qui apporte de la vivacité. Ensemble charmeur et digeste, un peu court, mais qui se tient très bien.

12,70 $ CODE SAQ : 00565283   4,5 g/l

PRIMO AMORE, SANGIOVESE — MERLOT 2012
ZONIN, TERRE SICILIANE, ITALIE 13 %

14/20 Du fruit abondant, une acidité basse et des tanins fondus dans une matière à la fois ronde, riche et peu profonde. On s'étonne surtout — et c'est là que le vin gagne des points — que tout ça puisse tenir en équilibre. Une cuvée faite sur mesure pour les amateurs de Ménage à Trois, mais qui reste heureusement moins sucrée.

13,90 $ CODE SAQ : 10966888   5,7 g/l

PATER 2013
MARCHESI DE FRESCOBALDI, TOSCANE
ITALIE 12,5 %

14/20 Un classique. Le Pater, c'est le sangiovese dans son expression la plus pure et la plus simple : un vin frais, droit, sans lourdeur, digeste, avec assez de fruits, mais pas trop. Rien de très complexe, mais une bonne bouteille de table parfaite pour rehausser la tomate, l'origan et le parmesan !

15,95 $ CODE SAQ : 00409896   5,8 g/l

TAURINO RISERVA 2009
SALICE SALENTINO, TAURINO COSIMO
ITALIE 14 %

15,5/20 Retour cette année de ce vin et dans le même millésime ; toujours aussi bon et digeste, notes de fleurs fanées, d'épices et d'armoire de chêne, avec une rafraîchissante acidité. Et s'il n'a réellement pas pris une ride, il a quand même un peu vieilli.

17,15 $ CODE SAQ : 00411892   5,3 g/l

TATU 2012
VIGNE & VINI, PRIMITIVO DEL TARANTINO, IGP
ITALIE 14 %

15/20 Fait de 90 % de primitivo et de 10 % d'aglianico, ce vin des Pouilles est souple, élancé, digeste et peu corsé ; il a fait un petit peu de barriques (trois mois), mais tout est parfaitement fondu, harmonieux. Pour tout dire, c'est un vin « dangereusement » désaltérant.

17 $ CODE SAQ : 10675992   4,9 g/l

LA CASA DI DANTE ALIGHIERI 2012
**UGGIANO CHIANTI COLLI FIORENTINI
ITALIE 12,5 %**

15,5 / **20** C'est frais, moyennement corsé, avec une structure bien enrobée par un fruit charmeur. Le parfait petit vin de trattoria et de pizzeria.

17,20 $ CODE SAQ : 00554691   2,4 g/l

COUP DE CŒUR

CORTE AGNELLA CORVINA 2013
**GIUSEPPE CAMPAGNOLA, VERONESE
ITALIE 13 %**

16 / **20** Un brin rustique mais savoureux, ce corvina (le cépage qui nous donne le Valpolicella et l'Amarone) nous apporte des arômes de thym, de fraises et de poivre fraîchement moulu, avec une texture lisse et souple et un peu de sucre résiduel. Un vrai vin de repas. Parfait pour le « spaghatt » !

16,75 $ CODE SAQ : 11028295   6,9 g/l

ET DES BLANCS ?

SAN VINCENZO 2014
ANSELMI, VENETO, ITALIE 12,5 %

14/20 Oui, on peut boire du blanc avec du «spaghatt». C'est même l'idéal avec des sauces légèrement cuites, aux herbes fraîches (basilic, origan), végétariennes ou aux fruits de mer. Les blancs d'Anselmi sont toujours superbes. Le San Vincenzo montre un beau fruit (pêche, pomme) avec des notes minérales et une fraîcheur hors du commun, malgré un sucre résiduel assez important. Parfait pour des linguines aux palourdes.

17,40 $ CODE SAQ : 005854221   8,4 g/l

SAUVIGNON BLANC
BOTTEGA, TRENTINO, ITALIE 12,5 %

13,5/20 Relativement nouveau à la SAQ, ce vin du nord de l'Italie est frais et fringant, avec des notes de pamplemousse et d'herbe fraîchement coupée. Belle acidité en bouche qui permettra de relever les sauces végétariennes épicées.

18,45 $ CODE SAQ : 11905796   3,6 g/l

CINQ VINS POUR BOIRE AUTRE CHOSE QUE DE LA BIÈRE AVEC DES AILES DE POULET LORS DU SUPER BOWL

COUP DE CŒUR

GENTIL 2014
HUGEL, ALSACE, FRANCE 12 %

15/20 Joli nez un peu épicé et floral (c'est un heureux mélange de gewurztraminer, de pinot gris, de riesling, de muscat et surtout de sylvaner et de pinot blanc), frais, digeste et agréable, parfaitement sec, plutôt léger et délicat en saveurs. Avec les ailes de poulet à la chinoise, c'est un véritable mariage d'amour. Plaisir et succès assurés !

17,95 $ CODE SAQ : 00367284   4,2 g/l

PINOT GRIS 2014
BODEGA FRANÇOIS LURTON, MENDOZA
ARGENTINE 12,5 %

14/20 Un pinot gris sec, mais doté d'un fruité remarquable, rappelant la pêche, le miel, avec des notes florales très élégantes. En bouche, le vin a du nerf et du corps; il pourra tenir le coup avec des ailes de poulet nature.

15,95 $ CODE SAQ : 0556746 3,4 g/l

TORRES VIÑA ESMERALDA 2014
ESPAGNE 13,5 %

14/20 Ce vin espagnol floral et un peu sucré saura vous rafraîchir le gosier après le passage violent des ailes fortement épicées de type buffalo. Très désaltérant. Servez-le très frais.

15,85 $ CODE SAQ : 10357329 8,9 g/l

GREEN LABEL 2014
DEINHARD, MOSELLE, ALLEMAGNE 10,5 %

13,5/20 Avec des ailes de poulet à la sauce au miel et à l'ail, le Green Label de Deinhard, plus doux et mielleux que les autres vins du producteur, fera l'affaire. Ses arômes floraux et citronnés seront parfaits pour faire contrepoids à la richesse de la sauce.

13,80 $ CODE SAQ : 12074728 31 g/l

... ET UN ROUGE !

TOCADO 2014
BORSAO, CAMPO DE BORJA, ESPAGNE 13,5 %

13,5/20 À un prix ridicule, le petit vin de la famille Borsao, avec sa fougue, montre des arômes de fruits rouges mûrs (cerises) ajoutés à une touche de sous-bois. En bouche, c'est chaleureux, rond et souple. Parfait pour les ailes à la sauce BBQ.

9,95 $ CODE SAQ : 10845701   3,1 g/l

CINQ VINS À SACRIFIER POUR FAIRE UNE SANGRIA PARFAITE

La sangria, tradition espagnole, est devenue une véritable bénédiction pendant les canicules au Québec. La recette est tellement simple qu'il est inutile d'acheter les mélanges vendus à la SAQ ou en épicerie. Il suffit d'avoir une bouteille de vin, des agrumes frais, un peu de rhum et du sucre. Vous pouvez aussi laisser aller votre imagination et créer des sangrias tout à fait originales. L'important, c'est de commencer avec un bon vin correct, sans défaut, pas trop cher, pas trop tannique non plus. Les grenaches espagnols, les zinfandels américains et le merlot font l'affaire. Pour les sangrias blanches, à la pêche ou au jus de raisins blancs, allez-y avec un viognier.

CASTILLO DE MONSÉRAN 2013
BODEGAS SAN VALERO, CARIÑENA
ESPAGNE 12,5 %

13,5/20 À ce prix, on ne se fait pas trop mal. Ce vin de grenache, souple et facile à boire, se fondera parfaitement avec les jus de fruits et les épices de la sangria.

10,15 $ CODE SAQ : 00624296   1,8 g/l

COTO DE HAYAS 2013 GRENACHE SYRAH
BODEGAS ARAGONESAS, CAMPO DE BORJA
ESPAGNE 13,5 %

13,5/20 Un autre vin de grenache espagnol à petit prix. Plus riche que le Monséran, mais dans le même genre. Et il n'est pas interdit de se verser, en douce, un verre du vin avant de le mettre dans la sangria.

10,95 $ CODE SAQ : 12525111   3,3 g/l

ZINFANDEL 2013
BAREFOOT, CALIFORNIE, ÉTATS-UNIS 13,5 %

12/20 Soyons clairs : on n'aime pas les vins de Barefoot, trop joufflus, trop bonbons, sans colonne vertébrale. Mais c'est un peu ce qu'il faut pour faire de la sangria. Alors, la bouteille de Barefoot reçue en cadeau de la part du beau-frère ? Hop, dans la sangria !

10,95 $ CODE SAQ : 11133175   7,1 g/l

PRIMO MERLOT/NERO D'AVOLA 2013
TREVINI, ITALIE 13,5 %

$\frac{13}{20}$ Un vin italien rond et sans aucune rudesse, aux accents de fruits mûrs avec une touche de réglisse. Lui aussi a le profil pour devenir un parfait ingrédient à sangria.

14,40 $ CODE SAQ : 11015689 5,9 g/l

ET EN BLANC...

CHARDONNAY/VIOGNIER 2014
CASTEL SANS-FAÇON, PAYS D'OC, FRANCE 12,5 %

$\frac{13}{20}$ Pour les sangrias à la pêche, rien de mieux qu'un viognier de ce genre (celui-ci comporte aussi une bonne part de chardonnay qui lui donne des accents de poire et de pomme mûre).

14,85 $ CODE SAQ : 11676137 7,7 g/l

CINQ ERREURS À ÉVITER POUR MIEUX APPRÉCIER VOTRE VERRE DE VIN

On peut facilement passer à côté d'un vin. Il s'agit souvent d'erreurs bêtes, mais pouvant avoir une incidence fâcheuse sur son appréciation. On pense souvent que le vin, c'est compliqué. C'est effectivement un peu plus que du jus de raisin fermenté, mais il suffit de porter une petite attention à quelques points et vous augmenterez vos chances de mieux le goûter et, en définitive, de mieux l'apprécier.

LA TEMPÉRATURE DE SERVICE

On a tendance à servir le vin blanc trop froid et le vin rouge trop chaud. De manière générale, sortez le blanc du frigo une dizaine de minutes avant de le servir. À l'inverse, pour le rouge, placez-le au frigo 30 à 45 minutes. De cette manière, vous augmentez vos chances d'avoir un nez plus expressif et mieux défini, tout comme une texture en bouche plus agréable. Souvenez-vous que le vin gagne rapidement en température une fois dans votre verre. Ce faisant, il est toujours bon d'avoir un seau à glaçons à portée de main, surtout par temps chaud.

LA CARAFE

Si on sait bien l'utiliser, la carafe peut être un bon outil. Sachez d'abord que tous les vins ne sont pas bons à passer en carafe. Trop d'air peut précipiter l'oxydation de ceux qui sont plus fragiles ou délicats — les vieilles bouteilles, par exemple — et abîmer leurs parfums comme leur tenue en bouche. Si vous sentez que le vin est fermé, que ses parfums sont timides et sa bouche serrée, rugueuse, sachez que ce sont des signes qui indiquent qu'un coup de carafe pourrait dénouer l'affaire. En fonction du nombre de personnes à servir, essayez d'abord avec la moitié de la bouteille et avisez en fonction du développement dans le verre. Rincez-la toujours à l'eau, pas de savon et égouttez-la pour la faire sécher. Toujours aviner votre carafe avant de s'en servir, c'est-à-dire la rincer avec un peu du vin et jeter celui-ci, puis « carafer » la bouteille.

CHERCHER UN ACCORD MET-VIN À TOUT PRIX

Ne vous faites pas embobiner par les gourous des accords mets et vins. Oui, un ensemble réussi peut être jouissif et magnifier l'expérience du vin à table, mais ça ne doit pas être l'objectif suprême, encore moins un obstacle à l'envie de boire tel ou tel vin. Vous avez repéré une perle sur la carte d'un resto ? Du Clos Rougeard ou du Raveneau à prix d'ami, mais avec vos choix de repas, ça risque de jurer ? Tant pis ! Construisez votre menu ou choisissez en fonction du vin. À la limite, mangez du pain entre votre plat et votre verre. Ne gâchez pas votre plaisir.

CHOISIR LE BON VERRE

Même si la compagnie Riedel a poussé son savoir-faire jusqu'à créer un verre spécifique pour chaque cépage, vous n'avez pas nécessairement besoin d'avoir un « Overture » — l'un des modèles les plus abordables et largement répandus — pour apprécier votre vin. Cela dit, assurez-vous d'avoir un « buvant » assez mince (la partie que vous portez à la bouche) et une forme arrondie à la base qui permet de maximiser les arômes. Encore plus important : évitez de trop remplir le verre, ce qui empêche de le manipuler et de bien goûter le vin.

SERVIR LE MEILLEUR VIN TROP TARD DANS LA SOIRÉE

On a tendance à vouloir garder le meilleur pour la fin. Le *climax*, l'orgasme, le feu d'artifice ultime. On attend, on attend, puis on se rend compte qu'il ne reste plus rien à manger et, surtout, qu'on a bu (beaucoup) plus de vin que prévu. Résultat, on arrive difficilement à apprécier à sa juste valeur la précieuse bouteille. Au repas comme en dégustation, n'hésitez pas à faire une pause entre deux services. Vous augmentez les chances de mieux apprécier un vin si vous plantez le décor et gagnez l'attention des dégustateurs que si vous le servez à la va-vite en fin de soirée, un peu éméché.

DIX VINS PAS TROP CHERS POUR L'APÉRO

ET QUELQUES SUGGESTIONS DE TAPAS POUR LES ACCOMPAGNER

Il faut savoir créer les occasions. Voici une dizaine de vins pas trop chers à avoir sous la main quand vient le temps d'improviser un apéro avec la famille ou les amis. Et puisque tout apéro est bien meilleur en grignotant, nous avons pris soin d'accoler à chaque bouteille une idée de tapas. Santé !

COUP DE CŒUR

GRANITE 2013
DOMAINE DE L'ÉCU, MUSCADET-SÈVRE ET MAINE, FRANCE 12 %

16/20 Oubliez l'idée du muscadet insipide et dominé par l'acidité. Vous avez ici un vin de roche qui vient magnifier une expression fine du fruit. Ce vin a besoin d'un peu d'air pour se livrer complètement, mais une fois qu'il s'est ouvert, c'est du pur plaisir tant pour le nez que pour la bouche. Des notes de silex, de poire et de camomille. Allez-y avec un ceviche de crevettes nordiques.

22,30 $ CODE SAQ : 10282873   1,3 g/l

DEHESÁ LÁ GRANJÁ 2007
ALEJANDRO FERNÁNDEZ, CASTILLE-LÉON ESPAGNE 14 %

16/20 L'écurie Fernández continue de s'agrandir. Un rouge bourré de charme qui provient de Castille, en plein centre du pays de la corrida. Du 100 % tempranillo. Beaucoup de fruits mûrs au nez, avec des accents de viande fumée et de réglisse. Bouche généreuse s'articulant autour de tanins gommés et juste ce qu'il faut de fraîcheur pour rendre le tout digeste. Sortez un plateau d'olives, de jambon serrano et de fromage manchego pour parfaire le bonheur ! Le 2007 commençait à être épuisé au moment de mettre le *Guide* sous presse, mais sera remplacé par le 2008 sous peu.

22,10 $ CODE SAQ : 00928036   2,4 g/l

SYRAH 2013
FEUDO PRINCIPI DI BUTERA, SICILE, ITALIE 14 %

14,5/20 Un vin chaud au nez empyreumatique dominé par des notes de fumée, de caoutchouc, de bleuet sucré et avec une pointe d'eucalyptus qui apporte du tonus. C'est juteux, un poil rustique avec une masse tannique passablement fougueuse, mais donnant aussi du caractère. Finale énergique sur la cerise noire et la réglisse. Parfait compagnon des bouchées de saucisses de chez Ils en fument du bon grillées au BBQ.

19,45 $ CODE SAQ : 10960161   3,1 g/l

MONTES, SÉLECTION LIMITÉE PINOT NOIR 2013
VALLE DE CASABLANCA, CHILI 13,5 %

14,5/20 Le pinot de la maison Montes donne un vin étonnamment bien constitué. Dégusté après deux bonnes pointures bourguignonnes, dont un premier cru, le vin avait de quoi étonner. Des notes certes animales avec un côté terreux, mais aussi un fruité juste qui « pinotte » bien. La bouche est ample, d'une certaine rondeur, mais conserve ce qu'il faut de vivacité et de concision. Longueur intéressante sur les fruits noirs et les petits bonbons acidulés. Tentez le coup avec des miniburgers de porc effiloché.

16,95 $ CODE SAQ : 10944187   3 g/l

MONOPOLE 2014
COMPAÑIA VINÍCOLA DEL NORTE DE ESPAÑA
RIOJA, ESPAGNE 12,5 %

15/20 Un blanc sec d'Espagne fait de viura qui surprend. Un nez expressif de bonne expression florale et de fruits blancs (poire) qui rappellent le pinot blanc alsacien. Ample en attaque, il gagne en rectitude grâce à son acidité de bonne vivacité qui contribue au côté légèrement amer en finale. C'est tonique, légèrement perlant à l'ouverture (ça se dissipe rapidement après 30-40 minutes d'ouverture) et diablement glouglou. Le parfait petit blanc d'été qui devrait faire bon jeu avec le pain à la tomate, à l'huile d'olive et à l'ail.

16,35 $ CODE SAQ : 12636760   1,5 g/l

VIÑA BUJANDA CRIANZA 2013
FINCA VALPIEDRA, RIOJA, ESPAGNE 13 %

15/20 Après avoir traversé une certaine période de crise, avec des rendements trop élevés et une qualité laissant à désirer, les vins de La Rioja ont retrouvé leur lustre d'antan. C'est un rouge authentique qui laisse paraître de très légères notes de volatiles aussitôt enrobées par des parfums réjouissants de vanille, de fraises chaudes et d'épices. Le tempranillo donne ici une bouche veloutée et relevée par une poigne tannique de qualité. Ensemble de belle définition et surtout, parfaitement digeste. Avec des brochettes de porc au piment.

15,95 $ CODE SAQ : 11557509   2,2 g/l

RAPSANI 2013
TSANTALI, GRÈCE 13,5 %

13,5/20 Un incontournable pour des vins de moins de 15 $. La qualité est constante. C'est certes un peu rustique, mais on perçoit un fruit généreux, de la fraîcheur et une finale souple. Prenez soin de le rafraîchir suffisamment et optez pour les boulettes d'agneau avec trempette au tzatziki pour l'accompagner. Une formule parfaite !

12,65 $ CODE SAQ : 00590836   2,5 g/l

COUP DE CŒUR

ADEGA DE PEGÕES 2014
TERRAS DO SADO, PORTUGAL 13 %

14,5/20 Quelle aubaine ! Excellent petit vin produit par la coopérative Santo Isidro de Pegões, près de Setúbal au Portugal. Dominé par le chardonnay à 60 %, il est complété par l'arinto et l'antão vaz, des cépages locaux. Ça donne un heureux mélange de parfums et de saveurs, avec des notes à la fois florales, d'agrumes chauds et de fumée au nez. La bouche paraît grasse, mais reste soutenue par une assez bonne acidité. Le tout persiste de bonne façon. On le sert bien frais (8-10 °C) avec des pommes de terre grillées, finement tranchées sur lesquelles on dépose des herbes fraîches et un petit à-côté d'aïoli.

14,60 $ CODE SAQ : 10838801   4,6 g/l

MARIE-GABRIELLE 2011
DOMAINE CAZES, CÔTES DU ROUSSILLON FRANCE 14 %

15/20 Un rouge gourmand issu de l'agriculture bio et qui profite de l'allégresse du millésime 2011. Frivole par ses parfums bien définis de fruits noirs, d'olive et de garrigue. Dominé par la syrah, complété par le grenache et le mourvèdre, le vin charme grâce à sa souplesse et à son côté velouté. Tanins légèrement granuleux en finale, mais que la richesse du fruit arrive à bien enrober. C'est plein de soleil et diablement bon. Servir autour de 16 °C avec des bouchées de grilled cheese aux figues, du cheddar âgé et du pain aux olives.

19,85 $ CODE SAQ : 00851600   3,8 g/l

CUVÉE WILLIAM 2013
VIGNOBLE RIVIÈRE DU CHÊNE, QUÉBEC 12,5 %

14/20 Dégusté à l'aveugle, nous avons été étonnés par la franchise du fruit. C'est certes peu complexe, plutôt rond avec une acidité basse, mais l'ensemble se tient correctement et offre une finale juste ce qu'il faut d'enrobée sans être spécialement longue. Prix fort accessible. Assemblage de maréchal foch (35 %), de baco (22 %), de marquette (14 %) et de sainte-croix (12 %). On le sert autour de 15 °C, avec des artichauts et des asperges grillés à l'huile d'olive.

15,95 $ CODE SAQ : 00743989   1,8 g/l

DIX VINS À APPORTER DANS UNE ÉPLUCHETTE DE BLÉ D'INDE

(OU CE QUI CONVIENDRAIT PLUTÔT D'APPELER UNE « DÉBOUCHETTE » DE BLÉ D'INDE)

Rien de mieux comme prétexte qu'une épluchette de blé d'inde pour commencer une «débouchette» de vins ! Optez pour des vins à la fois festifs et généreux, tout en vous assurant de prendre deux bouteilles plutôt qu'une; cela vous aidera à partager avec les autres invités. Voici dix vins facilement accessibles qui vous feront passer de bons moments.

LE VIN EST UNE FÊTE 2013
ELIAN DA ROS, CÔTES DU MARMANDAIS
FRANCE 12,5 %

14,5/20 En parlant de fête, voici un vin fort à propos. C'est plein de soleil et bourré d'authenticité. On se trouve dans les Côtes du Marmandais, dans le sud-ouest de la France; pas trop loin de Bordeaux, comme en témoigne l'assemblage de merlot, de cabernet franc et d'abouriou, un cépage local. Fruits rouges, réglisse et cannelle. Bouche sapide en attaque, devenant bourrue par son arrière-plan tannique, mais qui garde une assez bonne tenue. C'est rustique, sans compromis, tout en affichant 12,5 % d'alcool. Parfait avec les premiers burgers de la saison. Servir autour de 15-16 °C.

21,05 $ CODE SAQ : 11793211   1,7 g/l

MENETOU-SALON
LES BORNÉS 2013
HENRY PELLÉ, FRANCE 12,5 %

15/20 Superbe expression du sauvignon blanc. Droit, délicat, avec une exubérance contenue, sur des tonalités d'agrumes, de fougère, de pierre à fusil et une pointe d'asperge. En bouche c'est frais, alors que le fruit mûr apporte de la rondeur à un ensemble qui reste tendu. Difficile de trouver meilleur sauvignon pour une épluchette : l'accord entre le côté sucré du maïs, le beurre et le sel lui iront à merveille !

20,65 $ CODE SAQ : 10523366   2,7 g/l

CABERNET SAUVIGNON 2012
CATENA, MENDOZA, ARGENTINE 14 %

15/20 Ce qui m'a toujours plu chez ce grand producteur argentin, c'est le soin que l'on apporte tant aux « petits vins », aussi bien ceux vendus sous l'étiquette Alamos que ceux de haute voltige, notamment sortis de la magnifique cuvée Nicolas Catena Zapata. Cette cuvée de gamme intermédiaire, appelée simplement « Catena », allume tous les sens du dégustateur grâce à ses parfums de cassis, de bleuet, de poivron rôti et de vanille. C'est racoleur, sans pour autant tomber dans la caricature. La bouche est ample, charnue, un poil corsée et relevée par une acidité juste. On croque littéralement dans le fruit ! Le compagnon parfait, s'il s'avère que votre épluchette s'accompagne d'un méchoui !

22,30 $ CODE SAQ : 00865287   2,3 g/l

DONNADIEU CUVÉE MATHIEU ET MARIE 2012
CHRISTINE SIMON, SAINT-CHINIAN FRANCE 13,5 %

15/20 Une petite bombe de fruits. C'est étonnamment défini, vivant. On perçoit bien les tonalités épicées et viandeuses qui caractérisent le saint-chinian. La bouche est ramassée à l'attaque, se déploie, gagne en volume et puissance, s'épice et garde la fraîcheur du fruit. Sans être long ni complexe, le vin se démarque par sa franchise et son authenticité. On achète les yeux fermés ! Je l'ai trouvé particulièrement délicieux accompagné d'une poitrine de poulet Saint-Hubert.

17,85 $ CODE SAQ : 00642652   2 g/l

LA DEMOISELLE 2011
DOMAINE DE FONTSAINTE
CORBIÈRES, FRANCE 14,5 %

15/20 Vieilles vignes de carignan (60 %), grenache (30 %) et de mourvèdre (10 %). On dit de l'ancien président français Giscard d'Estaing, fin connaisseur en la matière, qu'il raffolait de ce vin. On perçoit au nez un vin travaillé, avec des notes de torréfaction, de gâteau, d'encens et de cassis mûr. Charmeur, rond, matière riche, une acidité basse et des tanins gommés. Bonne longueur en finale qui évite le piège des notes d'alcool. On lui donne un petit coup de carafe (20-30 minutes) avant de le servir à 16 °C.

20,35 $ CODE SAQ : 12216394   2,9 g/l

BONHEUR CONVIVIAL RIESLING 2013
RIEFLÉ, ALSACE, FRANCE 12,5 %

15/20 Le genre de riesling plutôt joufflu et conservant une franche acidité, ce qui le fait paraître bien droit et bien sec. C'est joliment parfumé avec des notes de jasmin, de citron confit et ce petit rien de pétrole qui marque le côté variétal du cépage. Donnez-lui de l'air — passage en carafe entre 45-60 minutes, ou ouvrez-le 4-5 heures avant —, il n'en sera que meilleur. Servir frais (10 °C).

17,95 $ CODE SAQ : 10915327   5,5 g/l

EXPRESSION 2011
ALAIN LORIEUX CHINON, FRANCE 12,5 %

15,5/20 Alain et Pascal Lorieux sont deux frères vignerons inspirés et inspirants. Entièrement constitué de cabernet franc, c'est un vin parfumé et nuancé dans un style plus proche de la Bourgogne que de Bordeaux. Fruits noirs, épices et fine impression calcaire. Une bouche souple, des tanins bien en formes, le tout évoquant élégance et maîtrise. Belle finale légèrement amère sur le cassis frais avec un brin de poivron.

19,50 $ CODE SAQ : 00873257   1,5 g/l

CHARDONNAY 2013
LIBERTY SCHOOL, CALIFORNIE
ÉTATS-UNIS 13,5 %

14/20 C'est probablement le chardonnay américain, vendu en produit régulier à la SAQ qui est des plus intéressants. Oui, c'est beurré et on a cette impression de goût de maïs en finale, mais le tout demeure digeste et évite le piège du gros chardonnay grossier sans âme. On prend soin de le servir bien frais (8-10 °C).

20,50 $ CODE SAQ : 00719443   4,4 g/l

PINOT NOIR 2014
CONO SUR RESERVA, CASABLANCA, CHILI 14 %

14,5 / 20 Quelle agréable surprise que ce pinot noir chilien qui profite du climat frais de la vallée de Casablanca. Ça «pinotte» donc avec des notes de jolis fruits rouges mûrs, de fumée et une touche de réglisse. Bouche veloutée par sa texture qui flirte avec la rondeur, mais qui se garde de tomber dans le piège de la lourdeur, avec une acidité juste et vive. Jolie finale aromatique.

16,40 $ CODE SAQ : 00874891   2,6 g/l

CHÂTEAU DE LENGOUST 2013
MINERVOIS, FRANCE 13,5 %

14 / 20 Une version GSM classique du Languedoc où la syrah domine (55 %) et se voit complétée par le mourvèdre (25 %) et le grenache (20 %). Bien expressif sur des notes de réglisse, de cerise mûre et une impression de mine de crayon. Bouche nourrie, chaude, sans être puissante ni trop large. On devine d'ailleurs une certaine droiture qui ajoute à l'ensemble un caractère digeste. Finale certes capiteuse, mais aussi parfumée. On le laisse au frigo 45 minutes avant de servir.

16,25 $ CODE SAQ : 11905690   3 g/l

NEUF VINS POUR ACCOMPAGNER VOTRE

PIZZA

QUAND VOUS DÉMÉNAGEZ

Au Québec, au début du mois de juillet, des milliers de personnes vivent encore dans les boîtes. Bien souvent dans des caisses de vin en carton de la SAQ, empruntées à la succursale du coin non pas pour se «paqueter» mais bien pour «paqueter» ses affaires en vue du déménagement.

Vivre dans les boîtes, ça veut souvent dire manger de la pizza commandée à la pizzeria du coin, faute d'avoir terminé de placer tout l'attirail de cuisine. Souvent aussi, ça veut dire... boire de la bière froide pour remercier les amis venus donner un coup de main. Souvent, mais pas toujours. Car voyez-vous, quand on est un Méchant Raisin, on trouve toujours moyen de remplacer la bière par du vin. Même le 1er juillet. Même dans les boîtes.

Quelques règles :

1. Oubliez les grands vins
La pizza à l'américaine, commandée puis livrée, n'est pas un plat raffiné. Alors *exit* les vins trop raffinés.

2. Pourquoi pas un blanc ?
On choisit trop souvent du rouge avec la pizza. Pourtant, les trois ingrédients dominants (la pâte, la sauce tomate et le fromage fondu) sont surtout des alliés naturels du vin blanc. Le choix d'un rouge, notamment grâce à l'acidité qui va couper le gras du fromage et tenir tête à celle naturelle de la tomate, reste tout à fait correct, mais la règle demeure : il faut une bonne acidité.

3. N'ayez pas peur des extrêmes
Tout dans la pizza est extrême. On peut donc sans problème choisir des vins extrêmes justement qui ont beaucoup de caractère, de présence, d'acidité et même, pourquoi pas, un peu de sucre résiduel.

POUR LA TRADITIONNELLE « MARGARITA » ITALIENNE (TOMATES, BASILIC, MOZZARELLA)

COUP
DE
CŒUR

ADEGA DE PEGÕES 2014
TERRAS DO SADO, PORTUGAL 13 %

14,5 / 20 On aime beaucoup ce vin (il est dans notre liste des meilleurs à moins de 15 $). Dominé par le chardonnay à 60 %, il est complété par l'arinto et l'antão vaz, des cépages locaux. C'est le mélange parfait d'acidité, de tonus, de gras et de complexité aromatique pour accompagner la meilleure et la plus raffinée des pizzas (à notre avis).

14,60 $ CODE SAQ : 10838801   4,6 g/l

SECCO-BERTANI 2012
BERTANI, VERONA, ITALIE 13 %

15 / 20 L'archétype du bon vin de la Vénétie : un fruit net, sans excès d'exubérance, une belle acidité, des tanins en retrait, une texture lisse, des saveurs généreuses en bouche et un équilibre irréprochable. Parfait pour la plus simple et la plus italienne des recettes : pâte, tomates, basilic, huile d'olive et mozzarella.

18,25 $ CODE SAQ : 00012443   4,2 g/l

POUR LA SIMPLE « PEPPERONI/FROMAGE » (OU ENCORE LA « PROSCIUTTO/FROMAGE »)

COUP DE CŒUR

COMBE AUX JACQUES 2013
MAISON LOUIS JADOT, BEAUJOLAIS VILLAGES FRANCE 12,5 %

15 / 20 Voilà un beau rouge léger et frais, plein de fruits (fraises, framboises, canneberges), relevé d'une belle acidité et avec une texture souple et fine. Ça va donner un peu de classe à votre repas du 1er juillet.

17,95 $ CODE SAQ : 00365924   2 g/l

DOMAINE DE GOURNIER 2014 ROSÉ
VIN DE PAYS DES CÉVENNES, FRANCE 13 %

14 / 20 On vous en parle ailleurs dans ce guide, le rosé de Gournier est un bon rapport qualité-prix et il est disponible toute l'année. Pour la pizza « pepperoni-fromage », il apportera l'acidité voulue, tout en l'agrémentant de ses notes de fruits rouges frais. Servir bien froid.

12,95 $ CODE SAQ : 00464602   2 g/l

POUR LA « TOUTE GARNIE » À L'AMÉRICAINE (CHAMPIGNONS, POIVRONS, PEPPERONI)

VILA REGIA 2013
DOURO, PORTUGAL 12,5 %

$\frac{14}{20}$ Pas besoin de grand chose, il suffit de relever le tout avec un peu de fruits et d'acidité. Allez hop, à petit prix, le Vila Regia : c'est bourré de soleil, de fruits et l'ensemble est d'une sapidité déconcertante. On prend soin de le servir plutôt rafraîchi, soit autour de 14-15 °C, surtout avec la pizza.

10,55 $ CODE SAQ : 464388   2,2 g/l

FRITZ'S RIESLING 2013
GUNDERLOCH, HESSE RHÉNANE ALLEMAGNE 11,5 %

$\frac{14,5}{20}$ Le bacon, c'est gras et c'est fumé. Il faut donc le couper avec un vin vif, pas trop sec et avec de légères notes de fumée. Ce riesling allemand fera donc parfaitement l'affaire.

15,65 $ CODE SAQ : 11389015   23 g/l

POUR LA « JAMBON/ANANAS »

PINOT GRIS 2013
CAVE DE PFAFFENHEIM, ALSACE, FRANCE 13,5 %

14,5 / 20 Même idée que pour le bacon, mais avec un vin un peu moins doux, puisque l'ananas apporte déjà sa part de sucre. Ce pinot gris, disponible pratiquement partout durant l'année, est un bon rapport qualité-prix et montre bien le caractère du pinot gris, avec ses notes de miel et de fruits à chair blanche (pomme, poire, coing).

17,25 $ CODE SAQ : 00456244   16 g/l

POUR LA « POULET/PESTO »

COUP DE CŒUR

REGALEALI 2014 BIANCO
TASCA, SICILE, ITALIE 11 %

15 / 20 Là, il faut y aller avec un blanc sec assez puissant pour soutenir le pesto relevé par l'ail, les noix de pin et le basilic. Allons-y avec le soleil sicilien et ce beau blanc de la maison Tasca d'Almerita : du fruit, de la poire, du melon, une impression de gras en bouche bien retenue par une belle acidité.

16,65 $ CODE SAQ : 00715086   2,8 g/l

POUR LA VÉGÉTARIENNE

GRENACHE PETITE ÉDITION 2013
**MICHEL HAURY, PAYS D'OC, CASTEL FRÈRES
FRANCE 13,5 %**

$\frac{15,5}{20}$ Les légumes, l'ail, le fromage, les herbes, parfois aussi des olives et des champignons... la pizza végé est souvent une macédoine de saveurs qui va dans tous les sens. Allons-y donc avec la chaleur du Languedoc, bien représentée ici par ce vin de grenache, nouveau à la SAQ: c'est plein de fruits, de chaleur et de rondeur (à voir aussi dans la liste des meilleures bouteilles à moins de 15 $).

13,70 $ CODE SAQ : 12477594   3,3 g/l

ONZE VINS DE
NOËL

La préparation des plats pour le réveillon de Noël monopolise tellement notre énergie et notre temps que, bien souvent, on néglige carrément le choix des vins.

Pourtant, les délices de notre cuisine traditionnelle — les tourtières, le ragoût de pattes de cochon, la dinde farcie, le cipâte et la bûche de Noël — méritent d'être servis avec des vins de caractères capables de tenir tête à des mets aux saveurs fortes et prononcées.

POUR LA DINDE

Servie avec des canneberges (ou des atocas si vous préférez), la dinde farcie est probablement le plat le plus «polygame» du réveillon, puisqu'on peut l' «unir» avec plusieurs types de vin, blancs aussi bien que rouges.

HERRENWEG RIESLING 2013
DOMAINE BARMÈS-BUECHER, ALSACE
FRANCE 12 %

16/20 Un riesling vif mais généreux, avec suffisamment de gras pour accompagner la dinde et sa traditionnelle sauce brune.

26,75 $ CODE SAQ : 11153117   2,7 g/l

CHÂTEAU VILLA BEL-AIR 2013
GRAVES, FRANCE 13 %

16/20 Si vous préférez le rouge, optez pour ce bordeaux passe-partout, aux tanins souples, au caractère suffisamment fruité (accents de cassis et de mûres) et à l'acidité assez présente pour relever la dinde, souvent sèche.

25 $ CODE SAQ : 11341679   1,8 g/l

POUR LE PÂTÉ À LA VIANDE (APPELÉ MALENCONTREUSEMENT LA TOURTIÈRE)

On parle ici de la tarte à la viande hachée (porc, veau, bœuf), avec des oignons et des épices. Certains l'appellent la tourtière, au grand dam des gens du Lac-Saint-Jean, d'autres, le pâté à la viande. Peu importe, c'est un plat de viande très cuite qu'il faut absolument rehausser d'un vin jeune, fruité et pas trop tannique. Même un blanc généreux pourrait faire l'affaire.

DEVOIS DES AGNEAUX D'AUMELAS 2012
VIGNOBLES JEANJEAN, LANGUEDOC FRANCE 13 %

16/20 Un beau rouge du Languedoc, bien fruité, rond et joufflu, avec un peu de bois, mais pas trop, et une texture parfaite pour agrémenter la sécheresse du pâté à la viande.

20,95 $ CODE SAQ : 00912311   2,7 g/l

VIOGNIER THE Y SERIES 2014
YALUMBA, SOUTH AUSTRALIA, AUSTRALIE 13,5 %

14,5/20 Du blanc avec du pâté à la viande ? Pourquoi pas ! La richesse de ce viognier australien, avec ses accents de miel, de pêche et une belle minéralité, saura égayer la « petite tourtière ».

16,95 $ CODE SAQ : 11133811   4,3 g/l

POUR LA TOURTIÈRE DU LAC-SAINT-JEAN, LE CIPÂTE (OU SIX-PÂTES OU CIPAILLE, APPELEZ ÇA COMME VOUS VOUDREZ)

La tourtière du Lac et le cipâte sont des mets de résistance, faits de morceaux de viandes juteux (souvent de celle de gibier), de cubes de pommes de terre et d'oignons. Beaucoup plus savoureux et plus complexes que le pâté à la viande, ces plats ont besoin de vins plus costauds.

COUP DE CŒUR

CHÂTEAU CAILLETEAU BERGERON 2012
BLAYE CÔTES DE BORDEAUX, FRANCE 14 %

15,5 / 20 L'un des beaux bordeaux sous les 20 $ habituellement disponible à la SAQ. Il est composé principalement de merlot, d'où sa rondeur et son caractère plus joufflu. On y sent les fruits noirs, la fumée, des notes de cassonade et de vanille aussi.

19,40 $ CODE SAQ : 00919373   4,1 g/l

TOMMASI ARELE 2012
DELLE VENEZIE, ITALIE 13 %

15,5 / 20 Voilà un vin rouge riche, aux arômes puissants de fruits mûrs (cassis, mûres, cerises), avec une belle texture serrée, mais souple, une belle longueur et une pointe de sucre résiduel qui complémentera bien ce plat costaud (qu'on sert souvent d'ailleurs avec des ketchups aux fruits aigres-doux).

19,95 $ CODE SAQ : 11770836   9,3 g/l

POUR LE RAGOÛT DE PATTES DE COCHON

Le ragoût de pattes de cochon, même si on le voit de moins en moins, reste un des plats de Noël les plus typiques, aux accents de cannelle et de muscade. On sert presque toujours du rouge avec ce mets, alors nous vous mettons au défi de l'essayer avec un blanc moelleux !

MARC BRÉDIF VOUVRAY RICHE 2012
FRANCE 11,5 %

15/20 Le ragoût de pattes, c'est riche, donc aussi bien le servir avec une triche qui l'est aussi. Dans ce cas, on parle vraiment d'un vin riche en sucres (31 g de sucre résiduel, c'est beaucoup), mais cette richesse ne vient pas seule : on y trouve du fruit, de l'acidité et du corps; tout pour que le chenin blanc s'exprime avec vigueur.

21,15 $ CODE SAQ : 10254661   31 g/l

POUR LA BÛCHE DE NOËL

Du gâteau, du glaçage au chocolat et au beurre... et du vin ?
Pourquoi pas ! On y va pour des blancs doux.

COUP
DE
CŒUR

MUSCAT DE RIVESALTES 2010
DOMAINE CAZES, FRANCE 15 %

16
20

Le muscat de Rivesaltes de Cazes est l'un des meilleurs qui nous arrive régulièrement à la SAQ : opulent, avec ses arômes de fruits confits (citrons, ananas), de miel et cette bouche onctueuse qui reste aérienne. Parfait pour la bûche et pour toutes les mignardises ou biscuits de Noël apportés par votre parenté.

25,95 $ CODE SAQ : 00961805 ⟩ 60 g/l

CHÂTEAU COULAC 2010
SAINTE-CROIX-DU-MONT, FRANCE 13 %

16
20

Sainte-Croix-du-Mont (ou Monbazillac), c'est un peu le sauternes des pauvres, dit-on... Et c'est bien ainsi. Car offert à plus petit prix que le grand vin liquoreux de Bordeaux, les blancs doux de ces appellations vous offrent presque autant de fruits, de cire d'abeille, d'arômes de confitures de coing et d'agrumes confits. En bouche, ce Coulac 2010 est persistant, avec une texture riche et caressante.

23,25 $ CODE SAQ : 00180166 ⟩ 60 g/l

POUR LE GÂTEAU AUX FRUITS SECS

Toutes les grand-mères ont leur recette de gâteau aux fruits. Parfois, elles se passent même entre elles le jus fermenté qui sert de base pour faire ce qui s'appelle le « gâteau de l'amitié ». Ce sont des pâtisseries souvent très sucrées, très parfumées et qu'on ne mange qu'à Noël.

DOMAINE LA TOUR VIEILLE RIMAGE 2013
BANYULS, FRANCE 16 %

16/20 Le banyuls est un vin muté à la manière des portos, mais produit dans le Roussillon catalan, au sud de la France. Moins alcoolisé que le porto, le Rimage est en quelque sorte l'équivalent du « vintage » dans les portos, c'est-à-dire qu'il provient d'une même année de récolte et que le vin produit n'a subi aucune oxydation. C'est donc un vin doux, fruité et concentré. Ce Rimage 2013 le démontre bien, avec ses arômes « confiturés », sa bouche longue et chaleureuse. Parfait pour le gâteau aux fruits et vos veillées des fêtes.

25,20 $ pour 500 ml > 60 g/l
CODE SAQ : 00884908

COSSART GORDON BUAL 5 ANS
MADÈRE, PORTUGAL 19 %

15/20 C'est un vin intrigant, mais délicieux, pas juste bon à faire des sauces en cuisine. Servi assez frais, ce madère aux notes de noix de Grenoble, de fruits séchés et de caramel agrémentera parfaitement le gâteau aux fruits de votre mère.

25,20 $ CODE SAQ : 00328070 > 60 g/l

DIX VINS POUR
PÂQUES
(AVEC LE JAMBON, LA DINDE, L'AGNEAU, LE CHOCOLAT...)

Le congé pascal débute avec le Vendredi saint. Et qui dit Vendredi saint, dit poisson; pour ceux à chair blanche et ferme comme la sole, la daurade, le turbot ou le doré, allez-y avec un blanc sec et vif.

SAUVIGNON BLANC 2014 RÉSERVE
MARQUIS DE GOULAINE, VAL DE LOIRE
FRANCE 12 %

13,5/20 Notes expressives de citron, de fougère et de fleur blanche. Une bouche fraîche, un fruit discret, mais une texture qui n'est pas en reste, avec des notes légèrement salines en finale. Facile et efficace lorsque servi bien frais.

15,95 $ CODE SAQ : 11905737   4,5 g/l

Si vous optez pour un poisson dont la chair est plus grasse, comme le bar ou la morue noire, je vous suggère de passer à un vin avec plus de corps et finesse :

POUILLY-FUISSÉ 2014
JEAN-CLAUDE BOISSET, FRANCE 13 %

15,5/20 Autant nous sommes dubitatifs à l'égard du projet californien de la famille Boisset avec Raymond, autant celui de mettre en valeur leur patrimoine bourguignon est inspirant. La clé de ce succès est surtout tributaire du talentueux vigneron/vinificateur Gregory Patriat qui a fait ses classes sur le terrain plutôt qu'à la fac d'œnologie; notamment chez Lalou Bise-Leroy qui produit des plus grands vins de Bourgogne. À peine plus cher que le bourgogne blanc Les Ursulines (par ailleurs très bon), ce pouilly-fuissé se distingue par un grillé plus senti au nez, par une texture en bouche un rien plus riche, et par une finale au profil exotique et moins amère.

25,45 $ CODE SAQ : 11675708   1,8 g/l

CUVÉE COMBE D'ENFER 2010
CHÂTEAU SIGNAC, CÔTES DU RHÔNE VILLAGES CHUSCLAN, FRANCE 14,5 %

15/20 Dominé par le grenache et complété par la syrah, c'est gourmand et gouleyant à souhait. On sent la matière d'assez bonne richesse, soyeuse avec ce côté capiteux, rappelant l'eau-de-vie à la cerise, la réglisse et une touche de thym. On est surpris des 14,5 % d'alcool au compteur du vin, qu'on dompte en le servant assez rafraîchi, soit autour de 15 °C.

20,50 $ CODE SAQ : 00917823   1,9 g/l

COUP DE CŒUR

MAIS OÙ EST DONC ORNICAR 2012
DOMAINE JEAN-BAPTISTE SENAT, MINERVOIS FRANCE 14 %

16/20 Un style de vin nature, avec un nez *funky* et un caractère singulier. Charmeur, avec ses notes d'épices et de raisin de Corinthe rappelant un jeune châteauneuf-du-pape. Bouche pleine, grasse qui affiche tout de même une belle droiture. Plutôt long en finale sur un registre floral. Très bon.

28,25 $ CODE SAQ : 11959372   1,9 g/l

LE DIMANCHE, AVEC L'AGNEAU :

MARIA MANSA 2010
QUINTA DO NOVAL, DOURO, PORTUGAL 13,5 %

15/20 Une maison du Douro, surtout connue pour ses portos, dont la mythique cuvée Nacional, souvent considérée comme le plus grand porto du monde. Ce Maria Mansa 2010 vinifié en sec est le résultat d'un assemblage à parts pratiquement égales de touriga franca, de tinta roriz et de touriga nacional, trois cépages emblématiques de l'appellation. Bien parfumé aux tonalités de pruneau, de cèdre et d'épices à steak. Bouche généreuse construite autour de tanins souples et profitant d'une bonne acidité pour garder le tout en équilibre.

19,35 $ CODE SAQ : 12288566   2,6 g/l

LE VIEUX DONJON
CHÂTEAUNEUF-DU-PAPE 2012
MICHEL LUCIEN, FRANCE 14,5 %

16,5-17/20 Un châteauneuf gourmand, richement constitué, plein et d'une fraîcheur remarquable ! Des tonalités de prune, de groseilles, de boîte à cigare, de lavande et de thym. Généreux et structuré, le vin montre une bonne allonge, sans même le début d'une impression capiteuse. Bravo ! Potentiel de garde d'une bonne dizaine d'années.

58,25 $ CODE SAQ : 11966880   2,5 g/l

SI VOUS PRÉFÉREZ LA DINDE :

COUP
DE
CŒUR

MONDEUSE, VIN DE SAVOIE 2012
LES ROCAILLES, FRANCE 12 %

14,5 / 20 Tout comme le 2011 l'an dernier, le 2012 qui débarque à la SAQ, risque de faire partie de mon top dix des meilleurs vins à 15 $ et moins. Frais, une matière d'assez bonne densité, une certaine rusticité, mais une finale soutenue, légèrement dure par son côté végétal. L'acidité et l'aromatique nous donne l'envie de reprendre un verre : ce qui arrive trop peu souvent pour un vin acheté dans cette gamme de prix.

15,70 $ CODE SAQ : 11194357   1,5 g/l

FIXIN 2012
DOMAINE FRÉDÉRIC MAGNIEN, FRANCE 13 %

16 / 20 Un pinot généreux et bien ciselé. On sent une matière plus généreuse qu'à l'habitude et surtout, un boisé nettement mieux intégré que par le passé. C'est suave, fin et hyper agréable. Finale riche et éclatante qui donne envie d'en boire un autre verre.

33,75 $ CODE SAQ : 11457284   1,8 g/l

AVEC LE JAMBON :

CUVÉE D'ANDRÉE
PINOT NOIR 2013
CHÂTEAU DES CHARMES, NIAGARA-ON-THE-LAKE, CANADA 12,5 %

$\frac{14}{20}$ Pionnier de la région de Niagara, le rosé du Château des Charmes est issu à 100 % de pinot noir. Saveurs nettes de fruits rouges, d'épices et de fleur. Bouche un peu rondelette, mais de tenue tout à fait respectable. Finale qui gagne des points avec son côté aérien, mais qui garde un côté riche, tout ce qu'il y a de plus Nouveau Monde. La bonne bouteille pour le jambon fumé.

15,30 $ CODE SAQ : 11945544   13 g/l
(SAQ Dépôt seulement)

POUR TERMINER, AVEC LE CHOCOLAT :

CUVÉE SPÉCIALE
10 ANS D'ÂGE
MAURY, MAS AMIEL, FRANCE 16 %

$\frac{16,5}{20}$ Chocolat et Maury font bon ménage. Produit avec du grenache noir à 100 %, il donne un vin frais sans les notes de fruits cuits. Une « sucrosité » énergique et un côté salin qui vient de la mer tout à côté et qui n'est pas sans rappeler les vins de Madère, les notes oxydatives en moins. Mas Amiel continue de produire les meilleures cuvées de l'appellation.

36,50 $ CODE SAQ : 11154785   > 60 g/l

CINQ VINS POUR ACCOMPAGNER VOS PARTYS D'HUÎTRES

Avant, de la même façon qu'il ne fallait pas se baigner dans un lac avant la Saint-Jean-Baptiste, il ne fallait pas non plus manger des huîtres en dehors des mois qui finissaient en « bre ». Maintenant on les consomme toute l'année (et on peut même se baigner en mai). N'empêche que durant l'été, il arrive que ces mollusques soient un peu laiteux. Mais tous les goûts sont dans la nature.

CHÂTEAU DE MALIGNY
« LE VIGNE DE LA REINE » 2014
CHABLIS, FRANCE 12,5 %

16/20 Le mariage d'amour, avec les huîtres, c'est le chablis et ceux vendus à la SAQ sont pratiquement tous recommandables. Mais puisqu'il faut faire un choix, nous avons choisi celui-ci, déjà presque aimable. Sa structure acide est bien enrobée, bien que l'on sente encore la tension; c'est net, croquant et sa minéralité se conjugue à la perfection avec la chair grasse du mollusque.

24,75 $ CODE SAQ : 00560763   1,9 g/l

COUP DE CŒUR

DOMAINE DE LA MOUSSIÈRE 2014
ALPHONSE MELLOT, SANCERRE, FRANCE 13 %

17,5/20 Un sancerre magnifique, épuré, superbe de droiture, avec de la tension, de la minéralité et agrémenté d'une discrète note saline. Le sauvignon s'exprime ici avec une pureté qui le transcende complètement.

28,90 $ CODE SAQ : 00033480   2,7 g/l

CONTE LELOUP DE CHASSELOIR
LES CEPS CENTENAIRES 2012
MUSCADET-SÈVRE-ET-MAINE, FRANCE 12 %

15,5/20 Déjà au nez, outre la minéralité, on a quelque chose de salin; la bouche suit, droite, vive et fine, avec un fruit qui enrobe bien la structure acide.

18,10 $ CODE SAQ : 00854489   2,5 g/l

DOMAINE DU TARIQUET SAUVIGNON BLANC 2013
FAMILLE GRASSA, CÔTES DE GASCOGNE FRANCE 12,5 %

15 / 20 À petit prix, un sauvignon qui s'exprime dans un registre floral. En bouche, c'est frais, croquant, vif et parfaitement désaltérant.

14,95 $ CODE SAQ : 00484139   3,2 g/l

LALLIER GRANDE RÉSERVE GRAND CRU
CHAMPAGNE, FRANCE 12,5 %

17 / 20 Pour un mariage royal avec les huîtres, ce champagne droit et minéral, au style élancé et épuré, est peu dosé.

46,25 $ CODE SAQ : 11374251   12 g/l

LES DIX MEILLEURS VINS POUR VOUS RAFRAÎCHIR PENDANT LA CANICULE AUTOUR DE LA PISCINE

Tant qu'à mourir de chaleur au bord de l'eau, aussi bien rendre l'âme en se faisant un peu plaisir, donc en se refroidissant un peu avec quelque chose de léger et de frais. Oui, nous savons, un pot de limonade maison glacée. Mais ce guide n'en est pas un de limonades.

ANTHILIA 2014
DONNAFUGATA, SICILIA IGT, ITALIE 12,5 %

16/20 Joli nez, floral avec comme une pointe « muscatée » (le vin est composé des cépages ansonica et catarratto). La bouche est fraîche, agréable; un vrai beau vin d'apéro.

18,45 $ CODE SAQ : 10542137   4,3 g/l

AVELEDA 2013, VINHO VERDE
QUINTA DA AVELEDA, PORTUGAL 10 %

14/20 Nez sur les agrumes qui fait penser au sauvignon (il n'en contient évidemment pas). Une bouche fraîche, presque pétillante, comme c'est souvent le cas des vinhos verdes. Le vin est sec en finale : le sucre qu'il contient étant complètement gommé par une vivifiante acidité.

11,85 $ CODE SAQ : 00005322   14 g/l

VIÑA SOL 2012
CATALUNYA, TORRES, ESPAGNE 11,5 %

15/20 Vendu depuis des lustres au Québec, la qualité a toujours été au rendez-vous et le prix a su demeurer très sage. Avec son joli nez ouvert sur les fruits à chair blanche et jaune (pomme, poire, ananas) et cette belle acidité qui en assure la fraîcheur et lui donne du croquant, ce 2012 est du pur bonheur à petit prix.

12,50 $ CODE SAQ : 00028035   3,5 g/l

VALE DA JUDIA 2014
**COOPERATIVA AGRICOLA DE SANTO ISIDRO
DE PEGOES, MOSCATEL, TERRAS DO SADO
PORTUGAL 12 %**

14,5 / **20** Vous cherchez un joli vin d'apéro parfaitement sec? Essayer ce vin de muscat, appelé moscatel dans la péninsule ibérique; le nez est effectivement porté sur les fleurs et les fruits, avec un rien de sapinage qui fait penser au torrontés argentin; la bouche est impeccablement fraîche, digeste, et dans ce millésime-ci, le vin est particulièrement léger, voire aérien.

11,30 $ CODE SAQ : 10513184   1,7 g/l

CUSIMANO ANGIMBÉ 2014
**TENUTA FICUZZA, TERRE SICILIANE IGT
CUSUMANO 13,5 %**

14 / **20** Ce mariage de l'inzolia (70 %), cépage sicilien et du chardonnay (30 %) nous donne ici un bon petit blanc simple, mais équilibré et désaltérant. Il n'est pas compliqué, mais pour le prix, on est satisfait.

13,90 $ CODE SAQ : 11097101   2,1 g/l

CAMPO DA VINHA 2013
VINHO VERDE
**QUINTA DO MINHO AGRICULTURA
PORTUGAL 10 %**

$\frac{14}{20}$ Léger (10,5 % d'alcool), tonique, légèrement effervescent, frais et fringant, il est aussi rond et agréable; fort bon pour tout dire. L'acidité étant naturellement élevée pour les vinhos verdes, les 10 grammes de sucre ne sont pas vraiment perceptibles et en assurent l'équilibre. Ce vin n'a qu'un défaut : il est seulement vendu à la SAQ Dépôt.

11,80 $ CODE SAQ : 00597542   10 g/l
(SAQ Dépôt seulement)

RIESLING 2013
J & H SELBACH, MOSELLE, ALLEMAGNE 11 %

$\frac{15}{20}$ Joli nez de riesling sur les fleurs. Bouche délicate en saveurs, un brin frizzante et un rien de sucre résiduel, mais contrebalancé par une belle acidité. À boire bien frais, en ne pensant à rien d'autre qu'à l'été.

16,15 $ CODE SAQ : 11034741   28 g/l

DOMAINE DE GOURNIER 2014 ROSÉ
VIN DE PAYS DES CÉVENNES, FRANCE 13%

$\frac{14}{20}$ Le bon petit rosé de soif, avec cette espèce de légèreté que l'on attend de ce type de vin. Bon rapport qualité-prix.

12,95 $ CODE SAQ : 00464602   2 g/l

LAGUNA DE NAVA ROSADO 2014
BODEGAS NAVARRO LOPEZ, VALDEPENAS TEMPRANILLO, ESPAGNE 12,5 %

$\frac{13,5}{20}$ Un deuxième rosé, au cas où on ne trouverait pas le premier. Nez discret, avec des notes qui rappellent un peu le sauvignon. Un léger gaz carbonique renforce en bouche l'impression tonique de ce petit vin sans prétention, mais agréable.

11,40 $ CODE SAQ : 12238008   3,2 g/l

PINOT NOIR 2013 CUVÉE GASTRONOMIE
VIN DE SAVOIE, FRANCE 12 %

$\frac{15}{20}$ Évidemment, même dans les grandes chaleurs, il y aura toujours quelqu'un pour préférer un rouge. On a connu celui-ci dans de plus beaux millésimes, c'est vrai. Il n'en demeure pas moins que servi bien frais, cette cuvée donne toujours du plaisir.

16,45 $ CODE SAQ : 00856997   2,4 g/l

CINQ VINS POUR LA CABANE À SUCRE

La plupart des cabanes à sucre offrent la possibilité d'apporter son vin ou... sa bière. On dit bière, car c'est encore la meilleure solution quand vient le temps de manger à la fois salé et, évidemment, sucré. Les accords cabane à sucre et vins ne sont pas impossibles. Les arômes de fumée font souvent bon ménage avec les vins élevés en fût de chêne, mais il faut éviter les trucs tanniques et concentrés, sinon vous risquez de passer un moins bon moment gustatif.

Pour trancher avec le gras et le salé, c'est connu, rien de mieux que l'acidité. Évitez donc les vins mous, riches et opulents.

FRITZ'S RIESLING 2013
GUNDERLOCH, HESSE RHÉNANE
ALLEMAGNE 11,5 %

14/20 Bien typé, avec des tonalités de fruits jaunes et d'hydrocarbure auxquelles s'ajoutent des nuances de sucre d'orge et de zeste de pamplemousse. Ample en attaque, on sent la matière rondelette (plus d'une vingtaine de grammes de sucre résiduel); le tout étant marqué par une vive acidité. Une sacrée combinaison avec les oreilles de Christ.

15,65 $ CODE SAQ : 11389015   23 g/l

ATLANTIS 2014
ARGYROS, SANTORIN, GRÈCE 13 %

15/20 Excellent blanc produit dans l'un des plus beaux endroits au monde qui permet illico d'oublier les rudes hivers qui s'éternisent. Une matière à la fois dense et dotée d'une grande vivacité. Des notes de citron frais, fumée et sel marin, avec une touche florale provenant probablement des apports d'athiri et d'aidani, que complètent les 90 % d'assyrtiko, cépage roi à Santorin. Meilleur, m'a-t-il semblé, que le 2013. Prix doux.

18,55 $ CODE SAQ : 11097477   3,5 g/l

THE WOLFTRAP 2013
BOEKENHOUTSKLOOF, WESTERN CAPE AFRIQUE DU SUD 14,5 %

14,5 / 20 Une syrah charnue et sensuelle que le mourvèdre (32 %) vient structurer. Épicé et fumé avec des parfums d'anis, de prune chaude et une touche florale qu'apporte probablement la petite part de viognier (3 %). Matière bien concentrée, finale capiteuse (14,5 % d'alcool affiché) évoquant des tonalités de fumée, de poivre et de goudron.

16,80 $ CODE SAQ : 10678464   3,1 g/l

FIGARI 2013
CLOS CANARELLI, CORSE, FRANCE 13,5 %

17 / 20 Un rouge qui joue sur la pureté, l'élégance, la fraîcheur, la « buvabilité » et l'éclat. Nielluccio, syrah et sciacarello forment un habile trio déclinant des tonalités de venaison, de prune, de maquis et de paprika. Un peu sur lui-même au départ, il a pris trois bonnes heures avant de se révéler pleinement. Épaulez-le 3 à 4 heures complètes avant de le servir, ou passez-le 30-45 minutes en carafe. Il devrait gagner en définition d'ici 3 à 4 ans. Terriblement bon avec le jambon fumé à l'érable.

39,75 $ CODE SAQ : 11794521   1,9 g/l

TAWNY 10 ANS
TAYLOR FLADGATE, PORTO, PORTUGAL 20 %

16/20 S'il vous reste de la place après la tire sur la neige, poussez l'audace avec un petit verre de tawny. Bonne définition au nez : noisette, caramel fin, marmelade et torréfaction. C'est à la fois onctueux et doté d'une acidité qui apporte du tonus et de l'aile aux parfums. Servir frais — autour de 14-15 °C. Toujours un excellent rapport qualité/prix/plaisir.

33,75 $ CODE SAQ : 00121749 > 60 g/l

CINQ VINS « SWEET'N SOUR » POUR VOS METS CHINOIS

Soyons honnêtes : les Chinois ne boivent pratiquement pas de vins. Ils préfèrent la bière, le cola et les boissons gazeuses sucrées. Leur cuisine, sucrée, salée, épicée et très variée recommande donc souvent des demi-secs, voire doux, avec un caractère épicé et aromatique.

RÉSERVE PINOT GRIS
WILLM, ALSACE, FRANCE 13 %

14/20 Un des pinots gris alsaciens les plus connus à la SAQ, avec ces arômes de miel, de pêche et de fumée. Rond en bouche, mais assez nerveux, tout de même.

17,25 $ CODE SAQ : 00370676   12 g/l

DOUCE FRANCE 2014
VOUVRAY, BOUGRIER, FRANCE 11,5 %

14/20 Le chenin blanc est un autre cépage français qui se conjugue autant en vin sec qu'en vin demi-sec ou doux. Pour le canard de Pékin, servi dans des crêpes de riz avec une sauce Hoisin sucrée-salée, c'est le compagnon parfait.

17,70 $ CODE SAQ : 11461970   27 g/l
(SAQ Dépôt seulement)

PREMIÈRES GRIVES 2014
DOMAINE DU TARIQUET, CÔTES DE GASCOGNE FRANCE 11,5 %

15/20 Plusieurs personnes se sont fait prendre en croyant que ce vin était sec, alors qu'il est vraiment sucré, avec ses 57 g/l de sucre résiduel. Le cépage gros manseng qui se décline de toutes les façons, est ici exubérant et racoleur. Mais pour les plats chinois les plus coriaces comme le fameux poulet général Tao (a-t-il vraiment existé, ce général ?), c'est tout indiqué.

19,95 $ CODE SAQ : 00561274   57 g/l

BLACK TIE 2013
PFAFF, ALSACE, FRANCE 13 %

$\frac{14}{20}$ Une nouveauté parmi les génériques alsaciens. Cet assemblage de 60 % de riesling et de 40 % de pinot gris, suffisamment aromatique et d'une douceur bien dosée, sera parfait pour les chow mein et autres sautés chinois.

19,95 $ CODE SAQ : 11469621   11 g/l

KUNG FU GIRL RIESLING 2014
CHARLES SMITH WINES, WALLA WALLA VALLEY WASHINGTON, ÉTATS-UNIS 12 %

$\frac{16}{20}$ On dirait que l'étiquette a été pensée pour que le vin soit déposé au centre de la table d'un resto chinois «apportez votre vin». Mais la qualité de ce riesling va au-delà de son étiquette. C'est un vin fruité et riche, aux notes d'agrumes et d'abricot, à l'acidité franche, avec juste assez de sucre pour supporter la plus puissante des sauces de soja et de piment.

21,65 $ CODE SAQ : 11629787   17 g/l

CINQ VINS LIQUOREUX, PAS POUR ACCOMPAGNER DES DESSERTS... MAIS QUI SONT DES DESSERTS !

On a la mauvaise habitude de servir les vins liquoreux avec le dessert, pensant d'office que les deux se complètent naturellement. Sans dire que c'est une hérésie et tout en évitant de tomber dans le flou moléculaire, les accords de similarité (sucre/sucre ou salé/salé) sont généralement plus compliqués à réaliser que les accords de contraire (sucre/salé). C'est d'autant plus vrai en fin de repas, alors que les papilles sont fatiguées et les sens moins aiguisés. D'où pourquoi, il est souvent préférable de servir un vin de «dessert» seul (et votre «propre gueule», comme disent les Français!)

BEN RYÉ 2011 MOSCATO PASSITO DI PANTELLERIA
DONNAFUGATA, ITALIE 14,5 %

18/20 Riche et frais, mais surtout détaillé, complexe et d'une totale élégance, c'est l'un des meilleurs vins moelleux bu cette année, sinon le plus beau. Encore peu connu, ça demeure une aubaine à ce prix.

32 $ — 375 ml   CODE SAQ : 11301482
> 60 g/l

VIN DE CONSTANCE 2009
**KLEIN CONSTANTIA, COASTAL REGION
AFRIQUE DU SUD 14 %**

18/20 En dessert, c'est le nec plus ultra du vin dégusté. Au large du Cap, en Afrique du Sud où il est produit, on raconte que le Vin de Constance était l'un des derniers plaisirs de Napoléon et ce jusqu'à son décès sur l'île Sainte-Hélène. Une pure merveille, un condensé de parfums, matières et d'acidité, d'une rare complexité et d'un équilibre magistral. Un bonheur à chaque gorgée qui s'étire sur plus d'une minute.

65,50 $ — 500 ml   > 60 g/l
CODE SAQ : 10999655

LATE HARVEST SAUVIGNON BLANC 2013
ERRAZURIZ, VALLE DE CASABLANCA
CHILI 11,5 %

15 / 20 Difficile de trouver un aussi bon vin de dessert à ce prix. Un registre d'agrumes confits, de sucre d'orge avec, en filigrane, des tonalités florales. C'est riche, suffisamment tonique de par son acidité juste qui apporte de l'équilibre et évite le piège de la lourdeur.

14,65 $ — 375 ml > 60 g/l
CODE SAQ : 00519850

NOBLE ONE BOTRYTIS SÉMILLON 2011
DE BORTOLI, AUSTRALIE 10 %

17 / 20 Un classique. À l'aveugle, difficile de deviner qu'il vient de l'Australie. De la pureté, de la liqueur, du charme à revendre et une finale soutenue qui gagne en complexité au fur et à mesure du contact avec l'oxygène. Un régal à boire maintenant, et qui pourra se bonifier pendant une dizaine d'années facilement, voire beaucoup plus.

27 $ — 375 ml > 60 g/l
CODE SAQ : 10279818

TORCOLATO 2010
MACULAN, BREGANZE, ITALIE 14 %

17,5 / 20 On dit parfois du Torcolato qu'il est le petit Yquem d'Italie. Il n'a certes pas sa profondeur ni sa dimension, mais il affiche une complexité plus qu'enviable. Son côté torréfié et celui d'agrumes confits apportent un caractère propre et unique au vin. À s'en lécher les babines jusqu'au... goulot !

29,45 $ — 375 ml > 60 g/l
CODE SAQ : 710368

CINQ VINS POUR DES PLATS ÉPICÉS INDIENS

ous n'étions pas Méchants Raisins, on vous dirait que,
mme pour la cabane à sucre, il vaut mieux opter pour la
re, surtout lorsqu'il s'agit de cuisine indienne relevée.
à cela ne tienne, il existe plusieurs choix si vous choisissez
ler vers le vin, d'où les cinq propositions qui suivent.

venez-vous, cependant, que la cuisine indienne est à
ois diversifiée et que les plats sont souvent servis en
ni-portion et rarement en même temps. Soyez flexible
révoyez deux bouteilles plutôt qu'une !

W3 WOLFBERGER RIESLING MUSCAT PINOT GRIS 2013
CAVE VINICOLE EGUISHEIM, ALSACE FRANCE 12 %

14,5/20 Un assemblage alsacien plutôt original. Le vin est dominé par le riesling (50 %) et complété en parts égales par le pinot gris et le muscat. Ce dernier accentue le caractère tropical du nez déjà bien parfumé avec ses accents de fleurs, de pêche et d'épices. Pas complètement sec, généreux tout en restant froid et enrobé, il est préférable de le servir bien frais. Parfait avec des brochettes de poulets au cari ou des légumes frits.

17,05 $ CODE SAQ : 12284792   8,3 g/l

PINOT GRIS 2012
LÉON BEYER, ALSACE, FRANCE 13,5 %

15/20 Un grand nom de la viticulture alsacienne. Pas de riesling ici, mais plutôt un pinot gris tout en nuance, suffisamment nerveux et porté par des parfums bien marqués de melon, de miel et de pomme jaune.

21,25 $ CODE SAQ : 00968214   4,7 g/l

RIESLING QBA 2013
SELBACH-OSTER, MOSELLE, ALLEMAGNE 11 %

15,5/20 Ah, la Moselle! L'un des plus beaux vignobles du monde, tant du point de vue du paysage que de celui des vins. On y trouve les plus grands rieslings. Ce 2013 est issu de vignes plantées sur des coteaux, dont le sol est dominé par l'ardoise, ce qui donne au vin une pureté remarquable. Trame olfactive expressive et de bonne complexité, évoquant des parfums de fleur blanche, d'abricot, de pêche et d'agrumes sur fond de craie. Un style demi-sec se traduisant par une impression de «sucrosité» habilement contrebalancée par l'acidité qui apporte un véritable vent de fraîcheur et rend le tout parfaitement équilibré. Avec 10,5 % d'alcool, c'est le genre de bouteille qui disparaît sans s'en rendre compte. Idéal avec les fruits de mer au cari. Servir bien frais, autour de 8-10 °C.

17,30 $ CODE SAQ : 11034741   28 g/l

PINOT NOIR VIEILLES VIGNE 2012
MAISON ROCHE DE BELLENE, BOURGOGNE FRANCE 13 %

15,5/20 Du pinot noir, demandez-vous? Tout à fait ! Avec le poulet tandoori, ça fait un malheur. Évitez les trucs trop riches et privilégiez les pinots plus ciselés et axés sur la fraîcheur du fruit. C'est le cas ici, avec cet excellent vin signé du fort talentueux Nicolas Potel. Un nez qui «pinotte» avec franchise, souligné par un trait végétal fort agréable. C'est souple, simple, presque gouleyant et porté par l'acidité. Impeccable !

21,50 $ CODE SAQ : 12577683   2,8 g/l

FLEUR DE SAVAGNIN 2013
DOMAINE LABET, CÔTES DU JURA, FRANCE 14 %

16-16,5 / **20** On pourrait d'entrée de jeu être sceptique sur l'idée d'y aller avec ce vin au caractère oxydatif, mais sa puissance aromatique aura tôt fait de vous convaincre. Son côté dense, relevé par une acidité marquée, le rend bien sec et décuple son amplitude aromatique, ce qui devrait pouvoir bien s'harmonier avec l'épicé du plat et en bout de piste, donner des résultats intéressants dans la perception des arômes. Producteur de haut niveau, un peu cher, mais les quantités vendues sont petites et le vin possède un joli potentiel de vieillissement.

35,50 $ CODE SAQ : 10783248   2 g/l

DIX VINS GLOUGLOU QU'ON BOIT SANS RETENUE, À ACHETER À LA CAISSE

Comment reconnaître un vin glouglou ? Facile ! La première chose que l'on constate, c'est que la bouteille est vide. C'est que le vin glouglou est un vin qui descend tout seul qui est gouleyant qui est tout en fraîcheur et en plaisir et qui, en guise de commentaires, ne provoque généralement qu'une série d'onomotapées (Wow ! Ouff ! Miam ! Gouglou !) ou alors quelques mots, souvent des adjectifs (Super ! Génial !).

Le vin glouglou est rarement un grand vin. Celui-ci est souvent plus spirituel. Le vin glouglou est un vin charnel, de grande soif qui bien que petit ou modeste parfois, apporte de grandes joies.

ROUGES

TALUYERS VILLAGE DE L'ANNÉE FLEURIEUX 2013
SIGNÉ VIGNERONS, COTEAUX DU LYONNAIS FRANCE 12 %

15,5 / 20 Chaque année, la Cave coopérative Coteaux du Lyonnais (Signé Vigneron) désigne un village qui s'est distingué. En 2013, c'était Taluyers. Ce vin est fait à 100 % gamay, et le nez est parfaitement typé, franc, invitant, tandis que la bouche, toute sur le fruit, est gouleyante, rafraîchissante, vraiment plaisante, mais avec quand même en final des petits tannins qui lui donnent du caractère. Du bon jus, vraiment qui rivalise facilement avec beaucoup de beaujolais.

19,40 $ CODE SAQ : 12131569   1,5 g/l

COUP DE CŒUR

CHÂTEAU CAMBON 2013
BEAUJOLAIS, FRANCE 11,5 %

15,5 / 20 Le beaujolais comme il devrait toujours être et comme on les aime : léger, frais, agréable, net et digeste. Une expression très fine du gamay. Une vraie bouteille de plaisir.

23,45 $ CODE SAQ : 12454991   1,7 g/l

LES ROCAILLES 2012
MONDEUSE, VIN DE SAVOIE, FRANCE 12 %

15,5/20 Un bon vin épicé, avec des tannins présents, mais aimables, assez pour qu'il soit pratiquement gouleyant comme un beaujolais. La mondeuse est un cépage qui, dit-on, a un air de parenté avec la syrah; mais ici, elle a la « gouleyance » du gamay.

15,70 $ CODE SAQ : 11194357   1,5 g/l

JEAN PERRIER & FILS FRENCH ALPINE WINE 2013
MONDEUSE, JEAN PERRIER & FILS
VIN DE SAVOIE, FRANCE 12 %

16/20 Une autre très bonne mondeuse fabriquée par une maison, dont on apprécie déjà la cuvée de pinot noir et, en version blanc, l'Apremont. Un vin tout plein de fruit, un peu épicé, frais, mais avec du caractère et même une certaine structure tannique. On le boit maintenant goulûment, tandis qu'il est encore sur le fruit frais.

16,55 $ CODE SAQ : 11208430   2,1 g/l

COUP DE CŒUR

RAISINS GAULOIS 2014
MARCEL LAPIERRE, VIN DE FRANCE
FRANCE 12,5 %

15,5/20 Chaque millésime de ce vin apporte son lot de plaisir. Celui-ci ne devrait pas échapper à la règle, car c'est toujours un cru tout plein de fruits, rond et soyeux, d'une netteté et d'une pureté d'expression.

20,30 $ CODE SAQ : 11459976   1,7 g/l

MORGON 2013
JEAN FOILLARD, BEAUJOLAIS, FRANCE 12,5 %

16/20 Comme toujours chez Jean Foillard, on trouve cette netteté, cette pureté d'expression, ce côté digeste qui sont la signature de tous ses vins. Et comme les autres, celui-ci est irrésistiblement bon, avec un gamay qui «pinotte» presque. Son simple beaujolais, quand il y en a, est aussi à acheter les yeux fermés.

27,20 $ CODE SAQ : 11974788   2,2 g/l

LE CLOS DE LYS MORGON 2013
DOMAINE J. CHAMONARD, MORGON FRANCE 12,5 %

16/20 Un des domaines cultes des amateurs de beaujolais. Il fait surtout dans le vin naturel, mais, de par son excellente maîtrise, évite les pièges qu'on a souvent — et avec raison — tendance à leur reprocher. Bonne intensité des parfums au nez, avec le côté sauvage des vins natures. Texture soyeuse qui montre une belle acidité et une longueur enviable sur des notes de framboise et de pivoine. Gouleyant à souhait, c'est le parfait compagnon des charcuteries et autres saucissons. Lui donner un bon 45-60 minutes d'ouverture et le servir autour de 15 °C.

28,75 $ CODE SAQ : 12492823   1,8 g/l

BLANCS

REGALEALI BIANCO 2014
TASCA, SICILE, ITALIE 12 %

15,5 / 20 Il est à prix d'ami, ce joli blanc de la Sicile fait avec ses trois cépages que son l'ansonica (40 %), le catarratto (30 %) et le grecanico (30 %). Simple mais bien fait, à la fois rond et frais, avec des saveurs qui rappellent un peu la poire. Ça coule de source.

17,30 $ CODE SAQ : 00715086 2,8 g/l

RIESLING QBA 2013
SELBACH-OSTER, MOSELLE
ALLEMAGNE 11,5 %

15,5 / 20 Bien que ce vin contienne un peu de sucre résiduel, il n'en n'est pas moins complétement «glouglou». Car l'acidité vient ici donner au vin du tonus, de la vivacité, tandis que le sucre tient un profil bas, venant arrondir les coins plus incisifs de l'acidité. L'échange de bon aloi entre le sucre et l'acidité au final se joue dans un tableau où priment la légèreté et la fraîcheur, de telle sorte qu'un verre en appelle aussitôt un autre.

17,30 $ CODE SAQ : 11034741 28 g/l

PETIT CHABLIS 2014
DOMAINE LAROCHE, FRANCE 12 %

15,5/20 Franchement « glougloutant » que ce Petit Chablis de Laroche, léger et croquant, frais et désaltérant; on s'étonne de voir que la bouteille se vide si rapidement. En passant, Petit Chablis est une appellation à part entière, la première dans la hiérarchie des chablis.

21,75 $ CODE SAQ : 11094815   1,4 g/l

CINQ VINS POUR CÉLÉBRER UNE GRADUATION

L'obtention du baccalauréat est probablement le moment par excellence pour faire sauter le bouchon d'une grande bouteille. Qu'à cela ne tienne, les cinq années passées au secondaire, avec les turbulences de l'adolescence, restent probablement les plus longues et les plus difficiles de la vie étudiante. Sans parler du fameux bal de fin d'année qui pour beaucoup, reste un moment qui échappe encore à l'oubli du temps.

Voici cinq flacons à déboucher pour souligner la graduation, du secondaire au postdoc et pour vous en souvenir longtemps!

POUR LE SECONDAIRE 5 :

NOVA 7 2013
**BENJAMIN BRIDGE, NOUVELLE-ÉCOSSE
CANADA 7 %**

$\frac{15}{20}$ À cet âge, sauf exception, vous ne devriez pas avoir le droit de boire de l'alcool... Il est quand même agréable de souligner ce passage important. Le mieux, c'est d'opter pour des bulles avec du sucre résiduel qui en plus de rendre l'esprit festif, ont le mérite d'être faibles en alcool. Vinifié par le talentueux Québécois Jean-Benoît Deslauriers (apprenez en plus dans la section « Cinq Québécois à suivre dans le monde du vin »), cette bouteille de la Nouvelle-Écosse saura vous étonner grâce à ses parfums abondants, la finesse de son pétillant et son équilibre sucre/acidité.

24,95 $ CODE SAQ : 12133986   > 60 g/l

POUR LE CÉGEP :

COUP DE CŒUR

CHABLIS 2013
WILLIAM FÈVRE, FRANCE 12,5 %

$\frac{16}{20}$ Déjà, il vous faut un vin plus sérieux. Rien de mieux que l'un des grands noms à Chablis; la qualité est toujours remarquable. Contrairement à la cuvée Champs Royaux (dont le 2014 est par ailleurs très bon), créée spécifiquement pour l'Amérique du Nord, le chablis du Domaine Fèvre est composé à 100 % des vignes de la propriété aux moyennes d'âge de 40-50 ans, dont certaines ont été plantées par le grand-père de William Fèvre dans les années 1930-1940. Vin riche et tropical; on y sent un côté salin et une élégance naturelle qui le rapprochent du niveau d'un premier cru. Les quantités de ce millésime proposées sur le marché sont modestes, mais le 2014, tout aussi bon, fera son apparition sous peu.

27,65 $ CODE SAQ : 11094701   2,7 g/l

POUR LE BAC :

SALMOS 2010
TORRES, PRIORAT, ESPAGNE 13,5 %

$\frac{16}{20}$ Il vous faut là aussi un vin important. La cuvée Salmos de la très respectable maison familiale Torres est tout indiquée. Nez animal qui rappelle la viande crue, les épices, le cuir et les fruits noirs rôtis avec, en arrière-plan, un boisé appuyé. Ensemble puissant avec des tanins juvéniles, voire fâchés. Bonne longueur en finale; on sent que la bouteille a du fond et pourra se développer favorablement durant quelques années. À passer en carafe ou attendre de deux à trois ans avant de la déguster.

31,25 $ CODE SAQ : 10857690   3,5 g/l

POUR LA MAÎTRISE :

NEBBIOLO 2012
MASCARELLO, LANGHE, ITALIE 14 %

16,5 - 17 / 20 À ce stade, choisissez un vin «intellectuel», mais qui sait en mettre plein la gueule. La maison Giuseppe Mascarello e Figlio est l'un des domaines viticoles qui vinifie les meilleurs nebbiolos. Profitant d'un élevage de 14 mois en fût de chêne de Slovénie, ce vin évoque d'élégants parfums de fleur séchée, de cerise, de réglisse et de goudron. Bien en chair avec du volume et de la dimension, le fruité est frais et donne la réplique à une masse tannique ferme, sans pour autant faire paraître le vin dur. Finale soutenue et savoureuse. Montrant déjà beaucoup d'harmonie, ce 2012 possède les qualités pour évoluer de belle façon quelques années en cave. Il sera splendide avec l'osso buco ou un civet de lapin.

54,50 $ CODE SAQ : 11910190   1,7 g/l

POUR LE DOCTORAT :

CHÂTEAU DE BEAUREGARD 2009
POMEROL, FRANCE 13 %

17-17,5
―――――
20

Pas de doute, il vous faut une grande bouteille, idéalement payée à même les prêts étudiants ! Beauregard a longtemps donné un vin richement extrait au boisé opulent, masquant du coup l'expression du terroir. Malgré la richesse du 2009, on sent dans les derniers millésimes un retour du vin. C'est certes donc boisé, racoleur et facile avec son fruit rappelant les bleuets d'été, mais on y décèle en arrière-plan des notes ferrugineuses et sanguines, typiques de l'appellation. C'est juteux, peu corsé, tout en affichant de la tenue, alors que la finale évite le piège de la chaleur alcoolique, souvent présente dans les 2009. On peut commencer à le boire, mais rien ne presse; il devrait se bonifier pendant une dizaine d'années.

72,50 $ CODE SAQ : 11854749   1,8 g/l

DIX VINS DE GARDE
QUI VIEILLIRONT BIEN ET QU'ON PEUT ACHETER SANS SE RUINER

On pense à tort qu'il faut casser sa tirelire pour en acheter. Détrompez-vous ! Sans dire qu'ils pourront tenir cinquante ans, on trouve plusieurs vins à bon prix qui possèdent les qualités nécessaires pour se bonifier avec le temps. En voici dix qui sauront vous surprendre et vous apportez du bonheur, après quelques années de repos dans votre réserve personnelle.

DOMAINE DE LA TOUR DU BON 2012

BANDOL, FRANCE 13,5 %

16,5/20 Bandol est sans doute l'appellation française où l'on trouve les rouges de garde les plus intéressants, à des prix encore accessibles. Composé essentiellement de mourvèdre, le cépage est tannique et corsé en jeunesse qui, lorsqu'il est bien maîtrisé, se développe avec grâce et conserve beaucoup de fraîcheur. Après 10 ou 15 ans d'âge, les rouges commencent à « truffer ». On peut facilement alors les confondre avec de grands vins de Bordeaux vendus à prix d'or. Millésime après millésime, le Domaine de la Tour du Bon est toujours, comment dire, plus que très bon. Un incontournable.

32,25 $ CODE SAQ : 10780645   2 g/l

LES TERRASSES DU LARZAC 2011
DOMAINE DE MONTCALMÈS, COTEAUX DU LANGUEDOC, FRANCE 14 %

16,5- 17/20 Le prix peut paraître élevé, mais le rouge de Montcalmès appartient aux meilleurs vins du Languedoc. Caractère plus moderne, avec un bois senti et finement maîtrisé. L'ensemble évolue sur des notes bien définies de fraise des bois, avec un fond minéral rappelant la mine de crayon. Bouche gourmande et solide avec des tanins un peu fâchés. Après un peu d'air, il gagne en ampleur et sa richesse rappelle l'excellent 2009. Le 2012 qui devrait remplacer tranquillement le 2011, est un millésime plus frais, ce qui devrait donner un vin plus classique et d'excellente garde. Idéalement, on attend un minimum de 6-7 ans pour l'ouvrir.

41,75 $ CODE SAQ : 12440345   2,3 g/l

PRINSIÒT 2012
FRATELLI ALESSANDRIA, LANGHE, ITALIE 13,5 %

16,5/20 Le nebbiolo donne d'étonnants vins de garde. C'est un cépage qui gagne en volume et en complexité avec le temps. En voici un excellent exemple, d'autant que le prix est doux. Parfum de cerise surette, de framboise, d'églantine, de pivoine, de poivre rose et de zeste d'orange. Une bouche droite, pure, au grain serré. Saveur un peu diluée en milieu de bouche, mais le vin profite d'un agréable fruité. Finale longue, tannique, tout en restant fraîchement parfumée. Légère touche « réglissée » et goudronnée en finale. À passer en carafe 30-45 minutes, ou attendre 3-4 ans en cave; il n'en sera que meilleur.

29 $ CODE SAQ : 12131104   2 g/l

COUP DE CŒUR

MORGON 2013
GUY BRETON, FRANCE 12 %

16/20 On a tendance à penser qu'il faut boire les beaujolais en jeunesse pour profiter au maximum de leur fruité et de leur caractère gourmand. Difficile d'être en désaccord sur ce point. C'est cependant sous-estimer leur capacité à non seulement se complexifier avec le temps, mais aussi à conserver leur fraîcheur et l'esprit en fruit qui les rendent également irrésistibles. Le Morgon de Guy Breton est plus difficile d'approche en jeunesse, mais gagne en définition et en nuance, tout en laissant mieux transparaître l'expression du terroir. Il sera à son mieux d'ici 3-4 ans et pourra se maintenir sur son plateau une petite dizaine d'années sans problèmes.

31,25 $ CODE SAQ : 11305344   1,9 g/l

LES LAQUETS 2010
COSSE MAISONNEUVE, CAHORS, FRANCE 13,5 %

16,5 / 20 Mathieu Cosse est l'un des vignerons les plus talentueux du Cahors. Il sait tirer du malbec des vins en jeunesse — qui, sans nier leur origine, n'ont rien des rouges souvent trop corsés et difficiles à boire — pour les faire paraître comme vieillis de plus de dix ans de garde. On joue ici sur la pureté du fruit, avec derrière beaucoup de matière sans pour autant être corpulent. C'est au contraire suave, frais, avec une longueur à la fois structurelle et aromatique qui laisse présager un bel avenir à cette bouteille. Attendez au moins de 5-6 ans avant de l'ouvrir : la production ne s'en trouvera que meilleure. Le vin pourra tenir le double, voire le triple d'années dans de bonnes conditions de conservation.

41,25 $ CODE SAQ : 10328587   1,9 g/l

VIEILLES VIGNES 2013
DOMAINE GAUBY, VDP CÔTES CATALANES, FRANCE 13,5 %

17/20 Bon, d'accord, à plus de 50 $, ce n'est pas l'aubaine du siècle. Il n'en demeure pas moins que l'aptitude de garde du Vieilles Vignes de Gauby ferait rougir les plus grands blancs de France. Du grenache gris complété par une touche de macabeu. Fermenté en foudre. Tropical, anisé, nuance d'agrumes, d'amande grillée, de mirabelle et d'iode. Texture riche en attaque, gagnant ensuite en précision par son acidité fine et énergique qui donne à l'ensemble une ampleur tout ce qui a de plus sudiste, avec un maximum de délicatesse préservée. Longue finale parfumée de poire et de trèfle. C'est d'autant plus jouissif que le vin pourra se bonifier durant les quinze prochaines années. Grande bouteille à petit prix.

50,50 $ CODE SAQ : 12682248 1,2 g/l

HERRENWEG DE TURCKHEIM RIESLING 2012
DOMAINE ZIND-HUMBRECHT, ALSACE FRANCE 12,5 %

16,5 - 17 / 20 De tous les crus d'Olivier Humbrecht, c'est celui qui a tendance à montrer le moins d'alcool sans pour autant perdre en richesse. C'est qu'Olivier est de ceux qui croient en les pleines maturités des raisins. Il revient au vigneron de « préparer » sa vigne pour donner le meilleur d'elle-même. Un riesling sans concession, très expressif, avec une matière qu'on sent compacte, mais finement tissée autour d'une acidité porteuse et laissant, par ses notes de calcaire et d'hydrocarbure, le terroir s'exprimer à merveille. 5-6 ans de cave lui permettront de mieux faire ressortir son caractère minéral.

36 $ CODE SAQ : 10836549   5,9 g/l

LA MOUSSIÈRE 2014
ALPHONSE MELLOT, SANCERRE, FRANCE 13 %

16 - 16,5 / 20 Chez les Mellot, on ne fait pas du sauvignon blanc, mais bien du sancerre. La Moussière, en plus d'être la plus importante production du domaine, est un vin qui gagne beaucoup à être conservé quelques années en cave. Avec le temps, il gagne en volume, son acidité se patine et les nuances se complexifient sans prendre un pet d'oxydation. Un 2000 dégusté au printemps 2015 affichait une tenue impressionnante, avec des tonalités racées de truffe blanche, d'humus et de citron confit. Millésime classique, ce 2014 pourra se bonifier une bonne dizaine d'années sans problèmes.

28,90 $ CODE SAQ : 00033480   2,7 g/l

EMBRUIX 2012
VALL LLACH, PRIORAT, ESPAGNE 15 %

16-16,5 / 20 Située à environ 100 kilomètres au sud de Barcelone et à un peu moins d'une trentaine des côtes méditerranéennes, la région du Priorat offre des vins remplis de soleil. À l'initiative du chanteur Lluis Llach, le Gilles Vigneault de la Catalogne, cette maison vinicole fait dans la haute voltige. Techniquement, l'acidité naturelle est basse. Mais « l'effet » terroir, apporté par le schiste bleu sur lequels prennent vie les grenache, carrignan et cabernet sauvignon qui composent le vin donne à ce dernier une fraîcheur déconcertante. Intensité aromatique remarquable : kirsch, garrigue, raisin sec et poivre. Texture suave, puissante sans manquer de nuance. Des tanins costauds donnent une cuvée corsée, mais aussi charnue et dotée d'un charme indéniable. Une bouteille qui devrait donner le meilleur d'elle-même d'ici une petite dizaine d'années. Tout aussi bon que le 2012, le 2013 devrait faire son apparition sur les tablettes de la SAQ au cours de l'automne 2015, début de l'hiver 2016.

35,75 $ CODE SAQ : 10508131 3,3 g/l

TINTO PESQUERA 2011
RIBERA DEL DUERO, ESPAGNE 13,5 %

16-17
20

On dit d'Alejandro Fernández qu'il a placé le Ribera del Duero dans le haut du palmarès des plus grandes appellations du monde. Difficile de ne pas être d'accord. La version 2011 de son « entrée de gamme » en est une preuve supplémentaire. Il affiche certes un boisé plus appuyé que par le passé, mais la matière riche permet un équilibre et d'espérer encore plus d'harmonie d'ici 5-6 ans. Un must.

32,50 $ CODE SAQ : 10273109   2,3 g/l

LES DIX PLUS GRANDS VINS QU'IL FAUT GOÛTER UNE FOIS DANS SA VIE

(ET UNE ALTERNATIVE POUR NE PAS MOURIR TRISTE PARCE QU'ON NE POURRA PLUS LES APPRÉCIER)

Ils transcendent le temps, marquent l'imaginaire et suscitent la fascination. Ce sont de très grands vins, souvent âgés et difficiles à trouver. À moins d'être chanceux (ou d'avoir beaucoup de sous et de bons contacts), il y a très peu de chance de les déguster un jour. Qu'à cela ne tienne, ils ont non seulement marqué leur époque, mais également redéfini le concept de « grand vin » et poussé ceux qui cultivent la vigne à se dépasser.

CHÂTEAU MARGAUX 1900
MARGAUX, GRAND CRU CLASSÉ, FRANCE

Un ami, d'en boire au passage de l'an 2000, est resté stupéfait par l'extraordinaire tenue du vin, malgré un profil résolument tertiaire. Les anciens le décrivaient comme l'un des plus grandioses jamais produits à Bordeaux. (On aurait pu parler du Lafite du même millésime, lui aussi considéré comme un monument.)

POUR SE CONSOLER :

CHÂTEAU GISCOURS 2010
MARGAUX, GRAND CRU CLASSÉ, FRANCE 13,5 %

17,5-18 / 20 Une perle. Soyeux, riche, avec un côté nerveux et une finale racée et expansive. Il donnera le meilleur de lui-même à partir de 2022.

115 $ CODE SAQ : 1520669   2,2 g/l

CHÂTEAU D'YQUEM 1921
SAUTERNES, FRANCE

Yquem illustre si merveilleusement bien la quête de l'ultime qualité qu'il est pratiquement impossible de choisir son année la plus marquante. Les 1929, 1937 et 1945 sont souvent citées. Yquem diffère des autres vins par sa longévité et sa capacité à se transformer en un merveilleux nectar qui n'est jamais lourd.

POUR SE CONSOLER :

CHÂTEAU BASTOR-LAMONTAGNE 2007
SAUTERNES, FRANCE 13 %

16/20 Un classique au répertoire de la SAQ. Le 2007, un millésime qui s'inscrit dans la lignée de ceux précédemment cités, est « ravissant » actuellement. Il a perdu son gras de bébé et montre une complexité enviable.

25,55 $ CODE SAQ : 11131410   > 60 g/l

CHÂTEAU MOUTON ROTHSCHILD 1945
PAUILLAC, GRAND CRU CLASSÉ, FRANCE

Pour plusieurs d'entre nous aujourd'hui, c'est le plus mythique de tous les vins. Celui de l'année de la victoire des Alliés, mais aussi un millésime parfait. On parle de 1945 comme d'une période charnière dans l'histoire du vin. C'est le cru qui a atteint les prix les plus élevés aux enchères du 28 septembre 2006. Le seul ennui de taille : la contrefaçon. Il y aurait aujourd'hui autant de bouteilles de Mouton 1945 qu'au moment de sa mise en bouteille, il y 70 ans.

POUR SE CONSOLER :

CHÂTEAU D'ARMAILHAC 2010
PAUILLAC, GRAND CRU CLASSÉ, FRANCE 13 %

$\frac{17\text{-}17,5}{20}$ Le prix a grimpé en titi, mais la qualité du vin, plus spécialement ce 2010, est remarquable. Concentré, suave et doté d'une structure tannique ferme et intégrée dans l'ensemble à un fruit mûr, il donnera une superbe bouteille dans une petite quinzaine d'années.

83 $ CODE SAQ : 11519369   N/D g/l

LA ROMANÉE-CONTI

**DOMAINE DE LA ROMANÉE-CONTI GRAND CRU 1945
FRANCE**

La Romanée-Conti est, avec le trockenbeerenauslese d'Egon Müller, le vin le plus cher du monde.
La production de 1945, millésime d'anthologie tant au niveau qualitatif qu'historique — fin de la Seconde Guerre mondiale — a donné de très petits rendements, si bien qu'il est pratiquement impossible de trouver une bouteille sur le marché actuel. Ceux qui ont eu la chance de le goûter parlent d'un vin grandiose à tous les égards.

 COUP DE CŒUR

POUR SE CONSOLER :

CLOS SALOMON 2013

GIVRY PREMIER CRU, FRANCE 13 %

16,5 / 20 Difficile de trouver un pinot noir aussi jouissif. Ça « pinotte » sans bon sens au nez avec une bouche détaillée, ciselée et un fruit précis. Finale longue, soyeuse et gourmande. Du plaisir à chaque gorgée. Faites-en provision !

40,50 $ CODE SAQ : 12212123   1,5 g/l

CHÂTEAU CHEVAL BLANC 1947
SAINT-ÉMILION PREMIER GRAND CRU CLASSÉ A, FRANCE

On dit de lui que c'est le plus fin des Cheval Blanc jamais produit, mais il se distingue surtout par son profil très riche, similaire à un porto avec, en plus, une acidité volatile qui, selon les standards de qualité d'aujourd'hui, laisserait croire à un vin défectueux. Un intemporel qui continue à défier le temps.

POUR SE CONSOLER :

CHÂTEAU DES LAURETS 2012
PUISSEGUIN SAINT-EMILION, FRANCE 13,5 %

15/20 On est évidemment à des lunes de la complexité d'un Cheval Blanc, mais l'esprit est là; grâce à son encépagement qui fait la part belle au merlot et au cabernet franc, et aussi à son élégance et la jolie pureté du fruit. Tout ça pour moins de 20 $. Personne ne s'en plaindra.

19,95 $ CODE SAQ : 00371401   2,8 g/l

LA CHAPELLE 1961, HERMITAGE
JABOULET, FRANCE

Jusqu'au début du xxᵉ siècle, les vins de l'Hermitage se vendaient généralement plus chers que ceux de Bordeaux. Leur capacité de vieillissement légendaire a souvent incité les producteurs bordelais à « hermiter » leur vin en lui ajoutant un peu de syrah. Le La Chapelle 1961 de la famille Jaboulet est venu rappeler à quel point ces vins se sont imposés parmi les plus grands crus de garde de la planète. Un monument.

POUR SE CONSOLER :

CORNAS 2012
DOMAINE DES LISES EQUIS, FRANCE 13 %

16,5- 17
20
Non filtré. Puissant et séveux. Avec un côté tannique bien intégré, très propre et beaucoup d'éclat. On sent le vin gagner en volume en finale sur une trame énergique, fraîche et porteuse. Beau potentiel.

63 $ CODE SAQ : 11317370   N/D g/l

CHÂTEAU LATOUR 1961
PAUILLAC GRAND CRU CLASSÉ, FRANCE

L'année 1961 est une date charnière. Un millésime de transition vers la modernité. Un millésime tannique ayant donné l'un des plus grands bordeaux du siècle. De tous, c'est le Latour qui semble faire l'unanimité d'être le plus accompli. Nous avons eu la chance d'y tremper nos lèvres il y a quelques années. Ce vin nous a laissé sans voix.

POUR SE CONSOLER :

CHÂTEAU PEDESCLAUX 2010
PAUILLAC, FRANCE 13 %

16,5-17 / **20** Très joli Pauillac issu d'un grand millésime. Le vin affiche un nez de bonne intensité, frais et précis. On sent qu'il est structuré par des tanins de qualité et a profité d'une matière riche, malgré le fait d'être encore un peu sur lui-même. À garder une dizaine d'années avant d'ouvrir.

55 $ CODE SAQ : 11572012   2,4 g/l

CHÂTEAU MONTELENA, CHARDONNAY 1973
NAPA, ÉTATS-UNIS

Pas un «grand vin» à proprement parler. Mais sa première place au Jugement de Paris en 1976, accordée par les plus grands noms de la viticulture française, a eu un impact considérable sur la perception des spécialistes internationaux, surtout celle des Européens, de la qualité des vins californiens.

POUR SE CONSOLER :

CHÂTEAU MONTELENA CHARDONNAY 2012
NAPA, ÉTATS-UNIS 13,6 %

16- 16,5 / 20 Pourquoi choisir autre chose quand on peut se consoler avec le même vin !?! Du moins, presque. Le style a peu changé. C'est beurré, assez riche, mais avec ce qu'il faut de retenue et une belle allonge saline et salivante en finale. Le vin montre un potentiel de garde intéressant. Toujours excellent, malgré le prix qui continue de grimper.

66,25 $ CODE SAQ : 11328175 2,4 g/l

EGON MÜLLER TROCKENBEERENAUSLESE 1976
MOSELLE, ALLEMAGNE

Une production confidentielle. Le vin le plus cher du monde aussi. Possiblement le seul liquoreux pouvant s'élever au niveau d'Yquem. Selon même plusieurs connaisseurs, il le surpasse d'une bonne tête. Le 1976 est une remarquable ode à la perfection. Un vin éternel.

POUR SE CONSOLER :

JOH. JOS. CHRISTOFFEL ERBEN ÜRZIGER WÜRZGARTEN RIESLING SPÄTLESE 2013
MOSELLE, ALLEMAGNE 7,5 %

16,5-17
———
20

Un chef de file en Moselle. Un vin tout en nuance et en puissance. Il est préférable de l'ouvrir deux à trois bonnes heures avant de le servir pour diminuer le côté perlant en attaque qui provient du gaz carbonique. Un vin à son meilleur d'ici sept à huit ans. Super rapport qualité/prix/plaisir.

33,50 $ CODE SAQ : 10303224 > 60 g/l

CHÂTEAU RAYAS RÉSERVÉ 1978
CHÂTEAUNEUF-DU-PAPE, FRANCE

Rayas est en soi une exception dans le paysage de Châteauneuf-du-Pape. Fait à 100 % de grenache, on peut facilement le confondre avec un grand vin de Bourgogne. De l'avis de plusieurs, 1978 est, avec 1989, le Rayas à la fois le plus fin et le plus immense vinifié par Emmanuel Raynaud.

POUR SE CONSOLER :

CHÂTEAU MONT-REDON 2010
CHÂTEAUNEUF-DU-PAPE, FRANCE 14 %

16,5 / 20 À notre sens, il est supérieur au très bon 2009 qui est encore disponible sur les tablettes de la SAQ. Un peu sur lui-même lorsque nous l'avons dégusté à la fin du printemps, ce 2010 présente les atouts nécessaires pour devenir une belle bouteille de garde, ou alors, donnez-lui de l'air avant de le servir (une heure de carafe).

43,75 $ CODE SAQ : 00856666   3,3 g/l

DIX GRANDS VINS POUR LA CAVE QUE VOUS VOUS PAIEREZ SI VOUS GAGNEZ À LA LOTO

Bing badaboum! Le gros lot au 6/49! La grosse maison. La cave à vins sur mesure. Il vous reste à la remplir. Facile quand on a du budget, que vous vous dites. Tut! Tut! Ce n'est pas si simple. Rien n'est plus facile que de tomber dans le piège de l'acheteur d'étiquette et ce, sans savoir si ça correspondra à vos goûts. Un heureux problème, direz-vous, mais un problème quand même. D'où cette liste de dix très grands vins qui, selon nous, se distinguent des autres de par leur authenticité. Comme Méchants Raisins, nous sommes évidemment conscients que seule une petite frange d'amateurs fortunés a accès à ces vins. Cela dit, rien ne vous empêche de rêver un peu, d'autant plus si vous êtes aussi passionnés que nous le sommes. Qui sait, d'ailleurs, si cette passion ne vous rendra pas un jour assez fou pour que vous vous gâtiez à tout avec au moins une de ces bouteilles?

CLOS SAINTE HUNE 2007
DOMAINE TRIMBACH, ALSACE, FRANCE 13 %

18,5-19
———
20

Sans contredit le cru le plus mythique d'Alsace. L'un des grands vins blancs de la planète. C'est, par contre, ce qu'on pourrait appeler, un « vin d'initié ». Il demande d'avoir une certaine expérience, mais surtout une ouverture d'esprit. En jeunesse, c'est une bouteille qui peut paraître austère, carrée et difficile d'accès. Elle se bonifie merveilleusement bien avec le temps et devient souvent exceptionnelle. Plus tendre que le 2006, tout aussi concentré, intense et tendu, le 2007 explose en bouche mais en gardant toujours une droiture presque rigoureuse. Sa matière se délie au compte-gouttes. Finale cylindrique, sèche et exceptionnellement longue sur les fruits jaunes et la craie. Une grande leçon de riesling.

205 $ N/D g/l

CODE SAQ : 12293621 via Courrier Vinicole

LA CABOTTE 2012
BOUCHARD PÈRE & FILS, CHEVALIER-MONTRACHET GRAND CRU, FRANCE 14 %

NN/20 Chevalier-Montrachet fait partie des quatre grands crus satellites du célèbre Montrachet. Bouchard en fait deux : le Chevalier tout court et la cuvée La Cabotte. Ce sont deux vins spectaculaires de par leur grande intensité et leur colonne vertébrale minérale, mais La Cabotte se démarque par sa richesse plus crémeuse qui le rapproche de Montrachet. C'est un vin qui se développe lentement et, lorsque vous tombez sur une bonne bouteille, peut vivre de longues années. N'ayant pas encore eu la chance d'y goûter, nous ne pouvons lui accorder une note, mais 2012 étant un grand millésime, ça devrait donner une bouteille d'exception !

688 $ CODE SAQ : 12492727   N/D g/l

EX-VOTO BLANC 2010
E. GUIGAL, ERMITAGE, FRANCE 14 %

19-19,5/20 Qui dit Guigal, dit utilisation de la barrique neuve. Dans le cas qui nous concerne, un assemblage dominé par la marsanne à 90 % est et complété par la roussanne. Cette cuvée Ex-Voto est vinifiée et ensuite élevée 30 mois en fût neuf. Il en résulte un vin époustouflant. Grande intensité aromatique. Suave et riche, acidité basse, mais vivifiante à la fois. Longueur magnifique, délicate et puissante. Une grande bouteille qu'on pourra attendre longtemps. Un des très grands blancs dégustés cette année.

275 $ CODE SAQ : 12500256   N/D g/l

VIEILLES VIGNES 2007
**COMTE GEORGES DE VOGÜÉ,
MUSIGNY GRAND CRU, FRANCE 13,5 %**

18,5-19 / **20** Le Musigny est l'un des seuls vins à pouvoir rivaliser avec le bouquet d'une La Tâche ou d'une Romanée-Conti. Sa longévité est légendaire, tout comme son touché de bouche alliant fermeté et soyeux, ce qui en fait un vin d'exception. Avec plus de 7,25 hectares sur les 9,32 destinés à Le Musigny, Georges de Vogüé est de loin le plus important producteur de ce cru. Seuls les fruits issus de vignes âgées entre 25 et 50 ans appartiennent à la cuvée Vieilles Vignes, le reste est déclassé en Chambolle-Musigny premier cru. Issu d'un millésime au départ décrié à cause de son manque de richesse et de son côté végétal, 2007 se révèle hyper intéressant dans la mesure où beaucoup de vins atteignent aujourd'hui leur plateau de maturité, tout en ayant conservé leur éclat de jeunesse et magnifié l'expression du terroir. C'est le cas ici avec un vin encore jeune, compact, mais aussi relâché qui n'a cessé de gagner en complexité et en définition au fil de son contact avec l'oxygène. Émotions garanties.

560 $ CODE SAQ : 11177047   N/D g/l

SASSICAIA 2011
TENUTA SAN GUIDO, BOLGHERI SASSICAIA, ITALIE 13,5 %

18,5 / 20 Si on était Méchants Raisins, on vous dirait que Sassicaia est le plus authentique, pour ne pas dire le meilleur des Supers Toscans. C'est certainement le plus marqué par son terroir et qui garde l'élevage en second plan, d'où son caractère souvent sauvage. Il gagne beaucoup à être gardé; au moins une quinzaine d'années, même dans les moins bonnes périodes. Marqué par la richesse du millésime et évitant les notes de fruits cuits, ce 2011 se révèle corpulent, mais bien équilibré. Il devrait donner une superbe bouteille. Cher, oui, mais encore accessible si on s'en donne la peine.

184 $ CODE SAQ : 00743393   1,8 g/l

CUVÉE DA CAPO 2010
DOMAINE DU PÉGAU, CHÂTEAUNEUF-DU-PAPE FRANCE 15,5 %

NN / 20 Une cuvée hors norme qui se distingue des autres super cuvées de l'appellation grâce à sa concentration, son opulence et, surtout, son étonnante fraîcheur. Un vin toujours fascinant, qu'on aime ou pas. Les 2003 et 2007 étaient absolument renversants. Des vins qui marquent et viennent redéfinir les principes d'équilibre que devrait posséder une grande bouteille sudiste. Bien que non dégusté, 2010 est un millésime exceptionnel à Châteauneuf-du-Pape. Cette da Capo devrait l'être tout autant !

450 $ CODE SAQ : 11923361   N/D g/l

CABERNET-SAUVIGNON 2010
BRYANT FAMILY VINEYARD
NAPA, ÉTATS-UNIS 14 %

NN/20 Le prix est évidemment démesuré, mais Bryant fait partie des vins cultes de Napa. Les rares bouteilles que nous avons goûtées étaient prodigieuses. Une énergie rare et difficilement comparable. La quintessence du cabernet-sauvignon californien. L'ennui, ce n'est pas tellement d'avoir l'argent pour en acheter, mais plutôt d'avoir les contacts pour mettre la main dessus.

650 $ N/D g/l

CODE SAQ : 12038567 via Courrier Vinicole

CHÂTEAU LATOUR 2010, PAUILLAC GRAND CRU CLASSÉ
PAUILLAC, FRANCE 13 %

20/20 De tous les premiers grands crus classés de 1855, Latour est actuellement celui qui dépasse les autres d'une tête, le vin ayant un niveau de plénitude rarement rencontré à Bordeaux. Le 2010 est un millésime de superlatifs que plusieurs considèrent comme l'un des plus grands de la région. La version 2010 a donné un cru immense, grâce à sa concentration, sa définition, sa fraîcheur et son abyssale profondeur. Le prix est complètement dément, d'autant qu'on peut trouver des millésimes anciens tout aussi spectaculaires en qualité (2005, 2003, 2000, 1990, 1982, voire 1961) à des prix inférieurs, mais dites-vous que vous allez pouvoir laisser ce 2010 en héritage à vos petits-enfants.

1920 $ CODE SAQ : 11519481   N/D g/l

CHÂTEAU D'YQUEM 2007
SAUTERNES, FRANCE 13,5 %

19/20 Yquem est et restera toujours, dans une classe à part. C'est le vin avec lequel il est probablement le plus facile de ressentir la «grande émotion». Il est moins cher que les 2010 et le 2005 qui, de l'aveu même de son directeur général, Pierre Lurton, sont de qualité inférieure, tout en restant des Yquem. Ce 2007 est bercé par un millésime riche en botrytis. Un vin profond et d'un équilibre remarquable. Il possède les atouts pour vivre de longues années et entrer dans la légende des grands Yquem.

482,25 $ CODE SAQ : 11058540 N/D g/l

TAYLOR FLADGATE VINTAGE 1985
PORTO, PORTUGAL 20 %

18/20 Un porto vintage parfaitement à point, mais qui en a encore sous la pédale. Le style Taylor Fladgate se démarque tant par la fougue de son fruit qu'on le dirait toujours jeune. Il est associé à une finesse et à une pureté souvent hors du commun. Des notes de cuir, de réglisse, de vieux rhum et de cèdre, avec un arrière-plan de graphite qui donne une personnalité marquante au vin.

237,25 $ CODE SAQ : 00891218 N/D g/l

LES CINQ CHOSES À FAIRE POUR NE PAS GÂCHER LES QUELQUES PRÉCIEUSES BOUTEILLES DE GARDE QUE VOUS AVEZ À LA MAISON

Vous en possédez plusieurs qui, tels des trophées de chasse, font la fierté de votre réserve personnelle; l'idée étant de les ouvrir à leur apogée afin d'en profiter au maximum. Même que, idéalement — et avec raison —, c'est le genre de bouteille qui servira à souligner un important moment de la vie : une naissance, un anniversaire, une graduation ou la réalisation d'un projet.

Voici cinq règles d'or à suivre pour vous assurer que la bouteille se montre sous son plus beau jour :

1. Éviter les endroits qui peuvent connaître des écarts rapides de température. Au-delà du débat entre une cave à climat constant (idéalement 12 °C) et celle passive subissant des variations douces de température (idéalement entre 6 et 20 °C), ce sont les changements brusques qui, surtout, abîment le vin.

2. Plusieurs soutiennent qu'un taux d'humidité d'au moins 70 % est nécessaire. D'expérience, le simple fait de conserver la bouteille couchée afin d'assurer un contact entre le liquide et le bouchon permet de conserver l'étanchéité de ce dernier. En plus, vous risquez de moins endommager vos étiquettes, mais là, ça devient surtout une question d'esthétique.

3. La lumière est un ennemi. Surtout pour les champagnes qui peuvent rapidement prendre un «goût de lumière» (une impression de saveur de chou-fleur ou d'œuf pourri).

4. Le vin respire. Le liège permet une micro-oxygénation qui participe à sa transformation. Évitez les endroits trop hermétiques ou sujets à de fortes odeurs (essence, peinture, vernis etc.). Il suffit parfois d'ouvrir la porte de la cave pour changer l'air et le tour est joué.

5. Mieux vaut trop tôt que trop tard... Au-delà des considérations physiques de conservation, rappelez-vous qu'il est plus agréable de boire un vin trop jeune qu'un vin dépassé. N'attendez pas impérativement le grand évènement pour ouvrir votre «précieuse». Le vin lui-même, souvent, suffit à créer la magie du moment.

LES DIX PLUS BEAUX ENDROITS DU MONDE OÙ IL Y A DE LA VIGNE

Bien que la vigne pousse à peu près partout dans le monde, elle a tendance à donner le meilleur d'elle-même dans les endroits où il fait habituellement beau et chaud. Il y a évidemment les climats dits «plus frais», mais ça demeure, du moins aux yeux des Québécois, tout de même fort agréable! L'œnotourisme ne cesse de gagner en popularité. Quoi de mieux que de combiner visites de caves et vacances, d'autant que l'industrie viticole a généralement tendance à entraîner dans son giron bons restos et hôtels de qualité. Voici, selon nous, les dix plus beaux endroits où se trouve de la vigne que vous devez voir au moins une fois dans votre vie.

LE DOURO, PORTUGAL

Les vignes dressées en terrasse sur les pentes abruptes longeant la rive du Douro sont à couper le souffle. Les routes sinueuses, à donner parfois le vertige, sont à négocier avec prudence, surtout au temps des vendanges, alors que les camions remplis de raisins engorgent la route. On se tourne alors vers le bateau ou le train qui, comme à l'époque, sillonnent le fleuve depuis Porto. Une carte postale inoubliable.

RÉGIONS DE CAPE TOWN, AFRIQUE DU SUD

Le plus vieux des pays producteurs du Nouveau Monde. Les chaînes de montagnes les plus anciennes de la planète ajoutent un côté irréaliste aux vignes qui parsèment cet océan de beauté. Il faut évidemment visiter la région de Stellenbosch, se poser du côté de la Vallée de Franschhoek, se perdre dans l'immensité du Swaziland et apercevoir les baleines du côté d'Hermanus. Depuis le Québec, c'est un long voyage, mais une fois sur place, on ne souhaite qu'une chose : ne jamais en repartir.

MENDOZA, ARGENTINE

Des hectares de vignes à plus de 1000 mètres d'altitude alignées devant les neiges éternelles de la Cordillère des Andes : difficile de trouver plus prenant comme paysage. On a l'impression d'être au bout du monde. Mendoza demeure un incontournable, mais il ne faut pas manquer les montagnes rouges menant à Cafayate, les déserts de sel vers la Patagonie et le climat unique de Jujuy, près de la Bolivie.

LA BOURGOGNE, FRANCE

Après le Piémont, c'est au tour de la Bourgogne d'entrer au panthéon du patrimoine mondial de l'humanité de l'UNESCO. Ce n'est pas tant la beauté pittoresque de ses villages, le nom des climats comme Romanée-Conti, Chambertin et Montrachet qui font rêver les amateurs : c'est la quintessence du pinot noir et du chardonnay, une cuisine simple, mais combien savoureuse, que l'accueil humain, chaleureux et généreux des Bourguignons qui en font un endroit unique au monde.

LA CORSE, FRANCE

Les Grecs ne l'ont pas surnommée « kallisté » — littéralement « la plus belle » en grec ancien — pour rien. Plus sèche, plus ensoleillée que le reste de la France, la Corse offre un paysage indicible de beauté. Le contraste entre ses montagnes escarpées et sa côte maritime, son histoire riche et sa culture forte en font une destination exceptionnelle. Sans parler, évidemment, de l'originalité des vins qu'on y produit, notamment des muscats en vin doux naturel, tout simplement des vins d'anthologie provenant du côté du Cap Corse.

SANTORIN, GRÈCE

On a qu'à dire son nom que déjà les yeux pétillent. Santorin est une île volcanique d'une extraordinaire beauté. On y trouve, bien sûr, des panoramas à couper le souffle, des sites archéologiques de premier ordre et une température bucolique, mais aussi des produits du terroir et de la mer. Ces derniers permettent aux habitants accueillants d'offrir une cuisine hautement savoureuse à tout visiteur. Sans oublier les vins, à base d'assyrtiko, le cépage roi du lieu.

LA MOSELLE, ALLEMAGNE

Ah, la Moselle ! L'un des plus beaux vignobles du monde, tant du point de vue du paysage que celui des vins. On y trouve les plus grands rieslings de la planète. Celui-ci est issu de vignes plantées sur des coteaux aux dénivelés souvent vertigineux. Les vins sont d'une pureté remarquable et peuvent vivre de longues années. La complexité de son système d'appellation, la finesse de la production et la culture qui l'entourent font en sorte que l'on compare souvent la Moselle à la Bourgogne.

LE PIÉMONT, ITALIE

Le Piémont, plus précisément le paysage des Langhe-Roero et Monferrato, a été classé patrimoine mondial de l'humanité en 2014 par l'UNESCO. La beauté de ces collines douces, avec en arrière-plan la ligne des Alpes, est, en été, proprement lumineuse et émouvante en automne avec ce brouillard quasi permanent qui se dit « nebbia » en italien, rappelant du coup le nebbiolo.

LA NOUVELLE-ZÉLANDE

Pratiquement toute la Nouvelle-Zélande offre un paysage des plus spectaculaires; la trilogie du *Seigneur des Anneaux* qui y fut tournée, en donne une bonne idée. C'est dans cet impressionnant décor naturel, notamment dans les régions de Marlborough et de Central Otago, toutes les deux situées dans l'île du Sud, que poussent les meilleurs pinots du pays.

LA CRÈTE, GRÈCE

Une autre île. On aurait pu aussi vous parler du Péloponnèse — officiellement une île aussi, même si on peut chipoter en voyant le canal de quelques mètres qui le sépare du continent — ou encore de la grande Sicile avec sa culture ancestrale du vin et ses terres volcaniques. Mais nous avons décidé de retenir la Crète comme dernier endroit de rêve à visiter pour ses lieux comme pour ses vins. De fait, on trouve assez peu de producteurs, mais les bons, comme le Domaine Economou, proposent des bouteilles qui, à elles seules, valent le voyage.

CINQ VINS POUR ACCOMPAGNER CES CINQ FILMS QUI PARLENT DE VIN

Le vin a inspiré plusieurs longs métrages en Europe et à Hollywood. En voici cinq. Pour les découvrir ou les revoir, pas de pop-corn ni de 7 Up, mais du vin. Et pas n'importe lesquels...

SIDEWAYS — 2004

PINOT NOIR 2013
LA CREMA SONOMA COAST, ÉTATS-UNIS 13,9 %

De l'avis général, c'est probablement le meilleur film mettant en scène le vin. Deux amis partent pour une tournée des vignobles californiens pour l'enterrement de vie de garçon de l'un d'eux. Le premier n'y connaît rien, l'autre croit tout connaître. Leurs destins vont basculer lors du voyage. Le personnage principal, joué par Paul Giamatti, D-É-T-E-S-T-E le merlot et adooooore le pinot noir. Faisons-lui plaisir avec le pinot « crémeux » de La Crema.

32,75 $ CODE SAQ : 00860890 2,3 g/l

UNE GRANDE ANNÉE (A GOOD YEAR) — 2006

CHÂTEAU LA LIEUE 2012
CÔTEAUX VAROIS EN PROVENCE, FRANCE 14 %

Tiré du roman du même nom, ce film, léger mais sympathique, met en vedette deux acteurs oscarisés : Russell Crowe et Marion Cotillard. Le personnage joué par Crowe est un Britannique qui débarque en Provence et décide d'y exploiter un vignoble. Drôle et superbement tourné. Hop ! On ouvre le rouge du Château La Lieue de la famille Vial qui transcende toute la chaleur et le soleil du Var, au cœur de la Provence.

14,50 $ CODE SAQ : 00605287 2,1 g/l

LE SECRET DE SANTA VITTORIA — 1969

CASTELLO DI AMA 2011
CHIANTI CLASSICO, ITALIE 12,5 %

Ce film raconte l'histoire d'un village italien qui cache un million de bouteilles du vin du village aux soldats allemands pendant la Seconde Guerre mondiale. Anthony Quinn tient le rôle principal dans cette comédie attachante. Pour l'occasion, on débouche une bouteille de l'un des meilleurs chiantis qu'on connaisse : le Castello di Ama. En avoir un million de bouteilles, c'est sûr qu'on les cacherait aux Allemands !

27,70 $ CODE SAQ : 12019083   2,2 g/l

BOTTLE SHOCK — 2008

CHATEAU MONTELENA CHARDONNAY 2012
NAPA, ÉTATS-UNIS 13,6 %

Voici l'un des films qui raconte le célèbre Jugement de Paris, une dégustation organisée en 1976 pour comparer les grands vins de France à ceux, moins connus, de Californie. À la surprise de tous, les vins californiens avaient remporté les honneurs. L'un de ces derniers était le chardonnay du Château Montelena. On en trouve encore souvent à la SAQ, alors... jugez par vous-mêmes !

66,25 $ CODE SAQ : 11328175   2,4 g/l

MAS DE DAUMAS GASSAC 2012
FRANCE 13,5 %

Mondovino est un documentaire choc réalisé par l'Américain Jonathan Nossiter qui dépeint de façon très critique le commerce moderne du vin et l'influence de certains critiques et modes. On y montre le contraste entre les petits producteurs et les plus grands domaines. Un des cas de figure illustrés dans le film est le combat d'Aimé Guibert, du Mas de Daumas Gassac, contre l'arrivée du géant américain Mondavi. Guibert a gagné, on le sait maintenant. Célébrons en buvant son vin, quoi d'autre ?

50,75 $ CODE SAQ : 12448013   2 g/l

DIX ÉTAPES SIMPLES POUR ORGANISER VOTRE PROPRE DÉGUSTATION DE VINS ENTRE AMIS

1. RÉUNISSEZ 8 À 12 AMIS QUI AIMENT LE VIN

« Plus on est de fous, plus on rit », dit l'adage. Ça vaut aussi pour une dégustation de vins. Mais limitez-vous quand même à 12 personnes pour en avoir suffisamment dans chaque verre avec une bouteille. Une de 750 ml fournira 12 bons échantillons de vins (environ 60 ml chacun). Si vous êtes moins nombreux, vous aurez peut-être droit à un deuxième service !

2. CHOISISSEZ UN THÈME SIMPLE

Il est amusant et très instructif de faire des dégustations à thèmes. On peut choisir de déguster des vins d'une même région, d'un même cépage, d'une même région ET d'une même année, ou encore un même vin de millésimes différents (ça s'appelle une « verticale »).

3. SIX BOUTEILLES FERONT L'AFFAIRE

Ne vous lancez pas dans des dégustations de 12 ou 15 bouteilles en commençant. Six suffiront. De plus, si vous vous limitez à ce nombre, vous aurez l'occasion de vous payer de meilleures bouteilles. Ainsi, 10 participants qui mettent chacun 25 $ pourront s'acheter pour 250 $ de vins. Avec ce budget, on peut s'acheter six bouteilles d'une moyenne de 40 $. On peut donc déguster, par exemple, deux vins de 15 $, deux de 40 $ et deux de 65 $.

4. ACHETEZ DEUX BOUTEILLES DE CHAQUE VIN

Si le budget vous le permet, achetez deux bouteilles de chaque vin. Pour deux raisons :
1. Si vous tombez, par malheur, sur une bouteille bouchonnée (ça arrive souvent et c'est toujours très décevant), vous aurez un autre flacon à portée de la main.
2. Si vous êtes 12 et que vous n'avez eu qu'un échantillon d'un vin trouvé extraordinaire, vous pourrez le ressortir à la fin de la dégustation pour l'apprécier vraiment et plus longtemps...

5. TROUVEZ-VOUS DES VERRES, BEAUCOUP DE VERRES !

L'intérêt d'une dégustation est de comparer des vins entre eux. Et on peut difficilement le faire si on se contente de les

goûter les uns après les autres avec le même verre.
Il faut donc prévoir plusieurs contenants par participant.
Si vous le pouvez.

6. DRESSEZ UNE TABLE AVEC UNE NAPPE BLANCHE

Un des critères à évaluer lorsqu'on déguste un vin est sa couleur, son opacité. Son aspect visuel peut donner quelques indices sur les cépages utilisés, la région d'origine, son âge etc. Une nappe blanche permettra aux participants de mieux apprécier la couleur et les nuances des vins. Et ne vous précipitez pas à mettre du sel sur la nappe si, par hasard, elle était gâchée par le de vin : il suffit de mettre un peu d'eau sur les taches et de la laver rapidement après la dégustation.

7. PRÉVOYEZ DES CRACHOIRS (OUI, OUI, VOUS ALLEZ CRACHER !)

Quand on déguste, on ne boit pas, ou peu. C'est important, car plus on boit de vin, moins nos sens sont alertes. Si on veut bien déguster, il est primordial de cracher. Ça peut paraître dégoûtant, mais ce n'est pas plus difficile — ni plus malpropre — que de cracher après s'être brossé les dents ou gargarisé. Il suffit de prévoir quelques récipients assez profonds (un seau à champagne fera l'affaire). Vous pouvez placer une serviette en papier au fond du contenant pour éviter les éclaboussures gênantes.

8. DE L'EAU ET DU PAIN !

Il ne faut jamais servir de nourriture pendant une dégustation, à deux exceptions près : de l'eau et du pain. Ces deux aliments, plutôt neutres, ne modifieront pas le goût des vins dégustés et permettront même aux participants de se « nettoyer » la bouche entre chaque bouteille en éliminant les résidus acides ou trop tanniques qui restent en bouche.

9. CACHEZ CES BOUTEILLES QUE VOUS NE SAURIEZ VOIR

Il existe plusieurs moyens de les cacher pour procéder à une véritable dégustation à l'aveugle : il suffit généralement de camoufler les bouteilles dans des sacs de papier, ou encore avec du papier d'aluminium, en prenant soin de les identifier chacune avec un numéro. Autre option : trouvez-vous un « serveur » (votre blonde qui n'aime pas le vin ou encore votre ado qui en profitera pour apprendre quelques notions du service aux tables) qui ne participera pas à la dégustation et qui vous servira les vins en dissimulant bien les étiquettes.

10. PRENEZ DES NOTES !

Quand on déguste, on parle, on parle, mais si on ne prend pas de notes, on n'en garde que trop peu de souvenirs. Combien de fois avez-vous oublié le nom d'une superbe bouteille bue pendant un repas ? En prenant des notes, non seulement vous n'oublierez plus rien, mais l'exercice vous obligera à vous questionnez sur ce que vous sentez, goûtez et retenez de chacun des vins dégustés.

DIX VINS FESTIFS (ET PAS TROP CHERS) À METTRE SUR VOTRE LISTE POUR CÉLÉBRER UN MARIAGE EN GROSSE GANG

Vous avez fait la grande demande et il ou elle a dit « oui », sans savoir si ce sera pour le meilleur ou pour le pire. Une chose est certaine, ça vous prendra quelques bouteilles pour célébrer ! Avec les prix parfois démesurés qui entourent les préparatifs du grand jour, on a tendance à vouloir couper quelque part, et c'est souvent le vin qui écope. Voici donc une dizaine de vins qui sans y laisser votre chemise, vous permettront de rendre votre célébration inoubliable.

L'HEREU 2012
**RAVENTÓS I BLANC, CONCA DEL RIU
BARCELONA 2012, ESPAGNE 12 %**

15/20 On doit à la famille Raventós l'origine de l'appellation « Cava ». Déçu du niveau qualitatif de trop de vins, le clan Raventós a choisi de poursuivre son aventure sous la désignation « Hereu Conca del Riu ». C'est de loin ce qui se fait de mieux en Catalogne. Un style sec, frais, tout en élégance et avec un esprit résolument festif !

20,65 $ CODE SAQ : 12097946   7,1 g/l

LES MARIÉS SAUVIGNON BLANC 2014
**DOMAINE DE LA BAUME, VIN DE PAYS D'OC
FRANCE 14 %**

14,5/20 Au-delà du poids énorme, pour ne pas dire disproportionné, de la bouteille et de sa mauvaise empreinte carbone (pourquoi, diable, ne pas utiliser un flacon plus léger ?!), la qualité de ce sauvignon mérite d'être soulignée. Des notes d'agrumes chauds et d'asperge qui évitent le piège des arômes de pipi de chat, typiques du sauvignon manquant de maturité. Matière nourrie, assez bien tendue par une acidité vive laissant place à une finale qui s'essouffle un peu vite, mais conserve ce qu'il faut de plaisir.

16,95 $ CODE SAQ : 00477778   2 g/l

COUP DE CŒUR

MOSCHOFILERO 2014
DOMAINE TSELEPOS MANTINIA, GRÈCE 12 %

15/20 Le moschofilero (prononcez mos-ko-filéro) se rapproche du muscat grâce à ses tonalités de pêche et de muscade, tout en se distinguant par des notes d'iode. La bouche suit à merveille, fraîche, féminine, plutôt ample tout en restant bien sèche. Le vin présente une finale moyenne qui montre de l'amertume et une grande « buvabilité ». La bouteille passe-partout par excellence !

18,30 $ CODE SAQ : 11097485   ⟨ 1,2 g/l

CHÂTEAU COUPE ROSES 2013
MINERVOIS, FRANCE 14 %

15,5/20 Du 100 % roussanne, un cépage blanc parfaitement adapté aux conditions solaires du sud de la France. Timide et un peu sur lui-même à l'ouverture, il gagne en définition et en volume au fur et à mesure qu'il grimpe en température. Charmeur, avec des tonalités de miel chaud, de cerfeuil, de poire et d'abricots en confiture. Touché rond, puissance mesurée, il montre de l'élégance et une finale soutenue qui évoquent un registre salin. Laissez 15 minutes en carafe, puis ne servez pas trop froid — autour de 14 °C.

22,35 $ CODE SAQ : 00894519   1,5 g/l

VILA REGIA 2013
DOURO, PORTUGAL 12,5 %

14/20 Difficile à battre comme rapport qualité/prix/plaisir. Un vin qui plaira à presque tout le monde. La qualité est constante. C'est certes un vin un peu simple, au profil légèrement rustique, mais il est bourré de soleil, de fruits et l'ensemble présente une sapidité déconcertante. On prend soin de le servir plutôt rafraîchi, soit autour de 14-15 °C.

10,55 $ CODE SAQ : 00464388   2,2 g/l

CHAMINÉ 2013
CORTES DE CIMA, VINHO REGIONAL ALENTEJANO, PORTUGAL 13,5 %

15/20 Petit rouge d'Alentejano, région portugaise que j'affectionne particulièrement et issu d'un assemblage où l'aragonez (tempranillo portugais) et la syrah dominent. Joli bouquet parfumé de cerise rouge, de grenade, de poivre et de fumée qui ne sont pas sans lui donner des airs rappelant les vins des Côtes-du-Rhône. Bouche délicieuse, avec un fruit souple dans un ensemble passablement charnu et tonique. Ça se laisse boire sans détour. Rapport qualité/prix/plaisir exceptionnel.

14,95 $ CODE SAQ : 10403410   3,3 g/l

CHEMIN DES OLIVETTES 2013
CAVE DE ROQUEBRUN, LANGUEDOC
FRANCE 13 %

14,5/20 Une cave coopérative qualitative surtout connue pour son excellent Les Fiefs d'Aupenac à Saint-Chinian (19,80 $ — Code SAQ: 10559166). Ce Chemin des Olivettes affiche un profil plus sévère, tant au nez qu'en bouche. Des tonalités de tapenade, de thym, de fruits noirs et d'eucalyptus. Bouche un peu stricte au départ, avec ses tanins un peu carrés et granuleux, mais la générosité du fruit a tôt fait de rattraper le tout, alors même que sa bonne persistance ajoute au charme. Un passage en carafe lui fera le plus grand bien. Parfait avec l'agneau.

18 $ CODE SAQ : 11193194   3,3 g/l

LES CRANILLES 2013
LES VINS DE VIENNE, CÔTES-DU-RHÔNE
FRANCE 13,5 %

15,5/20 Élaboré par le trio Yves Cuilleron, François Villard et Pierre Gaillard, ce petit rouge de derrière les fagots est une petite bombe de fruits ! C'est aussi floral, avec une touche de poivre. Une matière joufflue possédant des tanins mi-corsés et une finale tout ce qui a de plus respectable sur la cerise mûre. Servir autour de 15 °C.

20 $ CODE SAQ : 00722991   2,9 g/l

RÊVERIE 2014
ZYME VALPOLICELLA, ITALIE 11,5 %

$\frac{15,5}{20}$ Celestino Gaspari a fait ses classes auprès du légendaire Giuseppe Quintarelli. On retrouve d'ailleurs dans ses vins le style généreux et frais, aux accents de volatiles, de Quintarelli. Pas pour rien qu'il est devenu aujourd'hui l'une des têtes d'affiche de Valpolicella. Cette Rêverie 2014 affiche un profil riche et frais à la fois. Parfums de cerise noire, de chocolat et de tabac frais. Jolie finale et surtout, surpris de voir 11,5 % d'alcool au compteur. Une bouteille qui sort des sentiers battus. À boire autour de 16 °C.

20,70 $ CODE SAQ : 12328417 6 g/l

BARBERA D'ALBA 2013
PIO CESARE, ITALIE 14 %

$\frac{15,5}{20}$ Une vieille famille de vignerons, dont la gamme de vins disponible à la SAQ est remarquable de qualité. De ceux disponibles à la société d'État, le Barbera est celui qui m'a donné le plus de plaisir, en plus de bien illustrer le style de la maison. C'est juteux et charnu, avec des tanins polis qui donnent une impression mi-corsée. Finale suffisamment soutenue qui ajoute au plaisir. Impeccable. Le déguster avec un magret de canard aux champignons.

24 $ CODE SAQ : 968990 2,1 g/l

DIX VINS POUR ÉPATER LE BEAU-FRÈRE

Vous savez, celui qui pense tout savoir... Mais qui, au fond, se plaît à acheter à peu près toujours les mêmes vins parce que honnêtement, il a peur de sortir des sentiers battus ! En plus d'être présentés avec une mise en contexte (histoire d'en rajouter une couche), ces dix vins vont lui ouvrir l'esprit !

A64 2006
TAURINO CAUSIMO, SALENTO, ITALIE 14,5 %

$\frac{16,5}{20}$ À peine le bouchon extirpé que, déjà, les parfums chatouillent les narines pour mieux exciter le bulbe olfactif, le poste de commande sensoriel des odeurs. Un nez riche rappelant un médoc d'une année chaude ou un porto vintage en phase d'adolescence. Complexe, intensément feutré avec une légère impression de volatile qui apporte de l'énergie. Des parfums de prune, de cuir, de cèdre, de paprika, de tarte à la rhubarbe, de rose fanée, de réglisse chaude et un fond minéral qui rappelle la mine de crayon. Plein, puissant et à l'acidité vive. Les tanins commencent à prendre de la patine et à se fondre, mais demeurent bien présents. Finale capiteuse, ronde et longue sur la figue et la pâte de tomate. Rustique et digeste. Sur son plateau de maturité, il pourra probablement s'y maintenir quelques années sans problème. Composé de 85 % de negroamaro et le reste de cabernet-sauvignon.

25,85 $ CODE SAQ : 11355835   4,9 g/l

BOURGOGNE CHARDONNAY
LES URSULINES 2012
JEAN-CLAUDE BOISSET, FRANCE 12,5 %

15/20 Votre belle-sœur adore les chardos beurrés. Elle a passé son trip du vin Ménage à Trois, mais elle continue de vous casser les oreilles (et le palais) avec des trucs limite industriels et sans âme. Prenez-la dans le sens du poil avec le blanc «générique» de Gregory Patriat. On tombe tout de suite sous l'emprise du charme des parfums de fruits blancs mûrs, d'acacia avec un fond crémeux qui rappelle le miel et la pâte d'amande. On y trouve en même temps quelque chose de minéral. Assez gras, une belle tension apportée par une acidité fine. Une allonge légèrement beurrée, de longueur appréciable et qui, surtout, finit sèche et non pas grossièrement boisée et évasive comme trop de chardonnays. Ce vin est bien éloigné de ceux beurrés à l'américaine, mais il ne perd pas pour autant la nature caressante qui a fait la popularité du cépage. Il pourra se marier autant avec le poisson qu'avec la volaille ou les fromages.

25 $ CODE SAQ : 11008112   2,2 g/l

HC (HEREDAD CANDELA) MONASTRELL 2012
YECLA, BODEGAS BARAHONDA, ESPAGNE 14,5 %

15/20 Nez axé sur le fruit, avec un registre de framboise des champs, de garrigue et un trait vert qui rajoute au plaisir. Bouche ample, riche, un tantinet capiteuse en finale, mais le tout reste digeste. Si le beau-frère est amateur de vins corpulents, il ne sera pas déçu !

24,95 $ CODE SAQ : 10910913   3,2 g/l

LES JALETS 2011
PAUL JABOULET CROZES-HERMITAGE FRANCE 12,5 %

15,5/20 Les Jaboulet, c'est l'histoire de six générations de vignerons ayant donné naissance à l'un des plus grands vins de la planète. Je parle bien sûr du grand Hermitage La Chapelle, un cru qui, dans les bonnes années, tutoie la perfection et traverse les décennies sans prendre une ride. Le domaine est aujourd'hui sous la houlette de la famille Frey et c'est la jeune et allumée Caroline qui non seulement en prend soin comme la prunelle de ses yeux, mais cravache aussi pour redonner aux vins leurs lettres de noblesse d'antan. Force m'est d'admettre qu'elle s'en tire plutôt bien. Pour preuve, cette cuvée Les Jalets issue de l'achat de raisins : même s'il est moins riche et structuré que le 2010, ce 2011 affiche une pureté remarquable et une gourmandise indéniable. À boire dans les deux à trois prochaines années afin de profiter au maximum de l'éclat fruité. Servir autour de 16 °C avec une épaule d'agneau braisée.

24,95 $ CODE SAQ : 00383588   2,2 g/l

DEHESA LA GRANJA 2007
ALEJANDRO FERNÁNDEZ, CASTILLE-ET-LÉON
ESPAGNE 14 %

15,5/20 Les vins d'Alejandro Fernández, à Pesquera dans le Ribera del Duero, sont, avec ceux de Miguel Torres dans le Penedès, les premières productions espagnoles que mon père m'a fait découvrir. Avec le temps, l'écurie Fernández s'est agrandie. C'est le cas de ce rouge bourré de charme provenant de Castille, en plein centre du pays de la corrida. Du 100 % tempranillo. Beaucoup de fruits mûrs au nez, avec des accents de viande fumée et de réglisse. Bouche généreuse s'articulant autour de tanins gommés et juste ce qu'il faut de fraîcheur pour rendre le tout digeste. Sortez un plateau d'olives, de jambon Serrano et de fromage Manchego pour compléter le bonheur !

22,10 $ CODE SAQ : 00928036   2,4 g/l

SAVATIANO 2014
DOMAINE PAPAGIANNAKOS, GRÈCE 12,5 %

15/20 Les vins grecs se distinguent non seulement par l'originalité et la nature parfois unique des cépages utilisés, mais aussi par l'omniprésence de l'océan; ce qui explique en partie pourquoi leurs vins blancs font un mariage aussi naturel que réussi avec les fruits de mer. Ce vignoble, situé dans la région d'Attique et ceinturant la grande ville d'Athènes, servait à produire les vins qu'on buvait au moment où l'on entreprenait la construction de la célèbre Acropole, il y a plus de 2500 ans! Cépage longtemps boudé à cause de son côté mince et acide dû à des rendements monstrueusement élevés, la famille Papagiannakos a pris les moyens nécessaires pour en faire un savatiano de qualité. C'est frais, tonique, avec un fruit croquant et une finale qui s'étire de bonne façon sur des notes salines et de citron frais.

17 $ CODE SAQ : 11097451   1,7 g/l

DRIOPI AGIORGITIKO CLASSIQUE 2012

DOMAINE TSELEPOS, NEMEA, GRÈCE 13,5 %

15,5/20 Nous aimons beaucoup l'expression à la fois suave et sensuelle que développe l'agiorgitiko dans les mains de ce producteur, installé dans l'une des plus anciennes régions viticoles du monde. Un nez subtil de baie rouge, de framboise sauvage, de cannelle et d'encens. Bouche caressante et corpulente à la fois. Grande fraîcheur apportée par l'acidité qui permet à l'aromatique de bien se développer. On le laisse au frigo une petite heure avant de le servir avec de l'agneau braisé. S'il était vendu deux ou trois dollars de moins, il serait un coup de cœur assuré !

21 $ CODE SAQ : 10701311   2,7 g/l

LES BRUYÈRES CHARDONNAY 2011

DOMAINE ANDRÉ ET MIREILLE TISSOT, ARBOIS FRANCE 13 %

16,5-17 / 20 Des terroirs d'exception, une approche souvent nature et des prix généralement abordables : le Jura est à la mode chez les hipsters. À défaut de pouvoir se payer la Bourgogne, on se rabat sur ce qui lui ressemble. Personnellement, j'ai toujours tripé sur les vins de la famille Tissot qui conduit le domaine en biodynamie. Cette cuvée Les Bruyères provient de sols argileux avec un sous-sol de marnes bleues. Ils confèrent à ce chardonnay une personnalité affirmée. Moins dense et précis que le superbe 2010, plus aérien que le 2009, le 2011 montre une robe joliment dorée de reflets verdâtres rappelant un grand cru de Chablis. Comme à chaque fois, on reconnaît ces notes caillouteuses et de fumée qui font place à un registre fin de miel, de citron, de verveine et d'amande. Tendre en bouche avec un fruit mûr, une belle tension couplée à une densité un peu ferme pour le moment. Longue finale saline et fumée qui laisse une impression amère. Le temps (2 à 5 ans) devrait lui permettre de patiner l'ensemble et de composer une jolie bouteille en gastronomie. On ne le sert pas trop froid (autour de 14 °C), avec un fromage structuré comme le Comté de Jura ou l'Hercule de Charlevoix 24 mois. Surveillez le 2012 qui devrait débarquer à la SAQ à l'automne 2015.

37,25 $ CODE SAQ : 11542139   1,6 g/l

MENETOU-SALON
CÔTES DE MOROGUES 2013
FOURNIER PÈRE ET FILS, FRANCE 12,5 %

16/20 Provenant d'un sol calcaire, le sauvignon donne ici un nez légèrement épicé, suivi de notes de melon, de pêche blanche, de tilleul et avec un arrière-plan de craie bien présente. Un cépage vif et tendre à la fois. Belle finesse en bouche, le vin montre du gras tout en restant tendu et d'assez bonne complexité. Jolie finale sur le citron frais et des notes salines. Digeste et d'une facilité déconcertante à boire ! Excellent rapport qualité/prix/plaisir.

26,05 $ CODE SAQ : 11365128   2,2 g/l

COUP DE CŒUR

CUVÉE LAIS 2012
DOMAINE OLIVIER PITHON, CÔTES DU ROUSSILLON, FRANCE 13,6 %

16,5/20 Très joli nez d'encre de Chine, de fruits noirs, d'encens et un arrière-plan végétal rappelant l'eucalyptus. Bouche gracieuse, presque sensuelle, tout en restant bien sudiste avec son impression grasse devenant quasi compacte. Finale capiteuse sur des notes de mine de crayon et un registre légèrement animal. Une aubaine à ce prix !

26,20 $ CODE SAQ : 11925720   3,2 g/l

DIX CITATIONS SUR LE VIN POUR METTRE UN PEU DE POÉSIE DANS VOTRE REPAS...

1. « In vino veritas / La vérité est dans le vin »
(Pline L'Ancien, Ier siècle)

2. « Le vin est le breuvage le plus sain et le plus hygiénique qui soit. »
(Louis Pasteur, scientifique français, XIXe siècle)

3. « Il y a plus de philosophie dans une bouteille de vin que dans tous les livres. »
(Louis Pasteur, scientifique français, XIXe siècle)

4. « Pour ne pas être les esclaves martyrisés du temps, enivrez-vous, enivrez-vous sans cesse de vin, de poésie, de vertu, à votre guise. »
(Charles Baudelaire, poète français, XIXe siècle)

5. « Profondes joies du vin qui ne vous a connues ? Quiconque a un remords à apaiser, un souvenir à évoquer, une douleur à noyer, un château en Espagne à bâtir, tous enfin, vous ont invoqué, dieu mystérieux, caché dans les fibres de la vigne. Qu'ils sont grands les spectacles du vin illuminés par le soleil intérieur, qu'elle est vraie et brûlante, cette seconde jeunesse que l'homme puise en lui. »
(Charles Baudelaire, poète français, XIXe siècle)

6. « Seigneurs, l'homme est divin. Dieu n'avait fait que l'eau, mais l'homme a fait le vin ! »
(Seigneur Pantalon, personnage de Victor Hugo dans le poème *La fête chez Thérèse*, XIXe siècle)

7. « Le vin console les tristes, rajeunit les vieux, inspire les jeunes, soulage les déprimés du poids de leurs soucis. »
(Lord George Gordon Byron, poète britannique, XIXe siècle)

8. « Le vin est une des matières les plus civilisées du monde, une des choses matérielles qui ont été poussées au plus haut degré de perfection. »
(Ernest Hemingway, écrivain américain, XXe siècle)

9. « Un alcoolique, c'est quelqu'un que vous n'aimez pas et qui boit autant que vous. »
(Dylan Thomas, poète gallois, XXe siècle)

10. « Jésus changeait l'eau en vin... Tu m'étonnes que douze mecs le suivaient partout. »
(Coluche, humoriste français, XXe siècle)

DIX VINS QU'ON NE CONNAISSAIT PAS ET QU'ON EST BIEN CONTENT D'AVOIR DÉCOUVERTS EN 2015

On a beau être plongé dans le monde viticole jusqu'aux oreilles, on ne peut cependant pas tout savoir. Il existe ainsi des centaines et centaines de milliers de vins différents qui peuvent être de surcroît complètement inégaux d'un millésime à l'autre. Il est donc humainement impossible de tous les connaître; même dans un système fermé comme celui du monopole qu'exerce la SAQ, où sont répertoriées plus de 10 000 productions (et ce chiffre ira en augmentant), ce n'est pas vraisemblable non plus. Donc, le vrai maniaque de la vigne peut encore faire plein de découvertes chez nous. En voici dix qui nous ont réjouis, cette année.

COUP
DE
CŒUR

OCCHIPINTI SP68 2011

**ARIANNA OCCHIPINTI, TERRE SICILIANE IGT
ITALIE 12,5 %**

16,5 / **20** L'union du frappato et du nero d'avola, cépage sicilien bien connu des amateurs d'ici; une association de raisins qui l'est moins et dont certains disent qu'il présente des airs de ressemblance avec le merlot. En tout cas, il apporte éclat et fringance au vin qui est une véritable bombe fruitée. Ce vin est frais, digeste, lumineux même; il tranche par sa fraîcheur et son «gouleyant» avec les bouteilles siciliennes que l'on a l'habitude de boire. Arianna Occhipinti, dans la toute jeune trentaine, est l'une des figures «vedettes» de la nouvelle génération de vignerons en Italie. Elle travaille en agrobiologie sur son petit domaine situé au sud de Syracuse, dans le sud-est de la Sicile.

26,85 $ CODE SAQ : 11811765   2,1 g/l

MASSAYA CLASSIC 2012

TANAÏL, VALLÉE DE LA BEKAA, LIBAN 14,5 %

15 / **20** Un vin du Liban produit principalement avec du cinsault, mais aussi avec un peu de cabernet sauvignon et de syrah. Un rien épicé, souple, avec de beaux tannins mûrs. C'est un vin original, savoureux et qui surprend agréablement, surtout venant d'un pays comme le Liban, peu connu pour sa production vinicole.

16,85 $ CODE SAQ : 10700764   2,7 g/l

ALBARINO 2014
LAURENT MIQUEL, VIN DE PAYS D'OC FRANCE 13 %

$\frac{15,5}{20}$ Apparemment, Laurent Miquel (Château Cazal Viel) est le premier à cultiver l'albariño en France, ce cépage blanc que l'on trouve au Portugal dans la région du Vinho Verde, mais surtout en Espagne, en Galice en particulier. Le résultat est étonnamment bon. Peu complexe, certes, mais droit, avec un croquant qu'accentue son petit côté frizzante, sur une finale légèrement saline.

19,80 $ CODE SAQ : 12492831   1,8 g/l

APRIORI PROPRIETARY RED 2013
VICE VERSA, NAPA, ÉTATS-UNIS 15 %

$\frac{16}{20}$ Au nez, on sent les épices du bois et quelque chose qui rappelle l'armoire de chêne. Le vin a du corps, la structure tannique est apparente, mais généreusement enrobée d'un fruit de qualité ; il a un petit côté rustique qu'on aime bien. Décidément, cet assemblage de cabernet sauvignon (61 %) et de malbec (23 %), complétés par un peu de petite syrah, cabernet franc et zinfandel, montre de la personnalité. Une belle réussite pour Patrice Breton, un Québécois qui a commencé ses activités à partir de 2003.

25,55 $ CODE SAQ : 12413128   3,7 g/l

LE POUSSEUR SYRAH 2011
BONNY DOON VINEYARD, CENTRAL COAST
ÉTATS-UNIS 13 %

17/20 Très beau nez de syrah avec des accents anisés. La bouche suit dans le même registre, tout en plaisir, souplesse et élégance; et toujours chez Bonny Doon, cette précision dans l'expression. Un régal. À l'aveugle, on pourrait facilement se retrouver dans le nord du Rhône.

34,25 $ CODE SAQ : 10961016   1,4 g/l

CHABLIS 2013
ISABELLE ET DENIS POMMIER, FRANCE 12,5 %

17/20 Même si le vin a été élevé sur lies fines pendant six mois, après vinification mixte en cuves et en fûts, aucun bois n'est vraiment détectable et c'est tant mieux. Cela lui a donné par contre un côté rond et gourmand, mais son acidité, bien présente en même temps, lui apporte tout le tonus souhaité. Franchement, ce chablis a un éclat particulier; c'est un vrai régal.

26,80 $ CODE SAQ : 11890900   1,9 g/l

BOURGOGNE 2011 CÔTES D'AUXERRE, CHARDONNAY
J-F & P-L BERSAN, FRANCE 13 %

15,5 / 20 Un chardonnay droit, fringant, avec une belle acidité qui vous nettoie la bouche, mais avec quand même un beau fruit frais. Nous adorons ce style. Les autres vins de la même maison (un chablis, un aligoté et un saint-bri) sont aussi très réussis, tous dans ce même genre tonique.

21,15 $ CODE SAQ : 11890942   3,2 g/l

 COUP DE CŒUR

CÔTES DU JURA 2008
DOMAINE MACLE, FRANCE 13 %

16 / 20 Ce vin, offert dans une opération de promotion du Courrier vinicole, n'est pas disponible pour l'instant. Espérons qu'il reviendra à la SAQ, car c'est une bouteille exceptionnelle. Nez caractéristique des vins du Jura avec ces notes de « jaune », de flor en fait, de noisettes et de mie de pain. La bouche est riche, miellée, avec des nuances de pomme blette et donc ce goût de « jaune », ou cette molécule appellée le sotolon. Fait principalement de chardonnay et ajouté au savagnin.

35 $ CODE SAQ : 12281823   2,4 g/l

RUBESCO RISERVA 2007
VIGNA MONTICCHIO, LUNGAROTTI, ITALIE 14 %

18/20 Nous connaissions bien le Rubesco régulier de Lungarotti, toujours une bonne affaire à 17,35 $, quand il y en a, évidemment. Cette cuvée-ci, découverte l'hiver dernier, est à peu près épuisée à ce moment-ci de la publication du guide, malheureusement; mais c'est le vin qu'on souhaite revoir à la SAQ. Un boisé subtil, une bouche élégante et stylée, dans un ensemble frais et harmonieux.

44,75 $ CODE SAQ : 10295789   2,3 g/l

COUP DE CŒUR

BEN RYÉ 2011
DONNAFUGATA, MOSCATO PASSITO DI PANTELLARIA, ITALIE 14,5 %

18/20 Riche et frais, mais surtout détaillé, complexe et d'une totale élégance, c'est l'un des meilleurs vins moelleux bus cette année, sinon le plus beau. Encore peu connu, ça demeure une aubaine à ce prix.

32 $ CODE SAQ : 11301482   > 60 g/l

DIX VINS QUE VOUS N'AUREZ PAS HONTE D'APPORTER CHEZ DES AMIS

Quand on est invité chez des amis, on peut leur offrir une bonne huile d'olive, des condiments spéciaux, des fleurs, une plante... Mais au Québec, ce qu'on donne d'abord et avant tout, c'est une bouteille de vin quitte à rajouter aussi un petit quelque chose pour la maîtresse de maison. En passant, quoi de plus frustrant que de lui présenter une belle bouteille et de constater qu'elle la range dans son armoire à vins pour vous servir plutôt un vin de moindre qualité. Misère de misère ! En voici dix : cinq blancs et cinq rouges qui au moins ne vous feront pas honte.

BLANCS

COUP
DE
CŒUR

FENDANT 2012
PROVINS VALAIS, SWISS VALLEY, SUISSE 12 %

16/20 Une notion au nez semblable à des pierres mouillées, avec un rien de fumée, dirait-on, sur une bouche minérale et droite et un fruit généreux dont les saveurs évoquent la poire. Très bon, comme toujours. Le fendant est le nom que l'on donne au chasselas dans le Valais. Presque toujours disponible à la SAQ.

20,25 $ CODE SAQ : 11194971 1,2 g/l

CHÂTEAU SUAU 2014
BORDEAUX, FRANCE 12,5 %

16/20 Ici, le caractère fort du sauvignon qui s'affirme sans ambages au nez, est tempéré en bouche par une bonne proportion de sémillon (35 %) de même que par un peu de muscadelle, ce qui lui donne de la complexité. Le vin est équilibré, harmonieux, rond, fin et frais, avec de beaux accents minéraux. Vraiment délicieux.

17,35 $ CODE SAQ : 11015793 3 g/l

CHABLIS SAINT-MARTIN 2013
DOMAINE LAROCHE, FRANCE 12 %

16/20 Un chablis bien typé, avec la tension en plus, et ce petit quelque chose qui rappelle, dirait-on, le goût de l'huître. Non seulement le vin est-il bon, mais avec sa capsule à vis, vous pourrez donner la preuve à vos amis qu'il n'y a pas que des «petits vins» qui sont munis d'une telle capsule; Laroche en met même sur certains de ses premiers crus de Chablis.

25,90 $ CODE SAQ : 00114223   2,6 g/l

MÂCON-UCHIZY 2014
GÉRALD ET PHILIPPE TALMARD, FRANCE 13 %

16/20 La qualité de ce mâcon ne se dément pas. Encore dans ce millésime, on retrouve cette pureté d'expression, cette netteté, en même temps que la structure acide qui est bien enrobée d'un fruit généreux. La capsule à vis en accentue encore davantage la fraîcheur.

19,15 $ CODE SAQ : 00882381   3,2 g/l

BRAMITO DEL CERVO 2014
CASTELLO DELLA SALA, MARCHESI ANTINORI ITALIE 12,5 %

16/20 Un boisé discret qui apporte au goût de légères notes grillées et un petit côté citronné; voilà un blanc avec du style et caractère qui est parfaitement à l'aise à table, accompagné d'un poisson en sauce.

23,25 $ CODE SAQ : 10781971   2,3 g/l

ROUGES

COUP DE CŒUR

L'ANCIEN BEAUJOLAIS 2013
JEAN-PAUL BRUN, TERRES DORÉES FRANCE 12 %

17/20 Millésime après millésime, on retrouve toujours dans ce vin la même précision dans la définition du gamay et cette sorte de légèreté de l'être qui lui donne du style et de l'âme. La cuvée est d'une grande fraîcheur, d'un parfait « gouleyant » et d'une totale franchise; avec en plus ces petites touches de violette dans les saveurs qui surgissent à l'aération.

20,40 $ CODE SAQ : 10368221   1,9 g/l

CHÂTEAU DE CHAMIREY 2012
HÉRITIERS DU MARQUIS DE JOUENNES D'HERVILLE, MERCUREY, FRANCE 12,5 %

16,5 / **20** Belle nuance de violette au nez sur un bon fond de petits fruits, comme la cerise. Bien typé pinot, un peu épicé, il est aimable et n'a pas cette relative dureté qu'on prête souvent aux vins de Mercurey. Bref, du bon pinot à bon prix.

29,05 $ CODE SAQ : 00962589   2,7 g/l

COSTERA 2012
ARGIOLAS, CANNONAU DI SARDEGNA ITALIE 14 %

16 / **20** Le 2011 était délicieux, le 2012 est tout aussi bon. C'est fondu, subtil, élégant, avec de légères notes d'évolution dans les saveurs. Un vrai beau vin original, produit avec 90 % de cannonau di sardegna (c'est le nom du grenache en Sardaigne, mais il a sa personnalité bien à lui), 50 % de carignan et 5 % de boval.

19,65 $ CODE SAQ : 00972380   3 g/l

IL FALCONE RISERVA 2008
CASTEL DEL MONTE, ITALIE 13,5 %

16/20 Très joli nez ouvert sur la cerise; la bouche suit sur des tanins qui pointent un peu, mais le vin a du tonus, de la droiture et de la fraîcheur (70 % de nero di troia et 30 % de montepulciano).

24,75 $ CODE SAQ : 10675466   2,3 g/l

CHIANTI CLASSICO 2012
ISOLE E OLENA, ITALIE 14 %

17/20 Du vrai beau chianti sur le fruit. Franc, clair, dessiné avec netteté, sur des tanins de grande qualité. Vraiment, on se régale.

30,25 $ CODE SAQ : 00515296   2,2 g/l

CINQ FAITS SUR LE VIN À SORTIR POUR CONVAINCRE VOTRE BLONDE OU CHUM QUE LE VIN, C'EST VRAIMENT BON POUR LA SANTÉ...

Plusieurs études scientifiques tendent à démontrer que la consommation « modérée » de vin a un effet bénéfique sur la santé à plusieurs égards. Ces recherches montrent qu'on est moins malade et qu'on meurt moins de certaines maladies si on consomme modérément du vin que si on n'en boit pas du tout. Par contre, attention : trop boire annule, le plus souvent, ces effets bénéfiques.

1. LE VIN ROUGE EST BON POUR LE CŒUR

De nombreuses études montrent que les gens qui boivent modérément du vin rouge meurent moins de maladies cardio-vasculaires que ceux qui n'en boivent pas. Ce serait grâce aux antioxydants (notamment les flavonoïdes, dont le resvératrol et la catéchine) qu'on retrouve dans les pépins et la peau des raisins et qui, avec l'effet de l'alcool, protégerait le système.

2. LE BLANC AUSSI, YOUPI !

L'*American Chemical Society — Journal of Agricultural and Food Chemistry* remet en question l'hypothèse selon laquelle seul le vin rouge aurait des effets bénéfiques sur la santé cardio-vasculaire. Selon cette recherche de l'école de médecine de l'Université du Connecticut, la pulpe du raisin (et non pas seulement la peau et les pépins) serait tout autant bénéfique, ce qui conférerait au vin blanc les mêmes vertus que le vin rouge.

3. LE VIN RÉDUIRAIT LES RISQUES DE CERTAINS CANCERS

Les études des effets du vin sur les différents types de cancer sont encore embryonnaires, mais certaines d'entre elles concluent que sa consommation modérée réduit les risques d'en développer certains, dont ceux des poumons, des ovaires, de la prostate et de l'œsophage. Cela dit, il faut être prudent, car l'alcool en général (ou l'éthanol dans les boissons alcoolisées) figure aussi sur la liste des substances cancérigènes de Groupe 1 de l'Agence internationale de recherche sur le cancer.

4. LE VIN EST BON POUR LES OS DES FEMMES (ET DES HOMMES)

Une étude, réalisée surtout sur des femmes ménopausées, démontre un lien entre la consommation modérée d'alcool et une meilleure densité minérale des os. Une autre prouve par ailleurs qu'une consommation modérée d'alcool pourrait aussi être bénéfique pour les hommes. Par contre, encore une fois, la consommation élevée d'alcool aurait exactement l'effet contraire et réduirait la densité des os.

5. LE VIN PEUT PROTÉGER CONTRE LES MAUX DE VENTRE

La consommation modérée de vin réduit le risque de développer certaines infections gastriques, notamment celles causées par la bactérie Helicobacter pylori qui peut causer des ulcères et même des cancers de l'estomac.

25 BONS VINS DONT IL FAUT SURVEILLER LES ARRIVAGES POUR SAUTER DESSUS ET SE FAIRE DES RÉSERVES

Sur les quelques 9 000 produits de spécialités proposés à la SAQ, plusieurs sont achetés par petites quantités (50, 100 ou 200 caisses). Soit que la production de ces vins est limitée, soit que la SAQ veut d'abord tâter la demande pour éventuellement en augmenter l'offre. Ces bouteilles sont donc tantôt présentes, tantôt absentes des tablettes de la SAQ et arriveront sans doute — mais pas nécessairement — dans un autre millésime que ceux dégustés et commentés ici. Peu importe, la qualité régulière de ces vins et la réputation de leurs producteurs font en sorte qu'on peut acheter les nouveaux millésimes en toute tranquillité d'esprit.

BLANCS

BOURGOGNE ALIGOTÉ 2013
JEAN-CLAUDE BOISSET, FRANCE 12,5 %

15,5/20 Il succède au millésime 2011 et devrait déjà être sur les tablettes de la SAQ à l'automne 2015. Un fin boisé qui lui apporte de discrètes notes de noisette; c'est rond, tendre et fort agréable.

21,60 $ CODE SAQ : 12479080 3,2 g/l

DOMAINE DE LA GARENNE 2013
MÂCON-AZÉ, FRANCE 12,9 %

16,5/20 Notes mellifères et de paille, fruit à la chair tendre, mais avec en même temps une très belle acidité pour sous-tendre le tout, touche saline en finale et un rien de tabac blond. Franchement très bon. On espère un nouvel arrivage.

24,85 $ CODE SAQ : 12178789 3,0 g/l

CRISIO 2011
CASAL FARNETO, CASTELLI DI JESI VERDICCHIO RISERVA CLASSICO, ITALIE 13 %

15,5 / 20 Fait à 100 % avec ce cépage blanc emblématique des Marches qu'est le verdicchio; on a affaire ici à un très bon blanc léger et agréable. Une petite partie a été élevée en barriques, ce qui lui donne un « oumph » supplémentaire, bien qu'on ne le sente pas vraiment, sauf peut-être en finale. Le vin a encore beaucoup de fraîcheur pour un 2011. Intéressant et original. On garde l'œil sur l'arrivée du 2012.

23,55 $ CODE SAQ : 12558280   3,4 g/l

COUP DE CŒUR

GRÜNER VELTLINER 2013
WEINGUT BRÜNDLMAYER, KAMPTALER TERRASSEN, AUTRICHE 12,5 %

16,5 / 20 Il arrive toujours en petite quantité, tout comme son petit frère d'ailleurs, le Riesling Kamptaler Terrassen, Weingut Bründlmayere (code SAQ : 10369311, 25,10 $). Mais ce sont là deux beaux vins à ne pas manquer. Le Grüner Veltliner est droit, frais et fringant, finement ciselé, encore croquant, même en dépit du fait que ce soit un 2013. Le riesling est dans le même style, c'est-à-dire droit, élancé, concis, avec toujours cette totale netteté et remarquable pureté d'expression. La Weingut W. Bründlmayer, est l'une des plus « qualitatives » d'Autriche. On surveille les nouveaux millésimes.

24,90 $ CODE SAQ : 10707069   4,7 g/l

COUP
DE
CŒUR

CHABLIS 2013
ISABELLE ET DENIS POMMIER, FRANCE 12,5 %

16,5
―――
20

Élevé sur lies fines pendant six mois, après vinification mixte en cuves et fûts, aucun bois n'est vraiment détectable et c'est tant mieux. Cela lui a donné par contre un côté rond et gourmand, mais son acidité, bien présente en même temps, lui donne tout le tonus souhaité. Franchement, ce chablis a un éclat particulier; c'est un régal.

26,80 $ CODE SAQ : 11890900   1,9 g/l

CHÂTEAU YVONNE 2013
SAUMUR, FRANCE 13,5 %

17,5
―――
20

On ne le dit pas assez : le chenin blanc est l'un des plus grands cépages du monde et la Loire est la région où il atteint les plus hauts sommets. Mais il est vrai que sa person-nalité n'est pas toujours évidente à cerner. Il se décline en sec, demi-sec, liquoreux, mousseux, mais ici, dans cette très belle bouteille, c'est en sec qu'il nous en met plein les papilles. Élevé avec grand soin, ce qui lui donne de subtiles notes de noisette et de camphre au nez, la bouche est délicate, cristalline, épurée, en équilibre sur ses pointes comme une ballerine; bref, remarquable de netteté et droiture. Gros coup de cœur.

28,75 $ CODE SAQ : 10689665   2,5 g/l

COUP DE CŒUR

BOURGOGNE 2013
DOMAINE CHEVALIER PÈRE & FILS, FRANCE 12 %

16,5 / **20** Les vins de Claude Chevalier (et maintenant de sa fille Chloé) n'arrivent qu'en toutes petites quantités eux aussi. La raison : le domaine a peu de vins à vendre, hélas. Toutes les bouteilles sont à acheter les yeux fermés ; les blancs en particulier, a-t-on l'habitude de dire, mais il ne faut pas oublier les rouges, franchement très bons eux aussi. Pour revenir à ce bourgogne, il est finement « noisetté », stylé et élégant ; il a presque des airs de cru. Super rapport qualité-prix.

29,60 $ CODE SAQ : 11584451   1,7 g/l

PINOT BIANCO JERMANN 2013
VENEZIA GIULIA, ITALIE 13 %

16,5 / **20** Très belles notes florales au nez, bouche fraîche et vive, vibrante, tonique et digeste, comme d'ailleurs tous les vins de Jermann qui dans le fond, sont tous à surveiller. En particulier, selon nous, ceux qui n'ont pas vu le bois comme le Chardonnay 2013 et le Pinot Grigio 2013.

33 $ CODE SAQ : 11035751   2,4 g/l

AUXEY-DURESSES 2012
AGNÈS PAQUET, BOURGOGNE, FRANCE 13 %

16,5/20 Nous aimons les vins d'Agnès Paquet. Son Auxey-Duresses offre un rapport qualité-prix particulièrement intéressant. Un nez sur la noisette avec de subtiles nuances de fleurs; bouche fine et élégante, un beau fruit délicat enrobant une structure acide parfaitement dosée. Hélas, ses bouteilles se font rares et arrivent toujours en petites quantités. On les met donc sous le radar.

31,50 $ CODE SAQ : 11510292   1,5 g/l

ROUGES

SOIF DE LOUP 2014
LE LOUP BLANC, PAYS D'OC, FRANCE 12,5 %

15/20 C'est le plus simple des vins d'Alain Rochard, du bar à vins Rouge Gorge, sur la rue Mont-Royal, mais à notre avis, peut-être son mieux réussi. C'est en effet un joli vin de soif, souple, léger, épicé et gouleyant, mais avec quand même un caractère bien affirmé. Hélas, il disparaît vite des tablettes de la SAQ quand il arrive. Assemblage de chenanson (un croisement de grenache noir et de jurançon noir), de cinsault et d'un peu de carignan.

18,80 $ CODE SAQ : 11154726   2,5 g/l

COUP
DE
CŒUR

PLAN PÉGAU
LAURENCE FÉRAUD, VIN DE FRANCE
FRANCE 13,5 %

16,5/20 Vin non millésimé et élaboré par Laurence Féraud, du Domaine Pégau à Châteauneuf-du-Pape, il est le résultat d'un assemblage de neuf cépages, dont ceux du grenache et de la syrah à hauteur de 30 %, puis 20 % de cabernet (les merlot, carignan, mourvèdre, cinsault, danlas et alicante complètent l'assemblage). C'est un vrai beau vin digeste, plutôt léger, mais qui possède en même temps de la structure. Original et parfaitement délicieux.

21,30 $ CODE SAQ : 10460051   1,9 g/l

CARMENERE PIÙ 2012
INAMA, VENETO ROSSO, ITALIE 14 %

16/20 Si vous trouvez que les carmenères chiliens sont la plupart du temps verts et végétaux, goûtez celui-ci qui, au contraire, est pur fruit. Un fruit juteux, pulpeux, franc de goût, parfaitement savoureux. En passant, tous les vins d'Inama sont à surveiller et à acheter.

21,45 $ CODE SAQ : 11389074   1,4 g/l

LES LAUNES 2011
DELAS CROZES-HERMITAGE, FRANCE 13 %

16/20 Nous pourrions décrire ce vin en deux appellations : fraîcheur et « buvabilité », pour utiliser un mot qui n'existe pas, mais qui dit quand même bien ce qu'il suggère. Un brin floral au nez, bon petit goût de réglisse en bouche, un peu poivré; on est heureux à peu de frais.

25,15 $ CODE SAQ : 11544126   2,7 g/l

BOURGOGNE PINOT NOIR 2012
DOMAINE DES PERDRIX, PAYS D'OC FRANCE 13,5 %

16/20 Joli nez où se mêlent le girofle et les petits fruits rouges. En bouche, le vin a du tonus et le pinot s'exprime avec beaucoup de caractère. Voilà un pinot noir qui se démarque, même par rapport à ses petits frères bourguignons.

27,40 $ CODE SAQ : 00917674   2,7 g/l

AMA 2011
CASTELLO DI AMA, CHIANTI CLASSICO ITALIE 12,5 %

17/20 Les vins de Castello di Ama n'ont pas l'habitude de rester longtemps sur les tablettes. Ce très beau chianti classico n'échappera pas à la règle. Il a cette droiture, cette fraîcheur, cette pureté d'expression qu'ont tous les vins de la maison. À l'assemblage, un peu de merlot est ajouté aux 90 % de sangiovese.

27,70 $ CODE SAQ : 12019083   2,6 g/l

LA FRAMBOISIÈRE 2013
DOMAINE FAIVELEY MERCUREY, FRANCE 13 %

17 / **20** Très joli nez ouvert (cassis, mûres...) sur une bouche qui a du corps et une jolie texture. Il est plus masculin que son petit frère le mercurey Les Mauvarennes, lequel par contre est plus joyeux, mais n'a pas la substance du Premier Cru Clos des Myglands. Les trois sont dessinés avec sérieux et précision.

33 $ CODE SAQ : 10521029 1,7 g/l

SAINT-JOSEPH CUVÉE PRESTIGE CAROLINE 2011
LOUIS CHÈZE, FRANCE 13 %

17 / **20** Une syrah parfaitement typée sur le plan aromatique, avec en plus des notes de torréfaction sur une bouche de corps moyen, mais charnue et profonde, précise, savoureuse et impeccable.

33 $ CODE SAQ : 11682959 2,4 g/l

SYRAH 2011
L'ÉCOLE Nº 41, COLUMBIA VALLEY, WASHINGTON ÉTATS-UNIS 15 %

17 / **20** Ce vin ne passe pas inaperçu dans une dégustation. Un fruit qui a de l'éclat, un beau volume, de l'élégance; le paysage est d'une grande netteté et la syrah s'exprime avec originalité. Et franchement, l'équilibre est tel que ses 15 % ne nous dérangent pas.

33,50 $ CODE SAQ : 10709030 2,4 g/l

GIGONDAS LES RACINES 2010
DOMAINE LES PALLIÈRES, FRANCE 15,2 %

17/20 Enveloppant, bien poivré, vineux, mais avec de la fraîcheur; profond et savoureux avec de belles notions florales qui viennent complexifier le tout. Pour tout dire, un magnifique gigondas. Particularité de ce vin : comme il y a un petit peu de viognier ajouté à la syrah en Côte-Rôtie, il y a un tout petit peu de clairette (complanté, en fait) avec le grenache. Le Domaine Les Pallières se trouve dans le giron de la famille Brunier (Domaine du Vieux Télégraphe).

35,75 $ CODE SAQ : 11288409   2,3 g/l

COUP DE CŒUR

RISERVA 2005
BENI DI BATASIOLO BAROLO, ITALIE 13,5 %

17,5/20 Les dernières 100 caisses de ce millésime sont arrivées en septembre 2015. Après, il faudra surveiller le prochain. Beau nez de cerise avec des notes de noix, notions que l'on retrouve également dans les saveurs. La bouche est fraîche, elle coule de source, en raison de cette belle acidité naturelle du barolo et surtout, on apprécie son fruit généreux.

37,25 $ CODE SAQ : 11599231   2,8 g/l

PINOT NOIR TRADITION 2012
DOMAINE QUEYLUS, PÉNINSULE DU NIAGARA
CANADA 13,5 %

16,5 / 20 À surveiller : toutes les bouteilles de ce domaine qui arrivent à la SAQ. Le Domaine Queylus, c'est un regroupement d'une douzaine d'investisseurs d'ici, des amoureux de la vigne comme Champlain Charest, entre autres qui ont embarqué dans cette aventure de faire du vin dans la péninsule du Niagara. Les vignes sont encore bien jeunes (elles ont été plantées en 2006), mais déjà on est étonnés du niveau de qualité auquel Thomas Bachelder a amené ses vins, ses pinots noirs en particulier.

30 $ CODE SAQ : 12470886   2,4 g/l

MORGON CUVÉE CORCELETTE 2011
JEAN FOILLARD, FRANCE 13,5 %

17,5 / 20 Finement épicé, élancé, bon goût de cerise, ce morgon amène ici le gamay dans une dimension qu'on lui connaît peu. À la fois dense et aérien, d'une grande précision, le gamay commence à prendre de sérieux accents de pinot noir et de très bon pinot en plus. Ce morgon peut afficher fièrement ici ses lettres de noblesse de Cru du Beaujolais. Ce qui, finalement, n'est pas si fréquent. Bref, un grand beaujolais, tout simplement.

33,50 $ CODE SAQ : 12201643   1,7 g/l

LA CROIX BLANCHE 2012
POMMARD, DOMAINE PARENT, FRANCE 13 %

16,5/20 Du corps, du caractère, petite pointe de fumée; voilà un bourgogne profond, solide, sérieux, qu'on peut boire dès maintenant avec plaisir et qu'on peut oublier aussi en cave pour les 5 à 8 prochaines années.

50,75 $ CODE SAQ : 11563511   2,2 g/l

BRUNELLO DI MONTALCINO 2008
COL D'ORCIA, ITALIE 14,5 %

17/20 Du sérieux que ce brunello; ample, large et profond, une texture riche et soyeuse, le vin a du corps et une indéniable présence. Après sept ans, il est encore dans une forme splendide et franchement très bon. Cinq années de plus ne lui feront sûrement pas peur.

47 $ CODE SAQ : 00403642   3,4 g/l

PINOT NOIR PIONEER BLOCK 15 STRIP BLOC 2010

SAINT CLAIR FAMILY, NOUVELLE-ZÉLANDE 13,5 %

16,5/20 Les bons pinots noirs de Nouvelle-Zélande et il y en a quand même un certain nombre, ne sont généralement pas donnés. Ceux de Saint Clair Family offre un rapport qualité-prix particulièrement bon. Les quatre pinots noirs que proposent cette maison à la SAQ sont tous recommandables et dénués de ce caractère herbacé qu'on trouve dans plusieurs pinots noirs du Nouveau Monde. Celui-ci est particulièrement bon, bien typé pinot, avec des arômes et saveurs de fraises et cassis.

29,80 $ CODE SAQ : 11953350   3 g/l

DIX VINS QU'ON CONNAÎT DEPUIS TELLEMENT LONGTEMPS QU'ON AVAIT OUBLIÉ QU'ILS ÉTAIENT BONS

C'est vrai que l'amateur de vin normalement constitué aime partir à la découverte de nouveaux vins. Et il oublie du coup ces bons vieux «classiques» qui semblent se trouver à la SAQ depuis toujours. Or, si ces bouteilles y sont encore après toutes ces années, c'est qu'il y a une raison : les gens continuent de les acheter. Et s'ils continuent de les acheter, c'est parce qu'ils les trouvent bons. Parmi ceux-ci, en voici dix qui, selon nous, ont su maintenir au fil des ans un bon niveau de qualité.

BLANCS

LA VIEILLE FERME 2014
FAMILLE PERRIN, LUBERON, FRANCE 13 %

15,5/20 Ce classique de nos succursales est particulièrement réussi en 2014; à la fois floral et fruité, c'est léger, croquant, très frais donc et assez vineux pour passer à table. Un bon vin de poisson pour un repas de semaine.

14,80 $ CODE SAQ : 00298505   1,5 g/l

LA SABLETTE MUSCADET SUR LIE 2013
MARCEL MARTIN, SÈVRE-ET-MAINE FRANCE 12 %

15,5/20 Beaux accents minéraux au nez avec des nuances de pomme; la bouche suit, fringante, avec un très joli fruit qui enrobe la structure acide. Comme toujours, impeccablement fait.

16,20 $ CODE SAQ : 00134445   1,7 g/l

CHÂTEAU BONNET 2014
ANDRÉ LURTON, ENTRE-DEUX-MERS FRANCE 12 %

15/20 Ce sauvignon s'exprime avec retenue et une certaine élégance (il faut dire que l'assemblage compte aussi du sémillon et de la muscadelle). Le vin est rond, charmeur, élégant; c'est bon.

17,75 $ CODE SAQ : 00083709   4,2 g/l

ROUGES

NAOUSSA BOUTARI 2012
JOHN BOUTARI & SON, GRÈCE 11,5 %

16/20 Naoussa, c'est le nom de l'appellation qui est située à l'ouest de Thessalonique, à l'ombre du mont Vermion. Le cru est produit avec le xinomavro, un des cépages grecs les plus qualitatifs et qui possède des airs de parenté avec le nebbiolo, le grand raisin du Piémont. La couleur est vermeille et en bouche, les tanins sont fermes et l'acidité lui donne de la fraîcheur, comme c'est le cas avec le nebbiolo. Voilà un vin de caractère, un vin de lieu comme on les aime; c'est franchement bon.

15,65 $ CODE SAQ : 00023218   2,9 g/l

ORTAS TRADITION 2012
CAVE DE RASTEAU, FRANCE 14,5 %

14,5/20 Vendu comme Côtes-du-Rhônes Villages jusqu'à ce que Rasteau obtienne son appellation pour les vins secs en 2010, ce vin a toujours été un solide gaillard. Vineux, sinon un peu chaleureux, un brin rustique aussi, mais quand même bien fait et savoureux.

15,35 $ CODE SAQ : 00113407   2,4 g/l

BAROLO 2010
FONTANAFREDDA, ITALIE 14 %

16/20 Une bonne introduction au barolo. Une cuvée, comme le savent les amateurs, construit sur l'acidité et les tanins. Mais ça prend du fruit, évidemment; et ici, sur ces tanins fermes et une bonne acidité donc, il est là, agrémenté de jolies notes épicées.

32,75 $ CODE SAQ : 00020214   1,9 g/l

COUP DE CŒUR

COMBE AUX JACQUES 2012
LOUIS JADOT BEAUJOLAIS-VILLAGES
FRANCE 12,5 %

15/20 Un vrai bon beaujolais frais, gouleyant et léger, avec de franches saveurs de cerises. Tout le plaisir qu'on attend d'un beaujolais, quoi. La qualité est toujours au rendez-vous.

17,60 $ CODE SAQ : 00365924   2,3 g/l

COUP DE CŒUR

VILLA ANTINORI 2012
MARCHESI ANTINORI, TOSCANA IGT
ITALIE 13 %

16,5/20 Toujours bonne, cette bouteille se surpasse en 2012; c'est un des plus beaux millésimes à avoir été produit, disait ce printemps le directeur commercial de la maison. Et c'est vrai que la qualité du fruit est particulièrement belle. Charnu le vin donc, de beaux tanins mûrs, de la fraîcheur; on ne peut que constater la grande régularité des cuvées de cette maison.

24,50 $ CODE SAQ : 10251348   2,5 g/l

RÉSERVE DE LOUIS ESCHENAUER 2013
BORDEAUX, FRANCE 12 %

15/20 La maison Eschenauer vend du bordeaux au Québec depuis très longtemps. Au fil des années, ce vin a connu des noms divers. Celui-ci en est un bon petit honnête, bien fait, plutôt léger, mais avec quand même une certaine structure. Simple, mais irréprochable.

15,55 $ CODE SAQ : 517722   2,5 g/l

BROUILLY 2013
GEORGES DUBŒUF, FRANCE 13 %

15,5/20 En vente depuis presque toujours à la SAQ et apprécié par un grand nombre d'amateurs, ce cru demeure un bon standard dans son appellation. Il n'a sans doute pas la précision atteinte par certains jeunes producteurs avec leur vin, aujourd'hui en Beaujolais. Mais quand on sait la quantité énorme de brouilly que Georges Dubœuf vend dans une année à travers le monde, on lui lève notre chapeau pour avoir réussi à maintenir cette qualité. Et en plus, la forme de sa fameuse quille est encore plus profilée qu'avant et le design plus épuré. C'est une grande réussite commerciale.

20,25 $ CODE SAQ : 00070540   2,3 g/l

DIX
SOMMELIERS
ET LEURS COUPS
DE CŒUR

Les Méchants Raisins ont demandé à dix sommeliers de nous
donner leur coup de cœur pour un vin qu'on trouve facilement
à la SAQ en accord avec un plat et un prix se situant dans une
fourchette de 15 $ à 35 $. Voici ce qu'ils nous ont répondu.

MAXIM LALIBERTÉ
Sommelier, Restaurant Communion
(135, rue de la Commune Ouest, Montréal)

NEBBIOLO 2012
VIETTI PERBACCO, LANGHE, ITALIE 14 %

« Un de mes coups de cœur de tous les temps, le Nebbiolo Perbacco de Vietti ne déçoit jamais. La puissance et la complexité des bons Barolo, mais toujours accessible en jeunesse. Sous-bois, petits fruits séchés, violette, une bouche ample et persistante, parfait sur un carré d'agneau rôti en croûte de menthe. »

28,05 $ CODE SAQ : 10861031   2,3 g/l

RAY MANUS
Sommelier, Restaurant Club Chasse et Pêche
(423, rue Saint-Claude, Montréal)

SPEZIALE 2013
FRATTELI ALLESSANDRIA, VERDUNO PELAVERGA, ITALIE 13,5 %

« Le cépage pelaverga provient de Verduno, une commune située dans le nord du Piémont. Peu de vignerons le cultivent et encore moins l'exportent. Robe très fine, quasi grenat avec des étincelles violacées. Le nez est délicat et offre des arômes de rose et de fleurs séchées. Vin de soif avec une superbe prise de bouche remplie de petits fruits, finale épicée. Très agréable avec un plat de cochonnailles, il est également capable d'accompagner des menus carnivores plus soutenus avec des sauces aux baies. »

26,55 $ CODE SAQ : 11863021   1,9 g/l

IAN PURTELL
Sommelier, Restaurant Le Coureur des Bois
(1810, rue Richelieu, Belœil)

PINOT NOIR TRADITION 2012
DOMAINE QUEYLUS, NIAGARA, CANADA 13,5 %

« Un vrai pinot noir qui "pinote", un
nez expressif de cerises et de roses
séchées, des tanins souples et féminins
accompagnés d'une belle fraîcheur en
finale. Un coup de cœur de toute mon
équipe au bistro. Accompagnera de
simples charcuteries ou bien une belle
salade de betteraves au cromesquis
de chèvre. »

30 $ CODE SAQ : 12470886   2,4 g/l

PASCAL PATRON
Professeur de sommellerie, ITHQ
(3535, rue Saint-Denis, Montréal)

MONTPEYROUX 2012
**DOMAINE D'AUPILHAC, COTEAUX
DU LANGUEDOC, FRANCE 14 %**

« Vin bio. Sa teinte rubis violacé dissimule
un nez complexe aux effluves de fruits
noirs, notamment la prune, auxquels
s'ajoutent les épices de la garrigue
avoisinante. Belle dualité dans ce vin,
entre puissance et élégance grâce à ses
tanins polis et à sa fraîcheur qui perdure
jusqu'en finale pour se dissiper lentement
et invite à se resservir. Il sublimera
l'agneau de votre assiette. »

21,55 $ CODE SAQ : 00856070   1,9 g/l

JESSICA OUELLET
Sommelière globe-trotteuse

TRILOGIE 2011
DOMAINE BARMÈS-BUECHER, ALSACE
FRANCE 12,5 %

« J'ai une fixation sur les bulles des Barmès-Buecher. Sur leur cuvée Trilogie aussi. Ça sent bon les ananas, le miel et les typiques arômes pétrolés du riesling. En bouche, c'est particulièrement rafraîchissant et un beau gras signe la finale. Le sucre se fait poli comme tout. On aime. Les tartares de saumon aussi. »

19,75 $ CODE SAQ : 12254420 6,9 g/l

CARL VILLENEUVE-LEPAGE
Sommelier, Restaurant Toqué !
(900, place Jean-Paul-Riopelle, Montréal)

LES CALCINAIRES BLANC 2012
DOMAINE GAUBY, CÔTES CATALANES
FRANCE 13,5 %

« Un vin typique des Côtes Catalanes, avec des muscats qui n'exagèrent aucunement la trame florale en laissant la vedette au macabeu et au chardonnay. Avec des notes subtiles de fruits à noyaux, il a tout pour plaire aux amateurs de ce que certains appellent la « minéralité ». Essayez-le avec des poissons tels que la truite ou le saumon, en gravlax ou fumé et rajoutez aussi des caviars de lotte et une crème fraîche. Sinon, gardez-le au cellier pour goûter le résultat de votre patience : il tient la route de longues années. »

25,65 $ CODE SAQ : 11463060 1,6 g/l

DAVID PELLETIER
Le Sommelier Fou (lesommelierfou.com)

L'ÉPERVIER 2011
CHÂTEAU PECH REDON, COTEAUX DU LANGUEDOC, FRANCE 14 %

« Nous avons la chance de vivre le passage du Languedoc, à la vitesse grand V, dans son entrée à la cour des grands. C'est particulièrement génial quand on pense que les prix sont encore très avantageux. Cet assemblage profond, gorgé de soleil et puissant, donne l'impression d'écouter Bach jouer un solo de pédales. Un agneau braisé aux olives noires viendra jouer des aiguës en fugue. Vous serez soufflés. »

22,85 $ CODE SAQ : 10507286   2,5 g/l

ÉLYSE LAMBERT
Meilleur Sommelier du Canada 2015 et Meilleur Sommelier des Amériques 2009

FLOR DE CRASTO 2013
QUINTA DO CRASTO, DOURO, PORTUGAL 13,5 %

« Si vous cherchez une aubaine sous la barre des 15 $ qui vous en donnera pleinement pour votre argent, vous devez goûter à cette petite bombe de fruits. Ce vin de la région du Douro est issu des cépages classiques, les tinta roriz, touriga nacional et touriga franca. Sa bouche est bien gourmande, le vin racoleur; il saura plaire. Ce sera un passe-partout idéal pour les viandes grillées. À ce prix, on serait fou de s'en passer. »

14,90 $ CODE SAQ : 10838579   2,3 g/l

KIM COLONNA
Sommelier, Petits creux & grands crus
(1125, avenue Cartier, Québec)

PINOT NOIR 2013
CHACRA BARDA, PATAGONIE, ARGENTINE 13,6 %

«Coup de cœur énorme pour ce domaine.
Ce vin est composé d'un assemblage de
vignes de 20 à plus de 80 ans et qui sont
franches de pied. Cultivé en biodynamie,
ce pinot s'ouvre sur des notes de cerises,
de fruits rouges, d'épices et de fumée.
L'attaque est franche avec une belle
rondeur en milieu de bouche, la finale
est minérale et persistante. Un plaisir
immédiat ! Il se mariera avec une viande
au BBQ, un gibier à plumes, des sauces
légèrement relevées ou tout simplement
pour le bonheur des papilles.»

27,75 $ CODE SAQ : 11517515   2 g/l

OLIVIER LESCELLEUR SAINT-CYR
Sommelier, Patente et Machin
(82, rue Saint-Joseph Ouest, Québec)

ATLANTIS 2014
ARGYROS, CYCLADES, GRÈCE 13 %

«Un vin grec au nez floral et salin où la
fleur blanche sauvage est à l'honneur. Une
bouche tranchante et nette d'où sort une
minéralité bien présente. Quoique très
droite, le milieu de bouche développe une
certaine rondeur évoquant la pêche. La
finale de silex est légèrement citronné
et appelle le tartare de pétoncles des îles
de la Madeleine au zeste de citron Meyer
et caviars d'Espagne.»

18,55 $ CODE SAQ : 11097477   3,5 g/l

CINQ VINS D'IMPORTATION PRIVÉE QUI NOUS ONT CHARMÉS

Les vins d'importation privée ont le vent dans les voiles. Malgré la réglementation québécoise qui restreint toujours les agences, comme l'interdiction de maintenir des stocks sur place ou de vendre des bouteilles à l'unité, par exemple, il est de plus en plus simple pour un particulier d'en commander. D'ailleurs, pour contourner l'obligation d'acheter par lot de six ou de douze bouteilles, mettez-vous à plusieurs. Voici cinq vins qui nous ont charmés cette année et sur lesquels il vous faut mettre la main.

POULSARD POINT BARRE 2010
PHILIPPE BORNARD, ARBOIS-PUPILLIN
FRANCE 12 %

17/20 Une robe limpide, lumineuse, aux teintes d'orange sanguine, avec des reflets brique. Ça explose au nez. Complexe, frais, difficile à saisir. Bouche ample, presque gracieuse en attaque, devenant tendue et soutenue. On sent une touche de sucrosité, contrebalancée par des tanins légèrement rustiques et intégrés à l'ensemble. Finale énergique, vivante, longue, d'assez bonne complexité et marquée par les amers. Une superbe bouteille qui confirme à nouveau le savoir-faire de Phillippe Bornard qui travaille maintenant avec son fils, Tony. Toute petite production, d'où la difficulté de mettre la main sur une bouteille, mais ça vaut la peine d'essayer !

49 $ Agence : Glou

LAM PINOTAGE 2013
LAMMERSHOEK, SWARTLAND
AFRIQUE DU SUD 12,5 %

15,5/20 Le Swartland est l'une des régions les plus dynamiques et intéressantes à suivre actuellement. On cherche ici à exprimer la pureté du pinotage, un cépage souvent mal aimé, parce que mal compris, mais plus souvent mal exploité. Un peu plus rustique et végétal que le 2012, il n'en reste pas moins énergique, pur et toujours charnu. Fraise, rhubarbe, ronce, réglisse; le tout conserve un profil aérien et croquant qui rappelle les vins du Beaujolais. C'est le vin d'été glouglou par excellence : à la piscine, au lac, à l'apéro, avec le BBQ, sous les étoiles, ou, même, le matin, en se levant. Servir frais. Le 2014 devrait débarquer au printemps 2016.

23 $ Agence : Rézin

LA RUPTURE 2012
DOMAINE TURNER PAGEOT, COTEAUX DU LANGUEDOC, FRANCE

16/20 Un domaine haut en couleur qui mérite votre attention. Un 100 % sauvignon blanc fermenté en barrique à haute température et soumis à un bâtonnage fréquent durant deux mois. Il en résulte un vin blanc aux parfums de citron confit, de miel, de silex et de tilleul. La bouche affiche un équilibre rondeur/acidité remarquable, alors que la finale s'allonge sur des notes salines. Un blanc de gastronomie qui en déroutera plus d'un ! Le 2013 devrait faire son arrivée au courant de l'automne 2015.

38,28 $ Agence : Raisonnance

CONTACTO 2014
VINHO VERDE, ANSELMO MENDES 13 %

16/20 Si vous pensez que les vinho verde donnent uniquement des vins verts et acides, détrompez-vous ! Composé uniquement d'alvarinho, ce vin subit une macération pelliculaire, chose inusitée pour un blanc et profite d'un élevage sur lie. Il en résulte un vin à l'attaque et à la texture ronde et grasse, presque collante au palais. L'ensemble est tendrement puissant. L'acidité reste vive et structurante. Jolie finale amère évoquant des tonalités de coquillages chauds et de poire Bosc. Arrivage prévu au printemps.

26,75 $ Agence : Balthazard   4 g/l

AIDANI 2013
HATZIDAKIS, CYCLADES, GRÈCE 14 %

16/20 Haridimos Hatzidakis figure parmi les meilleurs producteurs de la Grèce. Ses vins, tous bio, sont l'exemple parfait de la maîtrise de cépages sur l'île de Santorin. L'aidani est habituellement un cépage d'appoint qu'on ajoute à l'assyrtiko et il est rarement vinifié seul comme ici. Ça donne un vin blanc très parfumé, avec des notes d'épices douces, d'abricot séché et toujours ce fond d'iode/salin typique de Santorin. C'est ample, vineux avec une acidité remarquable et une finale soutenue rappelant les épices. Une découverte à ne pas manquer !

31,50 $ Agence : Œnopole

CINQ PRODUCTEURS DE VINS À SUIVRE ET DONT VOUS POUVEZ ACHETER LES BOUTEILLES

LES YEUX FERMÉS

Il y a des centaines d'excellents producteurs de vins dans le monde. En voici cinq que nous avons sélectionnés pour la constance dans la qualité, mais aussi parce que leur démarche est authentique et donne, par le fait même, de la personnalité à leurs vins.

RANDALL GRAHM (BONNY DOON)

CALIFORNIE, ÉTATS-UNIS

Personnage original mais respecté du vin en Californie, Randall Grahm ne fait rien comme les autres sur son domaine Bonny Doon, à Santa Cruz. Amoureux des cépages du Rhône, alors que tout le reste de la Californie n'en a que pour les cabernet-sauvignon, chardonnays et autres pinots noirs, il se démarque par ses vins riches, savoureux, authentiques et sans compromis. Génie du marketing, il crée des étiquettes fabuleuses et des noms de vins «flyés» (Le Cigare Volant, Le Pousseur etc.). C'est aussi lui qui a créé, puis vendu (sachez-le, car ces bouteilles ne sont plus aussi bonnes) le Cardinal Zin et le Big House Red.

A PROPER CLARET 2012
BONNY DOON, CALIFORNIE, ÉTATS-UNIS 13,2 %

16,5 / 20 On vous disait que Bonny Doon ne travaillait qu'avec des cépages du Rhône. Et bien, voilà qu'il s'est mis aux assemblages à la bordelaise : 60 % de cabernet-sauvignon, 20 % de petit verdot et le reste en syrah et en tannat (fallait bien varier la recette, tout de même). C'est très bon. À se demander pourquoi il n'en avait pas fait avant. Beaucoup de fruits, une touche de bois et de sucre chauffé. C'est tendre et rond en bouche et très long.

19,95 $ CODE SAQ : 12495961   1,7 g/l

ALOIS LAGEDER

TRENTINO-ALTO ADIGE, ITALIE

Véritable roi du nord de l'Italie, dans la belle région montagneuse du Trentino-Alto Adige, Alois Lageder vinifie des blancs frais et nerveux et des rouges de caractère qui empruntent un peu à tous ces pays environnants bordés par les Alpes : l'Italie, la France, la Suisse. On vous le dit : on ne se souvient pas d'avoir été déçus par l'un de ses vins.

GAUN CHARDONNAY 2013
TENUTAE LAGEDER, TRENTINO-ALTO ADIGE ITALIE 13 %

16,5 / 20 Un chardonnay pur, dans le style Lageder : c'est-à-dire sans bois. La totalité du cru est vinifiée dans des cuves d'inox, laissant ainsi s'exprimer le fruit avec tout ce qu'il peut apporter de notes beurrées, d'agrumes, de fruits tropicaux et de parfums floraux. Vif et généreux en bouche. Un vin d'une grande classe.

25,40 $ CODE SAQ : 00742114 2 g/l

ÁLVARO PALACIOS

PRIORAT ET BIERZO, ESPAGNE

Álvaro Palacios vient de la Bodega Palacios Remondo, une famille de producteurs de vins bien établie dans la région de La Rioja. Mais plutôt que de reprendre les rênes du domaine familial, il s'est lancé à l'aventure dans deux autres régions : le Priorat, près de Barcelone et plus récemment, avec son neveu, dans le Bierzo, plus à l'ouest dans la région du Léon, pas très loin du Portugal. Il a littéralement propulsé le Priorat dans le firmament des grandes régions vinicoles du monde. Il y produit L'Ermita, un puissant vin de grenache, considéré comme l'un des meilleurs d'Espagne et du monde (plus de 1000 $ à la SAQ pour le 2011). Mais ses vins d'entrée de gamme sont aussi très beaux.

CAMINS 2013
ALVARO PALACIOS, PRIORAT, ITALIE 14,5 %

$\frac{16}{20}$ Voici une très belle introduction au monde et au style d'Alvaro Palacios : des vins toujours mûrs, riches, souvent costauds, mais toujours équilibrés. On y sent les fruits à noyaux (prune, cerise) avec, en bouche, une belle texture dense et des tanins présents, mais sans rudesse.

25,50 $ CODE SAQ : 11180351   2,5 g/l

EMMANUELLE DUPÉRÉ ET LAURENT BARRERA

PROVENCE, FRANCE

Dupéré-Barrera, c'est du vin, oui, mais c'est d'abord un couple, celui de la Québécoise Emmanuelle Dupéré et de son mari français, Laurent Barrera. Ensemble, ils ont développé une activité de négoces dans le sud de la France, à Toulon, mais aussi un domaine bien à eux, le Clos de la Procure, à Carnoules, en Côtes-de-Provence. Chez eux, la philosophie dans la démarche est aussi importante que le produit. Les vins ont peu de soufre et sont faits de manière presque artisanale, surtout ceux de la cuvée Nowat, comme dans «no-watt» ou «sans électricité». Ça donne quoi? Des bouteilles authentiques, souvent très originales.

 COUP DE CŒUR

TERRES DE MÉDITERRANÉE 2013
DUPÉRÉ BARRERA, VIN DE PAYS D'OC
FRANCE 13,5 %

15,5 / 20 On pourrait vous parler de leurs grands vins (le très beau Nowat, le Clos de la Procure, le Bandol India), mais allons-y avec leur petite cuvée d'entrée de gamme. À 15 $, voilà un beau rapport qualité-prix. C'est un assemblage de syrah, de cabernet sauvignon, de grenache et de carignan. Pas toujours égal (l'authenticité, ça veut aussi dire qu'un vin est le reflet de son millésime), le 2013 nous a paru très bien fait, d'une belle concentration avec des arômes de fruits bien mûrs, une belle texture souple et une acidité bien équilibrée. Meilleur à notre avis que le 2012.

15,45 $ CODE SAQ : 10507104   2 g/l

DONNAFUGATA

SICILE, ITALIE

Donnafugata, c'est une entreprise sicilienne fondée par Giacomo Rallo, héritier d'un domaine de production de marsala, le vin liquoreux typique de la Sicile. Donnafugata (ou la « femme en fuite », référence à la reine Marie-Caroline qui a fui Naples pour se réfugier en Sicile et échapper aux troupes de Napoléon) compte aujourd'hui ses productions sur trois vignobles : à Marsala, au domaine de Contessa Entellina et sur l'île de Pantelleria, où sont produits des vins doux fabuleux. Deux choses à retenir : les blancs et aussi les rouges secs ne sont jamais lourds, doucereux ou « cuits » comme certains vins de Sicile ; et les vins liquoreux du domaine sont généreux, mais raffinés.

COUP DE CŒUR

ANTHÌLA 2012
DONNAFUGATA, SICILE, ITALIE 12,5 %

$\frac{15,5}{20}$ Un blanc aromatique au possible, avec des parfums floraux, des notes de fruits exotiques, le tout soutenu par une nervosité et une vivacité exemplaire. Ça ne tombe pas à plat. Parfait pour un poisson (genre dorade ou bar) grillé entier sur le BBQ ou au four.

18,45 $ CODE SAQ : 10542137   4,3 g/l

CINQ
PRODUCTEURS
QUÉBÉCOIS
À SUIVRE
DANS LE MONDE

Ils sont de plus en plus nombreux nos Québécois qui s'illustrent sur la planète vin. Ça n'a pourtant rien d'évident, lorsque l'on sait que la viticulture est loin d'être une activité économique traditionnelle au Québec et qu'il n'y existe aucune formation sérieuse en français sur le sujet. Nous aurions pu vous nommer une bonne dizaine de vignerons du Québec, mais avons choisi de retenir les cinq suivants qui selon nous, sont des exemples à suivre en termes de qualité et de succès.

PASCAL MARCHAND

Il se passe pratiquement de présentation. S'étant illustré aux commandes du célèbre domaine Comte Armand à Pommard, en Bourgogne, au milieu des années 80, Pascal a désormais mis sur pied sa propre boîte de négociant. Ses vins sont à son image : vrais, puissants, concentrés et qui ne laissent jamais indifférents. Ce n'est pas pour tous les goûts, encore moins pour toutes les bourses, mais on ne peut que saluer l'exemple qu'il laisse à ceux désireux de se lancer dans l'aventure.

BOURGOGNE PINOT NOIR 2011
PASCAL MARCHAND, FRANCE 13 %

$\frac{15}{20}$ Un pinot concentré donnant un vin solide, mais qui évite le piège de la dureté. Assez bien ciselé ; ça reste simple et destiné à la table. Des parfums de violette et de griotte, avec un trait végétal. Bien, quoique un peu cher.

32,75 $ CODE SAQ : 11215736   2,3 g/l

PATRICK PIUZE

Natif de Saint-Lambert, Patrick Piuze a lancé sa petite affaire de négoce à Chablis en 2007. Il achète des raisins sur pieds de vigne, qu'il va ensuite vinifier, élever et mettre lui-même en bouteille. Contrairement aux grands noms d'appellations comme Raveneau, Dauvissat ou Tribut, la fermentation et l'élevage des vins de la maison Piuze se font directement en barrique. Il a aussi choisi de passer au pressoir mécanique, plutôt que pneumatique; une pratique pourtant répandue non seulement à Chablis, mais aussi dans le monde entier. Avec le succès, vient la demande. Malgré la production limitée, surtout pour les grands crus, le vigneron s'assure toujours d'offrir ses vins au Québec. Et on l'en remercie !

TERROIR DE CHABLIS 2013
PATRICK PIUZE, CHABLIS, FRANCE 12 %

16 / 20 Dans le jargon vinicole, on dit que les vignes sont situées « dans l'envers » de Vaillons et de Montmains, c'est-à-dire sur les collines qui font face à ces premiers crus. Le vin montre au nez un côté volatil qui peut surprendre au départ et qui vient plutôt « jazzer » les arômes. Impression crémeuse, belle tension et finale saline bien typée. Un régal !

29,15 $ CODE SAQ : 11180334   2 g/l

THOMAS BACHELDER

Thomas Bachelder n'a aujourd'hui plus besoin de présentation. Fort de ses réussites au Clos Jordanne, ce Montréalais d'origine agit aujourd'hui comme négociant sous son propre nom. Infatigable et talentueux, Thomas dirige également l'ensemble du programme chez Queylus, un tout nouveau domaine créé à Niagara par un groupe de Québécois.

PINOT NOIR TRADITION 2012
DOMAINE QUEYLUS, NIAGARA, CANADA 13,5 %

15/20 Ça « pinotte » bien au nez. On sent à la fois une belle pureté dans le fruit et une certaine richesse — 2012 a été une année chaude, mais tempérée. J'ai personnellement préféré le 2011, moins concentré, plus classique, mais il n'en demeure pas moins que ce 2012 montre une matière tout aussi fine, pas la plus profonde, mais distinguée par son fruit croquant. On est à cheval entre le style bourguignon et le Nouveau Monde. Très bien.

30 $ CODE SAQ : 12470886   2,4 g/l

JEAN-BENOIT DESLAURIERS

Pas même la quarantaine, Jean-Benoit est de ceux qu'on pourrait appeler les « autodidactes ». Il a certes une formation en œnologie, mais c'est au fil de ses expériences dans les vignobles internationaux, notamment au Chili et sur la Côte Ouest américaine, qu'il a forgé son savoir et développé son talent. Vinificateur en chef en Nouvelle-Écosse chez Benjamin-Bridge, dont le domaine se spécialise dans le vin effervescent. La gamme en sec est sans contredit remarquable de qualité. La production est encore petite, mais la qualité est indéniable.

MÉTHODE TRADITIONNELLE BRUT 2009

BENJAMIN BRIDGE, NOUVELLE-ÉCOSSE
CANADA 11 %

16/20 Une première au Québec pour ce vin qui était uniquement disponible à la LCBO et au domaine, en Nouvelle-Écosse. Les quantités sont minuscules, mais il mérite que vous fassiez l'effort d'en trouver une bouteille ».

50 $ CODE SAQ : 12647531   13 g/l

PATRICE BRETON

Après avoir connu le succès financier dans le domaine informatique, Patrice Breton a choisi de tout laisser tomber et de commencer son projet Vice Versa à Napa, en Californie. D'abord épaulé par l'américain Paul Hobbs, il vole aujourd'hui pratiquement de ses propres ailes. On sent dans les vins de Patrice une recherche constante de la pureté, en phase avec le profil résolument solaire des vins de ce coin du monde.

LE PETIT VICE 2010
VICE VERSA, NAPA, ÉTATS-UNIS 15,3 %

$\frac{17}{20}$ Malgré une certaine déception à l'endroit des Apriorís, les deux cuvées d'entrée de gamme du domaine, nous avons été impressionnés par la maîtrise du Petit Vice, une sorte de second vin du Vice Versa. Un fruit très pur sentant bon la violette, les bleuets et des notes de graphite. Matière pulpeuse, riche et concentrée qui évite le piège de la lourdeur et surprend par sa fraîcheur, malgré les plus de 15 % d'alcool affichés sur l'étiquette. Une petite bombe de bonheur dans l'univers souvent aseptisé des cabernets californiens.

68 $ CODE SAQ : 11089725   2,7 g/l

DIX VINS POUR CONVAINCRE CEUX QUI DISENT NE PAS AIMER LE VIN BLANC

(SURTOUT CEUX QUI DÉCLARENT QUE ÇA LEUR DONNE MAL À LA TÊTE)

À prix similaire, il est souvent plus difficile de trouver un bon blanc. Le vin blanc est aussi moins facile à «comprendre» que le vin rouge; on saisit sans trop de mal la différence entre un rouge corsé ou léger, mais les nuances dans le blanc sont moins évidentes à identifier. Reste que lorsque vient la soif de boire, on pense plus naturellement au blanc, habituellement plus rafraîchissant et digeste. Moins calorique aussi. Et si vous pensez que le vin blanc donne mal à la tête, détrompez-vous; il est prouvé scientifiquement que ce n'est pas vrai. Bref, que vous soyez sceptique, réfractaire, intrigué, intéressé ou passionné, vous trouverez dans ces vins matière à plaisir et vous changerez d'opinion à leur égard.

CELLARS BRUT

**SCHARFFENBERGER, ANDERSON VALLEY
ÉTATS-UNIS 12 %**

15/20 On commence avec des bulles, sans oublier les 65 % de pinot noir et le reste en chardonnay. C'est crémeux et vineux à la fois, avec une impression fine dans le pétillant. Des notes d'amande, de croissant et un fond de fruits jaunes. Festif et sérieux, c'est l'un des meilleurs mousseux à moins de 30 $ actuellement disponible à la SAQ.

25,20 $ CODE SAQ : 12347474 10 g/l

CHÂTEAU LA TOUR DE L'ÉVÊQUE 2013

CÔTES DE PROVENCE, FRANCE 13,5 %

15/20 Régine Sumeire continue de travailler et de s'attarder aux petits détails afin de faire briller ses vins et avec eux, la Provence; pensez simplement au Pétale de Rose qui se classe parmi les meilleurs rosés chaque année. La dernière mouture de son blanc est une belle réussite. Le rolle, qu'on appelle aussi vermentino, fait un mariage heureux avec le sémillon. C'est délicat, de bonne intensité et d'assez bonne richesse. Miel, mirabelle, aubépine et subtilement « pétrolé ». Généreux, tout en montrant de la retenue et suffisamment de fraîcheur. Finale fringante et beurrée évoquant des notes salines. Grande « buvabilité ». Allez-y avec un poisson à chair blanche (turbot, morue, vivaneau) sauté à la poêle et évitez de le servir trop froid (12-13 °C).

20,45 $ CODE SAQ : 972604 1,8 g/l

TERRE D'ARGENCE 2012
DOMAINE MOURGUES DU GRÈS, VALLÉE DU RHÔNE MÉRIDIONALE, FRANCE 14,5 %

15/20 Un blanc bourré de soleil issu, à parts égales, de viognier, de marsanne, de roussanne et de grenache blanc. On devine facilement les notes d'acacia, d'abricot et une touche musquée. L'attaque en bouche paraît fraîche et ample. Finale soutenue, de complexité enviable et légèrement capiteuse (le vin affiche près de 15 % d'alcool), mais le tout demeure digeste et des plus agréables. Servir assez frais (12 °C) avec un saumon poché, crème, aneth et fenouil caramélisé à la poêle.

22,50 $ CODE SAQ : 11874264   2,3 g/l

LES GLACIAIRES 2013
DOMAINE GARDIÉS, CÔTES DU ROUSSILLON FRANCE 13,5 %

16/20 On sent chez Jean Gardiés un amour incommensurable pour le terroir et une quête perpétuelle de la perfection. Le progrès sur cette cuvée composée de grenache gris, de macabeu et de roussanne est impressionnant. Le vin continue de gagner en éclat comme en définition. Tonalités de miel, de mirabelle grillée et de parfum marin. Texture riche sans être grasse, impression aérienne et finale iodée. Supérieur aux 2011 et 2012 qui déjà n'étaient pas piqués des vers. Difficile de trouver un blanc sudiste aussi glouglou. Le 2013 remplacera sous peu le 2012 encore disponible; soyez aux aguets !

23,90 $ CODE SAQ : 12013378   1,8 g/l

CHÂTEAU DE CHAMIREY 2010
MERCUREY, FRANCE 12,8 %

16/20 Un classique du répertoire bourguignon de la SAQ. Pour les bonnes raisons, puisque ce vin est encore d'une qualité irréprochable. La preuve : un 2010 dense, charnu, un brin tannique, mais élégant et minéral, avec un boisé juste. Parfums de mirabelle, de poivre blanc et d'aubépine. Mieux pour servir à table, accompagné de homard, de fruits de mer et de volaille en sauce.

29,05 $ CODE SAQ : 00179556   2,1 g/l

ÉMOTION DES TERROIRS 2012
DOMAINE VINCENT GIRARDIN, BOURGOGNE FRANCE 13 %

15,5/20 Impossible de ne pas tomber en amour avec un chardonnay aussi bien maîtrisé. Une cuvée qui montre à merveille à quel point le style Girardin a évolué vers un genre nettement plus pur, en phase avec son terroir et loin des bêtes boisées d'autrefois. Beaucoup de fruits à chair blanche, des notes de lait d'amande et de menthe. Bouche à la fois caressante et tonique. Bonne finale. Son prix continue de grimper, mais la qualité est plus que jamais au rendez-vous. Bouteille parfaite à l'apéro ou avec des poissons blanc et une sauce vierge.

26,20 $ CODE SAQ : 10523219   2,1 g/l

MALVASIA 2012
BIRICHINO, CALIFORNIE, ÉTATS-UNIS 12,5 %

15/20 Un blanc fort original. C'est richement parfumé, une caractéristique propre au malvoisie, un cépage que l'on retrouve en France sous le nom de macabeu. Provenant de la région de Monterey, en Californie, le vin évoque des tonalités de poire en sirop, de fleur, de miel et de litchi. On s'attend à une bouche riche et grasse, or c'est complètement le contraire. Il présente un côté bien énergique; le tout montrant une longueur moyenne qui finit sèche et évoque le zeste d'agrume. On craque à chaque gorgée. Parfait avec un burger de poulet.

19,95 $ CODE SAQ : 11073512   1,7 g/l

CASTELLO DELLA SALA (ANTINORI) BRAMÌTO DEL CERVO 2014
UMBRIA, ITALIE 12,5 %

15/20 Son nom « Bramìto del Cervo » fait écho au cri du cerf à la saison des amours. C'est le second vin du Cervaro, le grand blanc de la famille Antinori. On devine un joli côté tropical au nez sans pour autant prendre trop de place. D'assez bon volume avec du gras, rond tout en conservant une acidité vive et terminant sur des notes amères. C'est diablement digeste.

23,25 $ CODE SAQ : 10781971   2,3 g/l

LA VIGNE DE LA REINE 2014
CHÂTEAU DE MALIGNY, CHABLIS, FRANCE 12,5 %

16/20 Classique d'entre les classiques, ce chablis saura plaire à un large auditoire et convaincre les plus réfractaires. Un nez typique d'embrun marin, de coquillage chaud et de fruits blancs. Saveurs marquées en bouche qui présentent une matière souple, soyeuse et dotée d'une acidité délicate. L'utilisation de levures sélectionnées — la BRG — apporte un volume supplémentaire, presque beurré, sans pour autant modifier l'origine du vin. Les amateurs de vin naturel voudront peut-être passer leur tour, mais ne pourront nier l'excellente maîtrise de l'une des plus grandes productions en terme de volume à Chablis.

24,75 $ CODE SAQ : 00560763   1,9 g/l

BLACK TIE 2013
PFAFF, ALSACE, FRANCE 13 %

15/20 Une gourmandise qui déborde de fraîcheur. Habile assemblage dominé par le riesling et complété par le pinot gris, donnant un vin au nez expressif d'abricot, de pomme golden, d'épices orientales et une légère touche qui rappelle le pétrole. Texture à la fois grasse, presque caressante (l'effet du sucre résiduel), mais qui profite d'une acidité suffisamment vive pour maintenir le tout en équilibre. Servir bien frais avec de la cuisine asiatique épicée.

20 $ CODE SAQ : 11469621   11 g/l

VOUS AIMEZ LE MÉNAGE À TROIS ? VOICI CINQ (MEILLEURS) VINS ROUGES QUE VOUS ALLEZ QUAND MÊME APPRÉCIER

Ah, le Ménage à Trois... L'une des bouteilles les plus vendues, les plus aimées et les plus controversées qui soient. Est-ce à cause du nom ? Des rumeurs de présence trop importante d'arsenic ? En fait, c'est surtout parce que c'est un vin rouge fruité, riche en sucre et en alcool, racoleur comme pas un qui plaît beaucoup aux gens qui commencent à s'intéresser au vin. On ne vous juge pas, loin de là. Au contraire, on vous suggère encore d'autres bouteilles du même style et, oui, un peu meilleures...

PEPPERWOOD GROVE CABERNET SAUVIGNON
DON SEBASTIANI & SONS, CALIFORNIE
ÉTATS-UNIS 13,5 %

14/20 Nez très fruité de cassis et de confiture de mûres, bouche tendre et concentrée, où le sucre se fait sentir, mais pas trop, avec une fraîcheur qui le rend digeste.

16,95 $ CODE SAQ : 00903005   6,5 g/l

CLANCY'S SHIRAZ/CABERNET/ MERLOT, BAROSSA
PETER LEHMANN, AUSTRALIE 14,5 %

15/20 Un autre genre de ménage à trois cépages : le merlot, le cabernet et le shiraz. Ce vin australien, aux arômes de violettes, de cassis, de bleuets et de café, est d'une souplesse inouïe : il semble taillé dans le velours. C'est pourtant un vin totalement sec.

17,95 $ CODE SAQ : 10345707   2,8 g/l

CURIOUS BEASTS
CALIFORNIE, ÉTATS-UNIS 13,9 %

15,5/20 Voici un curieux assemblage de merlot, de petite sirah, de syrah, de zinfandel et de cabernet franc ! Nez riche, mais sans le côté opulent qui peut parfois tomber sur le cœur. C'est aguicheur, avec des tonalités de fraise chaude, de rhubarbe, de prune, d'épices douces sur fond de vanille et de vieux rhum. Malgré ses presque 10 g/l de sucre résiduel, la bouche est légère et bien ronde. L'acidité apporte une certaine fraîcheur qui rend le tout passablement digeste et met en lumière une finale légèrement épicée.

19,25 $ CODE SAQ : 12109986   9,5 g/l

19 CRIMES
VICTORIA, AUSTRALIE 14,5 %

13,5/20 Exubérant à tous points de vue, voici un vin riche, au fruité intense, au boisé tonitruant, mais sans excès de sucre. C'est un soyeux à la texture de velours. Conçu dans le moule californien, il plaira aux amateurs du genre.

20 $ CODE SAQ : 12073995   3 g/l

BLACK LABEL
PASQUA, AMARONE DELLA VALPOLICELLA
ITALIE 15 %

15/20 L'amarone vénitien est en quelque sorte l'ancêtre des vins rouges de ce genre. Par contre, sa méthode de fabrication (raisins séchés avant d'être vinifiés pour en concentrer les saveurs) lui donne une finesse et une complexité qu'on ne retrouvera jamais dans les gros rouges doux de la Californie. Les meilleurs amarones se vendent d'ailleurs à près de 100 $ et au-delà. Celui-ci est abordable, tant au niveau du prix que du goût.

37,50 $ CODE SAQ : 11768171 11 g/l

DIX VINS À APPORTER QUAND ON PART EN VOYAGE DANS LE SUD

Les formules tout-inclus ont toujours la cote. Or, même si le nombre de restaurants «gastronomiques» de ces complexes hôteliers semble se multiplier, la qualité des vins offerts reste souvent discutable, parfois même horrible. La situation n'est pas plus reluisante si vous optez pour une formule indépendante du genre condo. Hormis les États-Unis ou les îles huppées des Caraïbes, les conditions d'entreposage des pays tropicaux sont souvent déficientes et se rapprochent parfois d'un four à bois; les chances de tomber sur un vin fatigué ou oxydé sont plus que bonnes. À cause de l'éloignement et du transport que cela implique, les prix sont souvent élevés, même pour des petits vins de masse du Chili ou d'Argentine. Dans un cas comme dans l'autre, nous vous recommandons chaudement de prendre quelques fioles avec vous avant de partir. Prenez soin de vérifier les quantités permises afin d'éviter les mauvaises surprises, mais la majorité des destinations soleil sont plutôt permissives; beaucoup plus, en tout cas, que la limite des 1,5 l de vin ou 1,4 l de spiritueux imposée à la frontière canadienne. Au Costa Rica, d'où je reviens, la limite est fixée à huit bouteilles par personne, vin et spiritueux confondus. Évidemment, avec les contraintes liées au liquide dans les avions, les bagages peuvent devenir lourds. Optez pour le format magnum qui pèse habituellement moins que deux bouteilles et... limitez-vous à un seul maillot de bain!

CHABLIS SAINT-MARTIN 2014
DOMAINE LAROCHE, FRANCE 12 %

15,5
—
20
Un joli chardonnay. Un nez typé chablis avec ses notes de coquillage, de fruits blancs frais et une pointe d'iode. C'est soyeux, élégant et diablement rafraîchissant. Du plaisir à revendre. Bouteille fermée avec une capsule à vis : ça vous évitera de chercher un tire-bouchon.

25,90 $ CODE SAQ : 00114223   2,6 g/l

SCABI 2013
SAN VALENTINO, SANGIOVESE DI ROMAGNA
ITALIE 14 %

15,5
—
20
Excellent petit rouge d'Émilie-Romagne. Expression très pure du sangiovese. Des notes de fruits rouges, d'anis et de fleurs. C'est énergique, assez joufflu, mais possédant une belle amertume en finale. On lui donne un peu d'air (15-20 minutes de carafe ou une ouverture à l'épaule d'une petite heure), et on le sert autour de 15-16 °C. Excellent rapport qualité/prix/plaisir.

18,15 $ CODE SAQ : 11019831   7,3 g/l

CHÂTEAU LA TOUR DE BERAUD 2013
COSTIÈRES DE NÎMES, FRANCE 13,5 %

$\frac{15}{20}$ Un rouge du Rhône qui a la particularité de contenir dans son élaboration une bonne part de marselan, un cépage assez rare provenant du croisement entre le cabernet-sauvignon et le grenache noir. Parfums de bonne intensité évoquant la garrigue, la réglisse et les olives. Bouche franche, presque gouleyante et d'assez bonne persistance. On le sert autour de 15-16 °C. Un autre très bon rapport qualité/prix/plaisir.

17,35 $ CODE SAQ : 12102629   3,1 g/l

EVOLUTION LUCKY Nº 9
SOKOL BLOSSER, ÉTATS-UNIS 12 %

$\frac{14,5}{20}$ Produit par Sokol Blosser, un domaine en Oregon, où le vin n'affiche aucun millésime. Issu d'un assemblage hétéroclite de neuf cépages différents dont le muscat, le riesling et le pinot gris, c'est un blanc très particulier. Très parfumé, on devine des notes de fruits tropicaux et de lys. C'est rond (11 grammes de sucre résiduel), mais doté d'une assez bonne acidité, ce qui rend l'ensemble suffisamment digeste; quoique la finale conserve une impression bonbon qui peut ne pas plaire à tous. Candidat parfait pour le Sud.

19,95 $ CODE SAQ : 10744708   11 g/l

LA REDONNE 2013
JEAN-LUC COLOMBO, CÔTES DU RHÔNE
FRANCE 13 %

15/20 Producteur installé à Cornas et connu pour ses vins au style moderne et charmeur, Jean-Luc Colombo propose ce blanc à base de viognier et de roussanne qui en est un parfait exemple. Très floral au nez avec des notes de jasmin et de fruits blancs mûrs. Une bouche caressante, riche, à l'acidité basse, mais qui conserve ce qu'il faut d'équilibre. Bonne persistance en finale sur un registre de miel et de fleur. Pas compliqué, mais très efficace en bord de mer.

23,90 $ CODE SAQ : 10783951   3 g/l

PINOT NOIR REFUGIO 2013
MONTSECANO Y COPAINS, CASABLANCA
CHILI 14 %

15,5/20 La multiplication des vins de petits producteurs passionnés et sérieux commence à déranger les gros noms qui ont façonné l'image d'un pays produisant des vins industriels et standardisés. On ne parle pas encore assez fort de la petite révolution qualitative vinicole au Chili. C'est pourtant le cas ici avec un pinot noir haut en couleur. Masculin, justement boisé, avec des notes de goudron et une belle pureté au nez comme en bouche. Capsule à vis pour éviter tout risque de déviance lié au liège. Bravo ! Dégusté sur près d'une semaine, le vin a gardé une forme remarquable. Belle découverte.

25,45 $ CODE SAQ : 12184839   1,8 g/l

MATURANA BLANCA 2013
RIOJA, IJALBA, ESPAGNE 13 %

15,5 / 20 Un producteur qui n'a pas froid aux yeux. À défaut de pouvoir acheter de la vigne, le fondateur de cette dynamique maison espagnole décide de créer son vignoble à même une carrière de pierres désaffectée, ce qui lui permet de décider de la composition des sols. Ingénieux ! Ajoutez à cela l'adoption d'une approche viticole bio, la volonté de faire revivre de vieux cépages pratiquement disparus de la région et vous comprenez maintenant pourquoi la production de ce domaine se démarque par son originalité. Le maturana appartient à ces cépages oubliés. Il donne dans cette version 2013 un vin d'expression franche, sur des notes légèrement exotiques de citron confit, de miel, de menthe et un arrière-plan salin qui rappelle l'assyrtiko de Santorin, en Grèce. Bouche tout aussi convaincante, d'abord tendue par une acidité marquée, puis devenant grasse au fur et à mesure que le vin s'aère et monte en température. On est loin de la formule générique et ennuyante du chardonnay.

23,35 $ CODE SAQ : 11383596   2,2 g/l

MÂCON-UCHIZY 2014
GERALD & PHILIBERT TALMARD, FRANCE 13 %

14,5
20

Un autre classique qui permet de goûter du beau bourgogne à prix doux. Chardonnay donnant un nez mûr de pêche et de lilas. Ensemble ample qui garde ce qu'il lui faut de fraîcheur et de définition pour paraître d'assez bonne droiture. Parfumé et délicieux. Bien frais, il sera parfait avec les fruits de mer et autres crustacés.

19,15 $ CODE SAQ : 00882381 3,2 g/l

RÉSERVE PERRIN 2012
FAMILLE PERRIN, CÔTES DU RHÔNE
FRANCE 13,5 %

15
20

La famille Perrin, à qui l'on doit notamment le Château de Beaucastel, l'un des grands classiques de Châteauneuf-du-Pape, nous offre ici l'archétype du bon côtes-du-rhône ! Du fruit à revendre se profilant autour de la prune, de la figue fraîche et du laurier. Ample en attaque, la fraîcheur maintient l'ensemble qui se présente avec des tanins dociles et qui rendent le tout gouleyant.

16,80 $ CODE SAQ : 00363457 2,6 g/l

POGGIO BADIOLA 2012
MARCHESI MAZZEI, TOSCANE, ITALIE 13 %

15,5/20 Excellente maison toscane livrant un rouge au fruité éclatant, sentant bon la graine de café, la menthe et la cerise. Le merlot apporte la souplesse, alors que l'acidité du sangiovese assure la structure de l'ensemble. C'est élégant, avec en prime, une jolie persistance aromatique.

18,95 $ CODE SAQ : 12073987   2,4 g/l

DIX VINS DE
MÉDITATION

Mettons une chose au clair : les bouddhistes ne boivent pas de vin. Mais Ophélie du Plateau Mont-Royal, prof de yoga qui fait sécher son tapis aux huiles essentielles, aime bien, le vendredi, s'ouvrir une petite bouteille de blanc pour mieux s'élever et communiquer avec le commun des mortels. Si vous vous reconnaissez, voici une sélection de vins de « méditation ». Des cuvées au profil plus « intellectuel » qui sans dire qu'elles n'ont pas de charme, demandent du temps et une certaine réflexion pour bien les saisir. Le genre de vin mystérieux, presque hypnotisant. On y revient sans cesse pour tenter de percer son mystère car, au final, on sait que c'est bon !

CUVÉE DES CONTI 2013
CHÂTEAU TOUR DES GENDRES, BERGERAC SEC FRANCE 13,5 %

15,5/20 La qualité constante de ce blanc mérite d'être soulignée à double trait. Déjà, l'ensemble des 50 hectares de la propriété est en production bio, dont une dizaine en biodynamie. L'assemblage dominé par 70 % de sémillon, auquel s'ajoutent 20 % de sauvignon et 10 % de muscadelle, donne un vin naturellement très parfumé. Sans tomber dans l'excès, le bâtonnage vient accentuer le caractère exotique. Tonalités de miel, de fleur d'acacia, de pamplemousse chaud et une pointe de poivre blanc. L'élevage sur lie contribue à la sensation grasse en attaque et à l'acidité fine qui se profile autour d'un fruité tendre. Finale vivante, un poil amère, de longueur appréciable et évoquant un registre pierreux. Tout simplement remarquable pour un vin à moins de 20 $. Servir frais (12 °C).

17,35 $ CODE SAQ : 00858324   1,8 g/l

FINCA ALTO CANTABRIA 2011
CONDE DE VALDEMAR, RIOJA, ESPAGNE 13,5 %

15,5/20 Je vous ai déjà raconté qu'avant de produire du rouge, la Rioja a longtemps été une région surtout connue pour ses vins blancs. Le style de celui-ci n'a, bien sûr, rien à voir avec celui d'antan, mais il a gardé ce petit quelque chose d'oxydatif qui vient de l'élevage en barrique américaine. Ajoutez au tableau des tonalités de miel, de fruits blancs mûrs, une minéralité qui se devine dans le côté salin du vin et une texture grasse et vous avez de quoi faire des heureux ! Ne le servez pas trop frais (12 °C). Idéal avec les coquilles Saint-Jacques.

19,85 $ CODE SAQ : 00860171   3 g/l

CUVÉE SILEX 2014
DOMAINE DES AUBUSSIÈRES, VOUVRAY
FRANCE 12,5 %

15 / 20 Produit à 100 % de chenin, ce vin de Loire peut paraître austère, pour ne pas dire réduit, à l'ouverture. Cela est probablement attribuable à la capsule à vis qui le ferme et permet de préserver au maximum les arômes du fruit, tout en évitant les mauvaises surprises liées au bouchon. Après une dizaine de minutes, le vin gagne en amplitude et se complexifie autour de nuances d'agrumes, de pomme golden et d'iode. La bouche se passe en trois temps : une attaque droite laissant place à une matière qui gagne en rondeur et qui, aidée par une acidité vivante, donne une finale sèche et persistante. Équilibre sucre/acidité remarquable.

18,70 $ CODE SAQ : 00858886 17 g/l

ASSYRTIKO 2014
HATZIDAKIS, SANTORIN, GRÈCE 13,5 %

15/20 Les vins d'Haridimos Hatzidakis, à Santorin, figurent parmi les meilleurs de Grèce. On sent la puissance volcanique du sol dans l'expression très particulière de l'assyrtiko, un cépage remarquablement bien adapté aux conditions climatiques de l'île. Le vin peut parfois présenter une attaque «perlante» — impression de picotement sur le bout de la langue —, mais ça se dissipe avec un peu d'air. Le mieux, c'est de l'ouvrir une bonne heure avant le service, voire de le passer en carafe. Du citron grillé, de l'ananas, de la papaye, du genévrier et des embruns marins. Serré à l'attaque, il paraît plutôt dense et compact. L'acidité précise et tranchante, tel un scalpel, fait exploser la matière qui devient grasse en milieu de bouche; puis, comme la marée qui se retire, elle laisse une impression à la fois riche et sèche, à laquelle s'ajoute une étonnante rémanence saline. Le bonheur à petit prix ! Servir frais, mais pas trop (10-12 °C) avec calmars/crevettes en friture.

25,20 $ CODE SAQ : 11901171   2,1 g/l

LES BLANCHAIS 2013
DOMAINE PELLÉ, MENETOU-SALON
FRANCE 13 %

16,5/20 Les Blanchais est une parcelle d'un peu moins de trois hectares de sauvignons plantés en 1966 sur un sol composé en surface d'argile, de calcaire, de silex et d'une roche mère — le sous-sol — constituée de marne. On comprend dès lors pourquoi le vin affiche un profil plus riche que la majorité des Menetou-Salon. La faiblesse des rendements combinée à la haute densité de plantation à l'hectare permet d'aller chercher de la profondeur. Ajoutez à cela un millésime 2013 plutôt réussi, une conduite sensée de la viticulture, un savoir-faire remarquable en vinification et vous venez de réunir tous les éléments nécessaires pour produire un vin de haute voltige. On perçoit une certaine viscosité dans la robe qui affiche un doré éclatant et des reflets verdoyants. L'oxygène lui permet de gagner en complexité aromatique. De fleur blanche, de poire et d'iode au départ, il entre ensuite dans un registre « sucré » de pomme golden, de cire et de miel, tout en conservant un arrière-plan d'herbe fraîchement coupée et de pierre à fusil. Superbes proportions en bouche avec une impression à la fois dense, presque huileuse, mais aussi croquante et aérienne. Belle allonge où s'entremêlent finesse et puissance. N'hésitez pas à le passer en carafe une vingtaine de minutes et prenez soin de ne pas le servir trop froid (idéalement, autour de 13 °C).

30,25 $ CODE SAQ : 00872572   1,2 g/l

FIUMESECCU 2013
DOMAINE D'ALZIPRATU, CORSE CALVI
FRANCE 13,5 %

15,5
——
20

On retrouve dans ce rouge gorgé de soleil les deux cépages iconiques de l'Île de Beauté : le nielluccio à 60 % et le reste de sciacarello. À l'ouverture, le vin se montre bourru avec un nez réduit aux accents fermiers et une bouche stricte. L'oxygène lui fait le plus grand bien. Les parfums gagnent en définition (confiture de cerise, crayon de cire, sauge, cuir) tout en conservant un profil rustique. Généreux. Texture ronde, mais peu grasse de par la trame tannique assez ferme et un brin fâchée tout en étant mûre. C'est frais, assez puissant et doté d'une allonge chaude évoquant la cerise et la cannelle. Authentique. Une ou deux années de cave lui permettront de gagner en harmonie et de mieux l'apprécier. Un vin de gibier. Un vin de copain. Un vin corse !

21,95 $ CODE SAQ : 11095658   2,1 g/l

LANGHE NEBBIOLO 2013
PRODUTTORI DEL BARBARESCO, ITALIE 13,5 %

15,5-16 / 20 Beaucoup de sérieux et de savoir-faire pour la seule cave coop du Piémont qui regroupe une soixantaine de membres et compte environ une centaine d'hectares de terrain. Robe plutôt claire, belle expression du cépage avec des tonalités de cerise, de goudron et une pointe de fumée. Un toucher de bouche solide, sans être dur; on perçoit la trame tannique d'un assez bon raffinement se coupler à une belle vivacité qui rendent le tout digeste. Je vous invite fortement à oublier deux ou trois flacons dans le fond de votre cave. Surprise et bonheur garantis dans 10 ans. L'idéal est de lui donner un peu d'air avec un passage d'une vingtaine de minutes en carafe et de le servir autour de 16 °C avec une côte de veau grillée.

23,80 $ CODE SAQ : 11383617 1,6 g/l

HENRI MILAN 2003
DOMAINE MILAN, LES BAUX DE PROVENCE
FRANCE 13 %

15,5 / **20** Voici l'occasion de faire l'expérience d'un vin comptant une bonne dizaine d'années, sans avoir à faire d'effort. Vous me direz que 2003, à cause de ses températures caniculaires, a été un millésime compliqué qui donnait des vins au profil souvent cuit. Vous avez raison. Ceux d'Henri Milan, dont le domaine est situé dans Les Baux de Provence, l'une des plus belles appellations du sud de l'Hexagone, n'y ont pas échappé, même si les sols de marne et de calcaire provenant de la chaîne montagneuse des Alpilles ont permis d'aller « chercher » suffisamment de fraîcheur. Au départ insatisfait de la qualité de ses vins, Henri a choisi de les conserver en cave en espérant qu'une fenêtre permettrait un jour de mieux les apprécier. Chapeau à la petite agence Glou qui a réussi à convaincre Henri d'ouvrir cette même fenêtre sur le Québec. La bouteille montre évidemment des notes d'évolution et un caractère solaire, mais sans mériter pour autant de passer outre sa présence. Bien au contraire ! Robe au cœur encore jeune et au pourtour briqué. Complexe au nez, on devine facilement les notes de pruneaux, de kirsch et de cuir qui laissent place à un registre de cèdre, de goudron et de boîte à cigare. La fraîcheur semble plus manifeste en bouche, alors que l'ensemble est complètement fondu, tout en montrant encore de la mâche et une belle allonge en finale. Avec 80 % de grenache, le reste de syrah (10 %), de cinsault (5 %) et de mourvèdre (5 %), la comparaison avec un bon cru de Châteauneuf-du-Pape n'est pas fortuite, le tout cependant pour la moitié du prix. Ouvrez et retirez l'équivalent d'un bon verre avant de laisser reposer la bouteille 45-60 minutes au frigo (surtout s'il fait chaud) et le vin n'en sera que meilleur. Parfait avec un onglet mariné cuit sur le grill.

27 $ CODE SAQ : 12229371   1,9 g/l

PRE-PHYLLOXERA 2012
ELVIO COGNO, BARBERA D'ALBA, ITALIE 14,5 %

16,5
——
20

Des vignes de barbera non-greffées, c'est-à-dire, ayant échappé au phylloxera; le puceron avait décimé pratiquement toutes les vignes d'Europe à la fin du XIXe siècle. Ça donne ici un vin concentré, plein, avec des tanins corsés, mais la masse fruitée et l'acidité lui permettent d'avoir un équilibre remarquable. Vous aurez d'avantage à l'attendre en cave de trois à cinq ans, mais il devrait devenir une merveille si vous lui donnez un peu d'oxygène et que vous l'accompagnez d'un morceau de viande braisé.

53,75 $ CODE SAQ : 12034515   N/D g/l

LES DAMODES 2011
DOMAINE HENRI NAUDIN-FERRAND
NUITS-SAINT-GEORGES PREMIER CRU
FRANCE 13 %

17/20 Oui, bon, c'est le genre de vin qui fait mal au budget. On entre dans un tout autre monde. Celui de la nuance et de la finesse. De l'intellectuel, diront certains. Ce n'est pas faux, tant s'en faut, si vous permettez le facile jeu de mots. Un NSG au profil féminin, expressif et d'une grande cohérence : terre, fruits, fleurs, épices avec en filigrane un boisé rappelant le caramel et le dégel au printemps. Fin, droit, sensuel, ciselé avec des tanins légèrement granuleux, ce qui apporte du relief à la cuvée. Finale qui montre du souffle. Le boisé légèrement caramélisé se veut admirablement digeste, tout en servant de signature aux vins du domaine. Il lui manque certes de fond pour justifier un prix aussi élevé, mais que voulez-vous, les quantités disponibles sur le marché sont ridicules et la planète en raffole ! Pour amateur passionné ou si vous avez un bon portefeuille. À boire dans les cinq à sept prochaines années avec un civet de lapin.

100,25 $ CODE SAQ : 11957422   1,4 g/l

LES DIX MEILLEURS RESTAURANTS « APPORTEZ VOTRE VIN » (AVV)

C'est sans doute l'un des traits distinctifs du Québec : les restaurants où l'on peut apporter son vin. Non seulement on en trouve aujourd'hui par dizaines, mais la qualité n'a rien à voir avec les Casa Grecque situés le long de la rue Prince-Arthur et autres bouis-bouis vietnamiens de centres d'achat des années 90. Bien qu'ils soient surtout concentrés dans la métropole, on en trouve quelques-uns dignes de mention ailleurs dans la province. Voici, selon nous, les dix meilleurs du point de vue de la nourriture, mais aussi du service et des lieux qui sont propices à l'organisation de dégustations entre amateurs.

O'Thym
(1112, boul. de Maisonneuve Est, Montréal, 514 525-3443)
C'est un des grands classiques à Montréal. Ambiance intime au départ, devenant festive au fil des bouchons qui sautent. Un personnel toujours aussi attentionné et professionnel, une cuisine qui a su se maintenir à un niveau qualitatif remarquable et des prix pour le moins raisonnables. Que demander de plus?

À l'Os
(5207, boul. Saint-Laurent, Montréal, 514 270-7055)
C'est probablement l'AVV le plus chic en ville. Une cuisine ouverte sur la salle. Un service digne des grands restaurants. Une table d'inspiration française, toujours soignée. On se fait un plaisir d'accommoder les clients tant au niveau du service que des plats. Un endroit de prédilection, si vous voulez écluser des grands flacons de votre cave.

Christophe
(1187, av. Van Horne, Montréal, 514 270-0850)
La mezzanine. Cuisine française. Classique. Certains plats, comme la joue de bœuf, sont délicieux, mais on n'est pas à l'abri d'une déception. Sans compter que les prix sont plus élevés qu'ailleurs. Le service est en revanche remarquable, avec la possibilité d'occuper des petits salons privés à l'étage. L'endroit parfait pour organiser une dégustation.

Le Quartier Général
(1251, rue Gilford, Montréal, 514 658-1839)
Arrivé au monde dans le sillon du O'Thym, le QG, comme on l'appelle dans le milieu, a redéfini le standard de qualité pour ce genre de resto. Disons-le sans gêne : c'est l'AVV où l'on mange le mieux en ville. Une cuisine bistro inspirée, souvent éclectique avec des portions généreuses et des prix, somme toute, fort bons en regard de la qualité. Seuls bémols : c'est souvent (très) bruyant et l'espace est exigu.

État-Major
(4005, rue Ontario Est, Montréal, 514 905-8288)
Le petit frère du QG. Ou devrait-on dire le grand frère? Un des piliers du renouveau du quartier HoMa (ou Hochlag). La salle est espacée avec la cuisine ouverte en arrière-plan et dans l'assiette, c'est le bonheur. Des prix imbattables et un service professionnel. Probablement le meilleur endroit à Montréal pour organiser une dégustation.

La Colombe
(554, av. Duluth Est, Montréal, 514 849-8844)
Moustafa fait partie des pionniers des restaurants AVV.
Son établissement situé au cœur du Plateau-Mont-Royal
semble traverser le temps sans prendre une ride. Son secret :
une cuisine vraie, honnête avec les meilleurs ingrédients
et surtout, les sauces sont toujours renversantes. Service
professionnel. Prix élevés, mais on ne lésine pas sur la
qualité.

Madre
(2931, rue Masson, Montréal, 514 315-7932)
Dans le quartier Rosemont, le chef péruvien y concocte
des plats inspirés de la mer et de la montagne avec une
signature épicée. Bref, un endroit indiqué pour les vins
blancs. Menu à l'ardoise qui change au gré du marché. Prix
raisonnables à élevés. Pas beaucoup de place et ça devient
bruyant rapidement dès le jeudi soir.

Pizzeria Napoletana
(189, rue Dante, Montréal, 514 276-8226)
L'endroit parfait pour écluser un petit vin de semaine avec
la famille. Ici, pas de flafla : des verres à eau en guise de
coupe à vin et des grandes tables communales comme à
la cabane à sucre. On vient surtout pour la pizza au four à
bois qui compte parmi les meilleures de Montréal. Pas de
réservation, mais ça roule vite. Un classique.

Bazz Java Jazz
(591, av. Notre-Dame, Saint-Lambert, 450 671-7222)
Sur la Rive-Sud de la métropole, ce petit bistro chic et fort
sympathique se distingue par sa cuisine classique de grande
qualité. Service personnalisé et une attention particulière
apportée au service du vin. C'est petit — tout au plus une
cinquantaine de couverts — et absolument adorable.

La Girolle
(1384, ch. Sainte-Foy, Québec, 418 527-4141)
Sans doute le meilleur AVV à Québec. Une qualité constante,
un service courtois et attentionné. Des prix raisonnables.
De la fraîcheur dans les plats. Un établissement devenu
classique.

LES NEUF RESTAURANTS AU QUÉBEC AVEC LES PLUS BELLES CARTES DE VINS

On ne se le cachera pas, le Québec compte de plus en plus de restaurants dont la carte des vins flirte avec l'exceptionnel. Nous avons retenu ceux qui, en plus d'offrir une sélection sortie de l'ordinaire, pratiquent des prix «raisonnables», soit un ratio tournant autour de deux fois le prix affiché en SAQ ou en importation privée. À propos des importations privées, justement, au restaurant, il est malheureux de voir des établissements user de la méconnaissance de leur client et tripler, voire quadrupler le prix des bouteilles. Soyez vigilant.

L'Express
(3927, rue Saint-Denis, Montréal)
En 30 ans, Mario Brossoit a su monter une des plus belles
caves de la restauration à Montréal. Choix éclectique. Cave
de garde permettant d'afficher des vins avec un peu d'âge.
Prix défiant toute compétition. On trouve souvent des
étiquettes difficilement accessibles (Raveneau, Rougeard,
Roulot etc.) à des prix souvent en-dessous du marché.

Restaurant Club Chasse et Pêche
(423, rue Saint-Claude, Montréal)
En 10 ans, le « Club » s'est forgé une solide place parmi
les plus grandes tables de Montréal. Ray Manus assure
judicieusement le relais tendu par Philippe Boisvert.
La culture du vin est aussi importante que celle de la cuisine.
Une carte sérieuse, complète, (plus de 500 références) aux
prix justes et avec le plaisir de tomber sur des bouteilles
un peu âgées.

Restaurant Toqué !
(900, place Jean-Paul-Riopelle, Montréal)
Évidemment. Et avec raison. Récipiendaire du Meilleur
Sommelier du Canada en 2015, le jeune Carl Villeneuve-
Lepage fait honneur à la réputation de cet emblème de la
grande restauration à Montréal. La carte est spécialisée
dans les petits producteurs, souvent hors appellations,
des régions françaises ou italiennes. Plusieurs produits
qui n'apparaissent pas sur la carte, dorment en cave.
On y trouve environ 700 produits différents.

Chez Victoire
(1453, avenue du Mont-Royal Est, Montréal)
Sindie Goineau s'occupe avec brio de la carte de ce bistro
branché du Plateau Mont-Royal. On y trouve beaucoup
d'importations privées, mais aussi une vaste sélection
de vins naturels. Les prix sont parfois élevés sur certaines
bouteilles, mais la plupart sont proposées à prix raisonnable
et, surtout, on y trouve des bijoux !

Restaurant Le Carlito
(361, rue des Forges, Trois-Rivières)
Martin Lampron est un grand passionné de vin et ça se voit
(et se goûte) quand on passe le voir dans son établissement
du Vieux-Trois-Rivières. On trouve autant de grands vins

de Bourgogne que de grandes étiquettes italiennes et, évidemment, des grands formats. Cuisine bistro et pas compliquée qui permettra de mettre le vin en avant.

Le Coureur des Bois
(1810, rue Richelieu, Beloeil)
Ce bistro culinaire est en voie de devenir LA grande référence en termes de cave à vins au Québec. Il faut savoir que l'établissement a racheté une bonne partie de la cave de Champlain Charest, longtemps considérée comme l'une des plus belles collections en Amérique du Nord. Des bouteilles et des millésimes à faire rêver. Un arrêt obligatoire pour tout amateur.

Restaurant Laurie Raphaël
(117, rue Dalhousie, Québec)
C'est non seulement l'une des grandes tables au Québec, mais la carte des vins est toujours aussi impressionnante. Des références de partout dans le monde avec un petit accent mis sur les cuvées françaises. Des prix élevés, mais on trouve aussi des millésimes mûrs et prêts à boire.

Le Petit Alep
(191, rue Jean-Talon Est, Montréal)
Malgré la cuisine d'inspirations syrienne et arménienne — par ailleurs toujours succulente et abordable —, on est chaque fois étonné de la diversité de la carte des vins. On en trouve pour tous les goûts et, surtout, à tous les prix. Un secret bien gardé que l'on partage avec plaisir avec vous.

Le Filet
(219, avenue Mont-Royal Ouest, Montréal)
Le « petit » frère du Club Chasse & Pêche propose une carte des vins riche et diversifiée, qui se distingue par une présentation originale inspirée du tennis. Plusieurs importations privées, des classiques et certaines raretés sont proposés à des prix raisonnables.

LES DIX MEILLEURS BARS OU BISTROS À VIN AU QUÉBEC

Dans le même fil d'idées, on peut dire que le bar à vin a la cote au Québec. Calqué sur les estaminets parisiens, on se sustente en toute convivialité de plateaux de charcuteries, tapas et autre amuse-gueules autour de bonnes bouteilles.

Pullman
(3424, av. du Parc, Montréal)
Après dix ans d'ouverture, le Pullman est certainement
l'exemple à suivre. Un espace signé Bruno Braheïn, aussi
co-propriétaire du lieu qui invite à une ambiance propice
au vin. Les sommeliers sont sous la gouverne de Véronique
Dalle, passée maître dans l'art de dénicher pour vous le vin
qui correspondra le mieux à votre humeur du moment.
Une institution en devenir.

Soif
(88, rue Montcalm, Gatineau)
Véronique Rivest, deuxième au concours du Meilleur
Sommelier du monde en 2014, se passe désormais de
présentation. Sa passion, son entrain, sa détermination se
perçoivent tant dans sa gestion du personnel de service
que dans le choix des vins. Gatineau est en train de devenir
une escale obligée pour tout vigneron de passage entre
Montréal et Toronto. Bravo !

Le Rouge Gorge
(1234, av. du Mont-Royal Est)
Après la très belle aventure du Continental et du Petit
Conti, Alain Rochard et sa bande ont choisi de revenir aux
sources en ouvrant cet estaminet sans prétention, où il fait
tout simplement bon de siroter le dernier cri en matière de
vin branché. Les prix sont doux et on y trouve souvent de
petites perles.

Buvette chez Simone
(4869, av. du Parc, Montréal)
Certains diront que c'est plus un bar qu'un bar à vin à
proprement parler. Plutôt hipster comme ambiance
et carte des vins assez succincte. Qu'à cela ne tienne,
on y fait à chaque passage de belles découvertes.
Un incontournable lorsque vient le temps de terminer
une dégustation entre amis.

Petit Creux et Grands Crus
(1125, av. Cartier, Québec)
À Québec. On a l'impression d'entrer dans un bistro-
boutique caché dans un village de montagne en Corse.
Spécialités de charcuterie, mais surtout, une superbe carte
des vins avec une grande sélection à l'ardoise qui bouge
constamment. Accueil et service professionnels. Prix doux.

Le Moine Échanson
(585, rue Saint-Jean, Québec)
Lui aussi à Québec, sur la rue Saint-Jean. Une cuisine
du marché, fraîche et simple, comme excuse à une vaste
sélection de vins avec une grosse tendance pour le vin
naturel.

La Buvette du Lou
(260, rue Saint-Jean, Longueuil)
Situé sur la (très jolie) terrasse arrière de ce restaurant
niçois de la Rive-Sud, la Buvette du Lou est un bar à vins
d'inspiration provençale, au décor simple et coloré. Sélection
limitée, mais inspirée de bouteilles d'importation privée aux
prix abordables, qu'on peut accompagner de « merendas »
(sortes de tapas niçois).

Les Cavistes
(196, rue Fleury Ouest, Montréal)
Même s'il est excentré par rapport aux autres endroits situés
à Montréal, Les Cavistes est en voie de devenir un passage
obligé pour l'amateur qui cherche à se dépayser. Nourriture
de haut niveau. Sélection au verre intéressante. Prix plus
qu'abordables.

Le Cercle
(228, rue Saint-Joseph Est)
Un autre endroit « sûr » si l'on veut faire des découvertes,
bien manger et s'amuser. Disposant d'un permis de bar,
l'établissement est ouvert tard dans la nuit.

Cul-sec
(29, rue Beaubien Est)
C'est le tout dernier projet du chef et passionné de vin
Martin Juneau qui est également derrière le Pastaga,
endroit de prédilection pour les amoureux du vin naturel.
Le concept « caviste » permet aux clients de payer et
d'emporter ou de consommer sur place. Belle diversité
et prix abordables.

DIX BONS VINS QUÉBÉCOIS POUR FLATTER VOTRE FIBRE NATIONALISTE

Malgré le scepticisme de plusieurs, les vignobles québécois sont de plus en plus nombreux. Et leurs vins de plus en plus matures. Le Québec pourra-t-il rivaliser avec les grands pays producteurs du monde ? Bien sûr que non. Mais on peut y faire des vins honnêtes, de beaux vins même qui ont le mérite d'avoir une histoire près de chez nous et d'avoir été mis au monde par des gens passionnés. À cela, nous levons notre verre.

LE CEP D'ARGENT 2014
VIGNOBLE LE CEP D'ARGENT, MAGOG
QUÉBEC 11 %

13,5 / 20 Parmi les pionniers de la vigne au Québec, Le Cep d'Argent produit un assemblage de seyval blanc et de vidal qui donne un vin net, vif et frais, aux accents de pomme verte, d'anis et de fleurs, avec une belle minéralité aussi. À servir avec une truite poêlée.

14,35 $ CODE SAQ : 00741181   8,8 g/l

SEYVAL BLANC 2014
VIGNOBLE DU MARATHONIEN, HAVELOCK
QUÉBEC 11,5 %

14 / 20 On connaissait les vins doux du domaine, mais ce seyval blanc sec nous a étonnés par son fruité quand même exubérant, avec des arômes de pommes mûres et de poires, mais également des notes de fleurs blanches. En bouche c'est vif, comme tous les vins du cépage seyval, mais bien équilibré.

14,50 $ CODE SAQ : 11398325   5,7 g/l

L'ORPAILLEUR BLANC 2014
VIGNOBLE DE L'ORPAILLEUR, DUNHAM
QUÉBEC 11 %

14,5 / 20 Un blanc simple et bien fait, composé de seyval blanc et de vidal, aux accents de chèvrefeuille, de pomme, à l'acidité croquante et rafraîchissante. À servir avec des entrées de poissons ou de fruits de mer.

16,25 $ CODE SAQ : 00704221   5,3 g/l

SEYVAL-CHARDONNAY 2014
**VIGNOBLE LES PERVENCHES, FARNHAM
QUÉBEC**

15
20 Michael Marler et Véronique
Hupin, propriétaire du Vignoble
les Pervenches ne cessent de
recevoir des éloges depuis une dizaine
d'années. Et c'est mérité. Le domaine vend
toute sa production aux restaurateurs et à
des clients particuliers qui l'achètent sur
place. On ne le trouve donc pas à la SAQ.
Il faut dire que les quantités ne sont pas
énormes. Mais le vin, lui, vous étonnera.
À l'aveugle, il pourrait passer pour un
français ou un italien n'importe quand,
avec ses arômes mûrs de pomme, de
poire, et avec une touche de noisettes
originale. En bouche, la vivacité est
arrondie par un court passage en fûts
de chêne.

19,50 $
(disponible au domaine et dans plusieurs
restaurants)

LA MARÉDOISE 2012
**DOMAINE DES CÔTES D'ARDOISE, DUNHAM
QUÉBEC 12,5 %**

15
20 Notre coup de cœur, cette année,
parmi les blancs secs du Québec.
Fait avec du seyval blanc et un
cépage moins connu, l'aurore, cette cuvée
montre plus de volume et de complexité
que la plupart des blancs de seyval. On y
perçoit même des notes de melon et
d'ananas. En bouche c'est équilibré, sans
excès d'acidité. C'est sec et tranchant,
avec une finale soutenue.

17,30 $ CODE SAQ : 00734871   1,5 g/l

VENDANGE TARDIVE 2012
VIGNOBLE DU MARATHONIEN, HAVELOCK
QUÉBEC 13,4 %

17 / 20 Voilà un autre domaine qui récolte les honneurs à un rythme soutenu. Particulièrement pour cette cuvée de Vendange tardive, riche et onctueuse, sans la lourdeur qui vient souvent avec les vins de glace. Personnellement, nous préférons ce genre de vins à ceux de glace, plus (et souvent trop) chers. C'est donc un vin de vidal, avec ses arômes caractéristiques de fruits exotiques et de miel. C'est sucré, mais équilibré. À servir frais au dessert (ou avec du foie gras, pourquoi pas !).

29,85 $ pour 375 ml
CODE SAQ : 12204060   > 60 g/l

BIN 33
VIGNOBLE CARONE, LANORAIE, QUÉBEC 13 %

14,5 / 20 Il est plus difficile de faire des rouges que des blancs au Québec. Mais Anthony Carone, lui, croit dur comme fer au potentiel de ses vignes de frontenac, de cabernet servenyi, de sangiovese et même de pinot noir. Il en tire des rouges de caractère, d'un boisé assumé (son Double Barrel élevé et vieilli en fûts de chêne se vend 55 $ à la SAQ !). À prix raisonnable, le Bin 33, une cuvée tirée du cépage frontenac, reste un des bons rouges du Québec : fruité (cerises, fraises), rond, avec une touche de bois vanillé.

18,60 $ CODE SAQ : 11004550   2,3 g/l

PHÉNIX 2012
**VIGNOBLE RIVIÈRE DU CHÊNE,
SAINT-EUSTACHE, QUÉBEC 12,8 %**

14,5 Le Phénix est un assemblage de
---
20 sept cépages hybrides, dont le
maréchal foch et le frontenac,
élevés en fûts de chêne pendant 12 mois.
Le résultat est intéressant : le vin montre
des arômes de fruits noirs (mûres,
cerises), avec un peu d'épices. On y sent
aussi le bois évidemment, mais sans
excès. Des notes végétales aussi.
L'ensemble est bien fait.

21,30 $ CODE SAQ : 12445074   2,5 g/l

VIDAL 2014
**DOMAINE LES BROME, LAC BROME
QUÉBEC 13 %**

14,5 Le propriétaire du domaine
---
20 Les Brome, Léon Courville, est
convaincant : ses vins n'ont rien
à envier aux grands blancs d'Europe,
clame-t-il. On comprend son enthousiasme. Cet ex-pdg de la Banque nationale
du Canada s'est lancé dans l'entreprise
vinicole à sa retraite. Et il n'a pas lésiné sur
les moyens. M. Courville aime suivre les
tendances des consommateurs. Son blanc
d'entrée de gamme est fait de vidal, c'est
un demi-sec, rond et au fruité exotique
agréable. Parfait pour les sushis.

18,40 $ CODE SAQ : 10522540   12 g/l

CIDRE DE FEU 2011

UNION LIBRE, DUNHAM, QUÉBEC 11 %

$\frac{17}{20}$ Ok, ce n'est pas un vin, mais c'est l'un des produits québécois qui a le plus retenu notre attention cette année. Ce cidre liquoreux, comme son nom l'indique, est à l'inverse du cidre de glace, créé et bien établi au Québec. Les producteurs d'Union Libre, à Dunham, ont appliqué au cidre la vieille méthode d'élaboration du « vin cuit » qui consiste à concentrer les sucres en faisant évaporer l'eau contenue dans le moût par l'action de la chaleur. Le jus de pomme réduit donc de ¾ et avec le quart qui reste, après une longue fermentation, on obtient un cidre... de feu, liquoreux et savoureux, dont les parfums rappellent la pomme cuite, certes, mais aussi la croustade aux pêches et le miel.

24,65 $ pour 375 ml

CODE SAQ : 12118559   110 g/l

LES CINQ, NON LES DEUX MEILLEURS VINS VENDUS EN « VINIER »

On aurait voulu en faire un top 5, mais on n'a pas trouvé cinq bons vins vendus « en boîte ». On dit « vinier », parce que ce fut, à une certaine époque, au Québec, la marque de commerce d'un des vins vendus dans cet étrange emballage composé d'un sac sous vide et d'une boîte de carton solide, muni d'un bec verseur à valve. Depuis, « vinier » équivaut presque toujours à « mauvais-vin-vraiment-pas-cher-en-grande-quantité ». Pourtant, pensez-y, le format est génial : sous vide, le vin ne s'oxyde pas; c'est l'emballage le plus compact et le moins lourd et donc, plutôt écologique (moins de frais de transport, en partie recyclable etc.). On attend ainsi depuis longtemps de voir augmenter le nombre de bons vins disponibles dans ce format. À l'heure actuelle, on ne vous recommande que ces deux-là...

LES FUMÉES BLANCHES 2014
FRANÇOIS LURTON, CÔTES DE GASCOGNE
FRANCE 12 %

$\frac{14}{20}$ Le populaire Fumées Blanches de Lurton est un vin aromatique et frais, avec un tantinet de sucre résiduel qui arrondit le tout. Arômes de groseilles, d'agrumes (citron mûr), avec des notes de fleurs blanches et de buis. Vif en bouche, tout de même. On aime.

51,75 $ pour 3 litres
(l'équivalent de 4 bouteilles)
CODE SAQ : 11714181   8,7 g/l

MEIA ENCOSTA 2013
SOCIEDADE DOS VINHOS BORGES, DÃO
PORTUGAL 12,5 %

$\frac{14}{20}$ Le nez est plus ou moins expressif, mais par contre c'est tout plein de fruits en bouche, une bouche que vient enjoliver un petit côté floral fort agréable. Plutôt léger de corps, c'est une belle bouteille-boîte pour les repas tranquilles de semaine. Assemblage de touriga nacional, de jaen, d'alfrocheiro et de tintat roriz.

39,75 $ pour 3 litres
(l'équivalent de 4 bouteilles)
CODE SAQ : 11462059   2,4 g/l

DIX GRANDS PORTOS
PAS NÉCESSAIREMENT FACILES À TROUVER MAIS QUI MÉRITENT UN EFFORT SI VOUS SOUHAITEZ GOÛTER À LA CRÈME DE LA CRÈME

Au Québec, la popularité des vins de Porto a connu son paroxysme au tournant des années 90. Dans presque toutes les chaumières, il était d'usage de terminer le repas avec un petit verre de porto. L'ennui, c'est que plusieurs en ont abusé. Et avec 20 degrés d'alcool, bourré de sucre résiduel, c'est le genre d'abus difficile à gérer. Surtout le lendemain... La mode du porto s'est essoufflée et la SAQ a malheureusement réduit son offre, notamment pour ceux de grande qualité, une catégorie qui représente un peu moins de 20 % de la production. Les portos de type vintage demeurent une formidable aubaine pour quiconque cherche un vin de longue garde. Conservés dans de bonnes conditions, ils peuvent se bonifier plusieurs dizaines d'années. Le 2011 est un millésime formidable, il est à rechercher, à l'instar des 2007, 2003, 2000, 1997, 1994, 1992, 1991, 1985, 1977, 1970, 1966, 1963, 1948, 1927 et 1912. Ouf ! Ceux de type Tawny — surtout les Colheita qui sont millésimés et dont on peut ainsi connaître l'âge à partir de l'année de mise en bouteille — représentent des choix de premier plan si vous souhaitez quelque chose de prêt à boire. Au moment de mettre ce guide sous presse, voici les meilleurs achats à faire.

QUINTA DO NOVAL, UNFILTERED LATE BOTTLED VINTAGE 2008
PORTO, PORTUGAL 19 %

16/20 La Quinta do Noval figure parmi les meilleurs producteurs de Porto. Le Nacional du domaine, considéré comme le plus grand porto, provient de vignes centenaires et non greffées. La production étant minuscule et la demande immense, les prix sont indécents. D'où pourquoi ce très joli LBV (Late Bottled Vintage) issu d'une année fraîche. Vinifié et embouteillé de manière traditionnelle, vous pouvez l'oublier en cave et le retrouver à son meilleur dans une petite dizaine d'années.

26,65 $ CODE SAQ : 00734657 ⟩ 60 g/l

OFFLEY BARÃO DE FORRESTER TAWNY 10 ANS
PORTO, PORTUGAL 20 %

16/20 Le style Offley se distingue par son côté à la fois suave, frais, riche et finement parfumé. Ce 10 ans ne cesse de nous étonner. En dégustation, il a fait la barbe à presque tous ses compères de 10 ans et à de nombreux 20 ans nettement plus chers. Tonalités de figue, de caramel et de noix avec fond de gingembre. C'est tonique, de bonne concentration avec une finale longue et caressante. Servi à 14-15 °C, c'est une petite bombe pour la fin du repas. Bref, l'un des meilleurs rapports qualité/prix/plaisir de tous les portos disponibles à la SAQ.

29,95 $ CODE SAQ : 00260091 120 g/l

OFFLEY BARÃO DE FORRESTER COLHEITA 1988
PORTO, PORTUGAL 20 %

17,5/20 La bombe ! Encore de la maison Offley. Un nez concentré, très frais, tout en montrant un rancio fin et élégant qui tend à décupler les faveurs de caramel, de noisette, d'écorce d'orange, de safran et de boîte à cigares. Concentré, énergique, on sent une petite chaleur en finale, mais celle-ci gagne en expansion et s'allonge de longues secondes. Dangereux en fin de repas...

58,75 $ CODE SAQ : 00599944 〉60 g/l

FEIST, COLHEITA 1995
PORTO, PORTUGAL 20 %

16,5/20 Fringant et détaillé, on sent les narines vibrer au contact des parfums marqués d'un volatile d'assez bonne finesse, où s'entremêlent framboise confite, épices et abricot séché. Riche, pas opulent, l'ensemble profite d'une acidité relevée qui donne du souffle à la finale marquée par des notes de noix. Mis en bouteille en 2014, on parle d'un porto ayant presque 20 ans, tout ça pour moins de 50 $. Pas mal !

45,50 $ CODE SAQ : 11685519 〉60 g/l

MARTINEZ, TAWNY 10 ANS
PORTO, PORTUGAL 20 %

16,5 / 20 De la famille Symington, ce Tawny de la maison Martinez se distingue des autres grâce à l'énergie, la précision et le charme de ses parfums, comme à la sensualité de sa trame en bouche. On est dans un monde de délicatesse, d'intensité, de fraîcheur et de longueur. Des tonalités fines d'agrumes, de noisette, de muscade et de caramel au sel. Une bouteille de plaisir et de surprise. Un incontournable.

36,50 $ CODE SAQ : 00297127 > 60 g/l

QUINTA DO NOVAL, VINTAGE 2011
PORTO, PORTUGAL 19,5 %

18-18,5 / 20 N'ayons pas peur de nous répéter : 2011 est un millésime hors norme. Et de faire de la redite : Noval, c'est le gratin du porto. Goûté dans sa prime jeunesse, le vintage de la maison se démarque par sa puissance, sa race, sa profondeur, son fruité énergique, ses tanins éminemment racés et sa longue finale fraîche et expansive. Un grand vin qui pourra défier le temps avec insolence.

83 $ CODE SAQ : 12196645 > 60 g/l

CROFT, VINTAGE 2003
PORTO, PORTUGAL 20,5 %

17,5 / 20 Bien que 2003 fait partie des grands millésimes pour le porto, il faut savoir que c'est une année des extrêmes : grande canicule, très peu d'eau, des vendanges parmi les plus précoces de l'histoire. C'est justement dans ces conditions anormales que l'on distingue les grandes maisons. Un vin qui, malgré son côté très riche, évite le piège des fruits cuits, des tanins secs et de la sensation brûlante en finale. Un vin structuré, profond et finement maîtrisé qui devrait donner le meilleur de lui-même à partir de 2020 et pour de nombreuses années. À noter, également, la présence de l'immense 2011, mais disponible en petite quantité sur les tablettes de la SAQ.

129,25 $ CODE SAQ : 10470997 〉30 g/l

DOW'S, VINTAGE 2003
PORTO, PORTUGAL 20 %

17,5-18 / 20 Un peu comme les premiers grands crus de 1855 à Bordeaux, Dow's fait, sans conteste, partie des cinq plus grands portos (les quatre autres étant Taylor Fladgate, Warre's, Graham's et Fonseca). Il se démarque des autres par son style toujours plus sec, plus fin. En cela, on pourrait s'avancer et dire qu'il est le Haut-Brion du Douro. Issu d'un millésime solaire, ce porto offre un profil plus juteux et chaud qu'à l'habitude. Il n'en demeure pas moins magnifiquement équilibré et doté des atouts nécessaires pour devenir une belle bouteille de garde à prix fort intéressant, surtout si on la compare au cours des autres grands millésimes.

84,50 $ CODE SAQ : 10456546 〉60 g/l

NIEPOORT, VINTAGE 2007
PORTO, PORTUGAL 20 %

18-18,5
20

Dirk Niepoort appartient aux nouvelles figures qui ont contribué à pousser la région du Douro, plus conservateur de nature, à se renouveler, notamment dans la production de vins secs de qualité. La cuvée Redoma Reserva est sans doute l'un des meilleurs blancs secs de la région. Reconnu à la base pour la qualité exceptionnelle de ses portos de style Colheita (l'un des rares à pouvoir se bonifier en bouteille), les vintages de la maison, surtout à partir de la fin des années 90, sont au top. Le 2007 est une petite merveille. Au moment d'écrire ces lignes, il en restait peu. Déjà majestueux, il pourra se conserver et vous donner grand plaisir pour les trois ou quatre prochaines décennies, voire plus.

88 $ CODE SAQ : 11260035 ⟩ 60 g/l

TAYLOR FLADGATE, VINTAGE 2011
PORTO, PORTUGAL 20,5 %

18-19
20

On est, certes dans une gamme de prix élevés, mais la qualité du millésime et le savoir-faire de la maison sont exceptionnels. Sans parler qu'il s'agit d'une demi-bouteille, un format idéal pour le porto dans la mesure où le ratio volume/oxygène permet de l'apprécier plus rapidement que dans des bouteilles plus grandes. Il est aussi plus facile de boire une demi-bouteille de porto qu'une complète... Bref, un cru d'exception que tout amateur de porto devrait avoir en cave. Ouvrir à partir de 2030.

75,25 $ pour 375 ml
CODE SAQ : 00899336 ⟩ 60 g/l

CINQ
PORTOS
À PETIT PRIX

Au Québec, on a la dent sucrée; pas étonnant qu'on aime le porto. Vous le savez, il existe deux grandes familles de porto : les Ruby qui ont été protégés de l'oxydation et les Tawny qui ont volontairement été élevés au contact de l'air pour qu'ils s'oxydent plus ou moins. Les grands Ruby sont les prestigieux « vintage », pour lesquels il faut souvent payer près de 100 $ la bouteille. Les Tawny les plus vieux qui ont vieilli 20 ou 30 ans, voire plus, coûtent aussi les yeux de la tête. Heureusement, dans les catégories plus accessibles, il y a de très bons vins, notamment dans la catégorie LBV (Late Bottled Vintage) qui présente à notre avis, les meilleurs rapports qualité-prix.

COUP DE CŒUR

GRAHAM'S LATE BOTTLED VINTAGE 2010
PORTO, PORTUGAL 20 %

$\frac{15,5}{20}$ Le LBV était à l'origine un porto vintage moins réussi qu'on mettait en bouteille quelques années plus tard, d'où le nom. Ce vieillissement prolongé lui a donné un caractère propre, plus lisse et plus facile d'approche que les grands vintages (qui ont besoin de vieillir plusieurs années en bouteille). Le LBV 2010 de Graham's est particulièrement réussi : riche et équilibré avec beaucoup de fruit (raisins secs, bleuets, dattes). À moins de 20 $, c'est le meilleur de sa catégorie.

19,95 $ CODE SAQ : 00191239 〉 60 g/l

OFFLEY REI TAWNY
PORTO, PORTUGAL 19,5 %

$\frac{15}{20}$ À aussi petit prix, vous ne trouverez pas mieux : c'est peut-être un Tawny, mais ce porto a beaucoup de fruit à offrir. Ça sent la fraise, la réglisse rouge, c'est jovial et agréable. Rien de très puissant ni de très complexe, mais bien équilibré et satisfaisant. À servir assez frais.

15,70 $ CODE SAQ : 00157438 〉 60 g/l

FONSECA TAWNY
PORTO, PORTUGAL 20 %

$\dfrac{14}{20}$ Un autre Tawny d'entrée de gamme, réussi lui aussi : avec des notes un peu plus oxydées que le Rei d'Offley. On y sent du caramel, un peu de fruits rouges confiturés, des noix. Un bon porto de tous les jours, à servir frais (rafraîchi 15 à 30 min au frigo).

15,70 $ CODE SAQ : 00499145 〉60 g/l

TAYLOR FLADGATE LATE BOTTLED VINTAGE 2010
PORTO, PORTUGAL 20 %

$\dfrac{15,5}{20}$ L'un des LBV les plus satisfaisants, année après année. En fait, il faut savoir que les LBV ont été inventés par la maison Taylor Fladgate au début des années 70. Le style Taylor Fladgate, c'est d'abord la richesse du fruit, beaucoup de matière, avec des arômes typiques de cerises noires, de bleuets, de prunes et de caramel. Le 2010 est très réussi.

21,75 $ CODE SAQ : 00046946 〉60 g/l

OFFLEY PORTO BLANC CACHUCHA RESERVE
PORTO, PORTUGAL 20 %

$\frac{15}{20}$ Le porto blanc n'est pas un produit traditionnel, mais plutôt une déclinaison relativement récente du porto en blanc. On le boit frais, comme un vin liquoreux, ou même en cocktail, avec du citron et du «tonic water». Celui d'Offley — une maison que nous aimons beaucoup — est riche sans être lourd, avec de belles notes de pâte d'amandes et d'agrumes.

19,85 $ CODE SAQ : 00582064 ❯ 60 g/l

CINQ VINS QUI NE SONT PAS DES PORTOS,

MAIS QUI EN ONT TOUT L'AIR ET QUI SONT TRÈS BONS

Le porto, c'est bon, mais ce n'est pas le seul vin doux fortifié. L'idée d'améliorer la durée de conservation du vin en lui ajoutant de l'eau-de-vie (en lui permettant donc de conserver ses sucres naturels) n'est pas propre aux Portugais : on en fait en France, en Italie et partout dans le bassin méditerranéen, surtout dans les villes portuaires, d'où partent les bateaux transportant les vins.

VINTAGE 2012 MAURY
MAS AMIEL, FRANCE 16 %

16 / 20 Moins alcoolisé, mais plus fruité que le porto, le maury, c'est toutes les saveurs du grenache concentrées en un nectar onctueux. Celui-ci est fait à la manière des portos vintage, c'est-à-dire qu'il provient de la récolte d'une bonne année et qu'il est rapidement mis en bouteille, après un passage en fûts. Il a des saveurs de sous-bois et de torréfaction qui iront parfaitement avec les desserts à base de chocolat noir.

31,75 $ CODE SAQ : 11544151 〉60 g/l

DOMAINE DE VALCROS
HORS D'ÂGE
BANYULS, FRANCE 16 %

15,5 / 20 Produit pas très loin de Maury, autour du village de Banyuls-sur-mer, dans le Roussillon, presque aux limites de l'Espagne, le banyuls est souvent considéré comme supérieur au maury, mais en réalité, cela dépend du producteur et du vin. Ce banyuls est un peu comme un porto Tawny : il a été exposé à l'oxydation, ce qui lui confère une couleur un peu orangée et des notes de noix et fruits secs.

15 $ pour 500 ml
CODE SAQ : 00855056 〉60 g/l

COSSART GORDON BUAL 5 ANS
MADÈRE, PORTUGAL 19 %

14,5
20
Dans l'archipel de Madère, au large du Portugal, on fait aussi depuis des siècles des vins fortifiés. Comme son équivalent italien, le marsala, le madère est connu pour être utilisé en cuisine (pensez à la sauce madère). Mais ce dernier ne se limite pas qu'aux sauces. Il se démarque aussi par ses arômes de noix de Grenoble, de « carré aux dattes » et de crème brûlée.

25,20 $ CODE SAQ : 00328070   › 60 g/l

XÉRÈS CANASTA CREAM SUPERIOR OLOROSO
WILLIAMS & HUMBERT, ESPAGNE 19,5 %

14,5
20
Le xérès est à l'Espagne ce que le porto est au Portugal. Comme pour le porto, il existe plusieurs types de xérès. Il y a des doux (les Oloroso que les Anglais appellent le « cream sherry ») et les secs (les Finos, que les Anglais appellent « dry sherry »). Si on vous parle des Anglais, c'est que, comme pour le porto, ce sont les Britanniques qui sont en grande partie responsables de l'essor qu'a connu le xérès aux XVIIIe et XIXe siècles. Nos amis british sont de grands friands de sherry, encore aujourd'hui. On affectionne particulièrement les Oloroso; celui-ci en est un d'entrée de gamme et il en est une bonne introduction. Servez-le frais après le repas, seul ou avec un dessert.

14,85 $ CODE SAQ : 00416966   › 60 g/l

KOURTAKI MAVRODAPHNÉ DE PATRAS

VIN FORTIFIÉ, GRÈCE 15 %

14/20 Voilà un vin étrange et pas cher ! Croisement entre le porto et le xérès, cet élixir doux aux arômes de fruits secs, de dattes et de pain d'épices est produit sur l'île de Patras, en Grèce. Moins puissant et contenant beaucoup moins d'acidité que le porto, il s'accorde très bien avec la plupart des chocolats, même les plus sucrés.

14,55 $ CODE SAQ : 11096714 〉60 g/l

CINQ MISTELLES QUI ONT DES NOMS BIZARRES : FLOC, PINEAU, POMMEAU, MACVIN... MAIS QUI SONT PARFAITS EN APÉRO

La plupart des gens ne savent pas trop ce que c'est, ni comment le servir, mais tout le monde aime les mistelles. D'abord, soyons clairs : une mistelle, ce n'est pas du vin. En fait c'est un mélange de jus de fruits (moût) et de spiritueux, idéalement produit à partir du même fruit. Le pineau des Charentes, c'est donc un mélange de jus de raisins et de cognac ; le floc de Gascogne, c'est du jus de raisins et de l'armagnac ; le pommeau de Normandie, une concoction de jus de pomme et de calvados etc. Plus rare, le macvin du Jura est un assemblage de jus de raisins avec de l'eau-de-vie de marc du Jura (sorte de grappa). Comme il n'y a pas eu de fermentation, les mistelles sont donc très sucrées et affichent un taux d'alcool de 15 à 22 % en moyenne. On les sert très froides, en apéro, mais SANS glaçons idéalement (car en fondant, la glace diluera trop votre boisson). On peut également les servir au dessert ou, encore mieux, avec des fromages et des noix en fin de repas. Les mistelles sont aussi de formidables ingrédients pour des cocktails, amusez-vous !

MISTELLES DE RAISIN

CHÂTEAU DE BEAULON 5 ANS
PINEAU DES CHARENTES, CHÂTEAU DE BEAULON, FRANCE 18 %

15,5 / 20 Probablement la mistelle la plus connue au Québec. Le pineau des Charentes est le plus souvent vieilli pendant une plus ou moins longue période. Dorée aux reflets ambrés, avec des arômes de toffee, d'abricots séchés, des notes de tabac et qui rappelle un peu le cognac. Doux en bouche et chaleureux en finale.

20,25 $ CODE SAQ : 00066043 › 60 g/l

FLOC DE GASCOGNE
CHÂTEAU DU TARIQUET, FRANCE 17 %

14,5 / 20 Contrairement au pineau, le floc est rarement vieilli. C'est donc un apéritif plus frais et fruité. La couleur est d'un doré plus clair. Les arômes et les saveurs sont aussi plus fruités et moins épicés. Un apéro savoureux et amusant, produit par le Château du Tariquet, une maison que nous apprécions beaucoup et qu'on connaît surtout au Québec pour ses vins blancs.

22,45 $ CODE SAQ : 00966598 › 60 g/l

DOMAINE DE MONTBOURGEAU
MACVIN DU JURA, FRANCE 17 %

$\frac{15}{20}$ Le macvin s'est appelé «marc-vin». Ceux qui connaissent et apprécient les vins du Jura aimeront son caractère marqué de notes de noisettes et de fruits séchés aux zestes d'agrumes. Celui-ci sera parfait avec des fromages et des noix pour clore un repas.

40 $ CODE SAQ : 11785624 › 60 g/l

MISTELLES DE POMME

BOULARD POMMEAU DE NORMANDIE
FRANCE 17 %

$\frac{15}{20}$ Là, aucune ambiguïté : ça sent la pomme ! La pomme cuite et confite, avec des notes de caramel et de vanille.

17,50 $ CODE SAQ : 10322417 › 60 g/l

NEIGE NOIR 2010
LA FACE CACHÉE DE LA POMME, QUÉBEC 18 %

14,5 / 20 Ok, c'est cher, mais c'est rare — unique même — et très bon. Le Neige Noir se distingue des autres mistelles par le fait que le moût des pommes est concentré par cryoconcentration (en le laissant geler à l'extérieur pendant l'hiver), exactement comme on le fait pour le cidre de glace. Résultat, cette mistelle est beaucoup plus sucrée (280 g de sucre par litre) et on parle vraiment d'un nectar qui se déguste en petites quantités. Ce procédé lui apporte aussi énormément de complexités : des arômes de fruits confits et de fruits secs (pommes, figues, dattes etc.), une touche épicée et une longue finale. Il en reste peut-être quelques bouteilles à la SAQ. On peut s'inscrire sur une liste pour être averti par le producteur de la sortie du nouveau millésime (voir leur site web).

59,75 $ pour 500 ml
CODE SAQ : 11401926   ⟩ 60 g/l

LES DIX MEILLEURS VINS

DE BULLES À MOINS DE 35 $

QUI SONT DISPONIBLES À PEU PRÈS PARTOUT AU QUÉBEC

On l'a mentionné à quelques occasions dans ce guide : quand vous cherchez à mettre la main sur des bulles à moins de 50 $, il est souvent préférable de vous rabattre sur autre chose que du champagne, dont les prix sont parfois disproportionnés en regard de la qualité. Vous trouverez dans cette liste ce qui nous apparaît être les meilleurs choix en termes de bulles disponibles au Québec à moins de 35 $. Santé !

CREDE 2014
BISOL, CONEGLIANO VALDOBBIADENE – PROSECCO, ITALIE 11,5 %

14,5/20 Mettez de côté tous les préjugés que vous pourriez avoir à l'endroit des proseccos. Des bulles de bonne finesse, un nez bien expressif d'épices douces, de fleurs printanières et de zeste d'agrumes. Bien sèche, simple et énergique, la bouche montre beaucoup d'harmonie. Un véritable vin de soif.

21,30 $ CODE SAQ : 10839168   6,8 g/l

DE LA FINCA 2010
RAVENTOS I BLANC, ESPAGNE 12 %

16/20 Festif et sérieux à la fois. Impossible de ne pas craquer. Parfums aguichants et nuancés. Attaque fraîche, presque crémeuse, mais gardant une vivacité rustique, ce qui lui ajoute de la personnalité. Pleine et ciselée, la bouche laisse place à une finale assez soutenue, saline, aérienne et bien sèche. Un modèle d'authenticité et de poursuite de la qualité. S'il bénéficie de bonnes conditions de conservation, le vin pourra se développer davantage.

31,25 $ CODE SAQ : 12178834   3,2 g/l

COUP DE CŒUR

BRUT ROSÉ
DOMAINE LANGLOIS-CHÂTEAU
CRÉMANT DE LOIRE, FRANCE 12,5 %

15,5/20 Parmi les meilleurs rosés effervescents, toutes catégories confondues ! Un nez aguichant de fruits rouges, de ronce et de pain frais. Bouche crémeuse, relevée par une acidité fine et énergique. Belle allonge en finale qui laisse une impression salivante. Un incontournable !

22,05 $ CODE SAQ : 11140631 12 g/l

CLOS DES DEMOISELLES TÊTE DE CUVÉE 2012
LAURENS, CRÉMANT DE LIMOUX, FRANCE 12 %

15/20 Dominée par le mauzac, complétée par le chenin et le chardonnay, cette Tête de Cuvée porte bien son nom de par sa texture riche et crémeuse. Qualité remarquable à chaque millésime. Tonalités de verveine, de jasmin, de pêche blanche et de noix grillées. Personnalité inspirante.

22,75 $ CODE SAQ : 10498973 11 g/l

RESERVA DE LA FAMILIA 2010
JUVÉ Y CAMPS, CAVA, ESPAGNE 12 %

15/20 Avec les Raventos, c'est probablement l'une des belles références du Cava en Espagne. Un 2010 construit sur une base de xarel-lo (prononcé charelo) et complété par le macaque, le parellada et le chardonnay. Un peu plus sec que le 2009, on devine ce vin suave, bien né avec ses saveurs franches de fruits blancs mûrs et une touche iodée qui donne une impression festive et sèche en finale. Impeccable !

21,45 $ CODE SAQ : 10654948   4,1 g/l

BRUT
PARÉS BALTÀ, CAVA, ESPAGNE 11,5 %

15/20 Élaboré à partir des cépages parellada, maccabeu et xarel-lo, cultivés de manière biologique, c'est l'un des meilleurs Cavas disponibles à la SAQ. Jolis parfums de mie de pain, d'iode et d'amande douce. Bouche expressive et friande qui gagne en ampleur. Difficile de trouver mieux à ce prix.

17,45 $ CODE SAQ : 10896365   4,9 g/l

BRUT
ROEDERER ESTATE, ANDERSON VALLEY
ÉTATS-UNIS 12 %

16/20 Élaboré par la maison champenoise Roederer, c'est l'un des mousseux qui nous a donné énormément de plaisir. Richesse habilement contenue, bulle caressante et vive. Festif et sérieux, il fait la barbe à bien des champagnes vendus plus cher. Un régal !

35 $ CODE SAQ : 00294181   14 g/l

BRUT 2013
DOMAINE VINCENT CARÊME, VOUVRAY
FRANCE 13 %

15/20 Le chenin en bulles à son meilleur. Opulent, sur des notes de pomme, il laisse un touché de bouche frais, concis et tendu. La richesse du fruité, qu'on devine mûr et festif, vient donner au vin une prestance qui surpasse ses pairs. Finale vineuse. Parfait à table.

24,20 $ CODE SAQ : 11633591   4,7 g/l

BLANC DE BLANCS BRUT
VITTEAUT-ALBERTI, CRÉMANT DE BOURGOGNE
FRANCE 12 %

15,5/20 L'un des noms sérieux en termes de producteur de Crémant en Bourgogne. Uniquement constitué de chardonnay, il se démarque par son effervescence de bonne finesse, un nez caressant, frais sur des notes de coing, de pêche et de riz au lait, avec un fond finement épicé. Bouche convenue, ample en attaque, mais dotée d'une bonne vivacité. Finale qui s'allonge de belle façon et s'ajoute à l'élégance du vin.

23,10 $ CODE SAQ : 12100308   9,7 g/l

BRUT 2012
DOMAINE BARMÈS-BUECHER, CRÉMANT D'ALSACE, FRANCE 13 %

15/20 Merveilleux petit domaine alsacien qui travaille bio et en biodynamie. Un vin composé à 42 % de pinot gris, 36 % d'auxerrois, 13 % de chardonnay et 8 % de pinot blanc. Beurre frais, biscuité avec fond iodé. Effervescence abondante et fine. Attaque délicate, franche, avec une matière qui gagne en ampleur, tout en restant bien droite et très sèche. La finale se resserre sur des notes salines, presque austères, tout en restant pleinement savoureuse. Le candidat parfait à table.

23,65 $ CODE SAQ : 10985851   1,3 g/l

LES CINQ MEILLEURS
CHAMPAGNES
À MOINS DE 50 $

Après quelques années d'excès durant lesquelles la SAQ pratiquait des prix ridiculement élevés sur les champagnes, notre « monopole d'État » les a non seulement revu à la baisse, mais il a aussi choisi d'en introduire plusieurs sous la barre des 50 $. Si nous étions véritablement « méchants », on vous dirait que dans cette catégorie de prix, vous êtes mieux de jeter votre dévolu sur autre chose que des crus de la Champagne, mais si vous y tenez quand même, voici ce qui nous apparaît être vos meilleures options.

GRANDE RÉSERVE GRAND CRU
LALLIER, CHAMPAGNE, FRANCE 12,5 %

15/20 Assemblage de pinot noir et chardonnay. Plutôt festif, avec une bulle d'assez bonne finesse. Peu complexe, il offre des saveurs franches de fruits blancs et de brioche fraîche. Bouche d'ampleur moyenne marquée par l'acidité donnant à l'ensemble un profil pointu, mais qui reste agréable. Bien, mais on trouve facilement mieux en dehors de la Champagne à ce prix. À l'évolution, il gagne du volume avec une chair qui épaissit en bouche et un nez qui brioche, ce qui lui permet de gagner des points perdus à l'ouverture. Pour de meilleurs résultats, laisser respirer à l'épaule, mais cette cuvée reste approximative.

45 $ CODE SAQ : 11374251   12 g/l

GRANDE RÉSERVE BRUT
CHANOINE FRÈRES, CHAMPAGNE, FRANCE 12 %

14,5/20 Un champagne qu'on devine mûr, un peu à « l'anglaise » avec ses notes de brioche, simple et sans détour. Un style plus rustique, quoique de bonne richesse. Il est porté par une acidité vive et termine sur des notes de pomme sucrée, d'amande et un léger rancio. Parfait l'automne, en fin de repas, pour accompagner une tarte ou un crumble aux pommes.

42,25 $ CODE SAQ : 11766571   13 g/l

BRUT NATURE PINOT NOIR ZÉRO DOSAGE
DRAPPIER, CHAMPAGNE, FRANCE 12 %

15/20 L'étiquette mentionne zéro dosage, ce qui implique moins de trois grammes de sucre résiduel, mais les analyses de la SAQ en rapportent environ de six à sept grammes. Qu'à cela ne tienne, c'est un vin au style très net, vif et porté par l'acidité, mais qui ne manque pas de chair. Il est, avec celui de Pascal Doquet, sans doute le meilleur achat à faire à moins de 50 $.

44,25 $ CODE SAQ : 11127234   6,7 g/l

HORIZON BLANC DE BLANCS
PASCAL DOQUET, CHAMPAGNE, FRANCE 12,5 %

16,5/20 Rares sont les producteurs récoltants qui proposent leurs vins à un prix aussi attractif, d'autant plus si la qualité est élevée. C'est précisément le cas chez Pascal Doquet qui a fait son heureuse apparition sur les tablettes de la SAQ depuis quelques années. Son Blanc de Blancs offre une bulle fine, presque racée. Nez envoûtant sur les fruits blancs, avec un léger côté brioché et un fond de craie à tableau. De bonne ampleur, tonique avec une impression aérienne, tout en restant facile et festif. À notre sens, le meilleur champagne sous la barre des 50 $ disponible à la SAQ.

47 $ CODE SAQ : 11528046   7 g/l

NICOLAS FEUILLATTE BRUT RÉSERVE

**CENTRE VINICOLE DE LA CHAMPAGNE
CHAMPAGNE, FRANCE 12 %**

16/20 C'est l'un des plus vendus en France. Et ce n'est pas pour rien. Ça s'explique, car c'est un vin facile, charmeur, qui chatouille les papilles grâce à sa bulle vive, d'assez bonne tenue. Registre de crème, de fruit blanc et de croissant frais. C'est ample, justement dosé et tendu par une acidité de qualité. Finale réjouissante. Un peu cher si on compare avec ce qui se fait hors Champagne, mais la qualité et le plaisir sont irréprochables.

47,25 $ CODE SAQ : 578187   11 g/l

LES CINQ MEILLEURS
CHAMPAGNES
POUR SOULIGNER UN GRAND ÉVÈNEMENT DE VIE

Si on était Méchant Raisins — et au risque de déplaire à nos amis champenois —, on vous dirait qu'il n'existe pas plus belle arnaque commerciale que le champagne. L'image de marque, ça se paye. En revanche, on y produit les plus grands vins effervescents de la planète. On pourrait vous parler des Clos d'Ambonnay et des Clos du Mesnil de Krug, des Vieilles Vignes Françaises de Bollinger ou encore des millésimes âgés de la série Œnothèque de Dom Pérignon qui nous ont laissé sans voix; mais à moins d'être millionnaire (ou très chanceux), les chances d'en siffler une flûte sont minces. D'où cette courte liste des meilleurs «grands» champagnes «accessibles». Vous avez un important évènement à souligner? Allez-y! Faites-vous plaisir!

BRUT RÉSERVE 2004
POL ROGER, CHAMPAGNE, FRANCE 12 %

$\frac{18}{20}$ On adore le style Pol Roger. Pour sa constance, sa tension toujours fine, sa classe, son côté gourmand se traduisant par une richesse contenue et pour sa finale crémeuse et merveilleusement délicate. Le 2004, qui remplace le 2002, est plus biscuité, ample, sensuel, immédiat et peut-être moins profond, mais savoureux sans bon sens.

92,25 $ CODE SAQ : 11856103   11 g/l

CUVÉE ROYALE BRUT 2002
JOSEPH PERRIER, CHAMPAGNE, FRANCE 12 %

$\frac{17,5\text{-}18}{20}$ Grande finesse au niveau de l'effervescence. On sent le vin savamment dosé, riche et crémeux. Il montre une tension fine et énergique qui vient ciseler la bouche et participe à la persistance aromatique en jouant sur un registre de crème fraîche, de fleur, de mirabelle et de gingembre. Un pur régal qu'on pourra apprécier dès maintenant et qui pourra tenir en cave une bonne dizaine d'années sans problème. Probablement l'un des meilleurs rapports qualité/prix/plaisir parmi les grands champagnes.

78,75 $ CODE SAQ : 10654796   7,4 g/l

GRANDE CUVÉE BRUT
KRUG, CHAMPAGNE, FRANCE 12 %

18,5 / **20** L'un des très grands noms champenois. Un nez toujours somptueux et une caresse en bouche inimitable, bien que j'ai toujours eu un faible pour le rosé de la maison. Et, évidemment, les cuvées parcellaires — Clos du Mesnil et Clos d'Ambonnay — qui sont, malheureusement, à des prix stratosphériques. Comme avec Yquem : il est à peu près impossible de ne pas être renversé, touché et marqué à jamais par sa première expérience avec Krug.

283,25 $ CODE SAQ : 00727453 6,7 g/l

CUVÉE BRUT 2004
DOM PÉRIGNON, CHAMPAGNE, FRANCE 12,5 %

18- 18,5 / **20** Le Dom Pé fait partie des plus grands vins blancs du monde et de l'élite champenoise. Un 2004 remarquable de profondeur, de richesse et d'équilibre avec, à la clé, une acidité plus vive que son prédécesseur, le 2002. Un vin quasi parfait qu'on peut boire dès aujourd'hui, mais qui gagnera en définition et en nuance si vous avez la patience de le garder en cave une dizaine d'années, voire plus. Du rêve en bouteille.

247 $ CODE SAQ : 00280461 6,8 g/l

CUVÉE DES ENCHANTELEURS 1996

HENRIOT, CHAMPAGNE, FRANCE 12 %

18,5/20 Si vous cherchez un grand champagne avec un peu d'âge, voici votre chance. L'année 1996 est un merveilleux millésime de par sa haute acidité couplée à une excellente richesse qui permettent aux vins de tenir longtemps. Un style à l'anglaise avec des tonalités complexes et secondaires de brioche, d'abricot séché et un rancio à mourir d'envie. Bouche magnifiquement constituée. Un grand vin de la gastronomie.

216 $ CODE SAQ : 11552901   N/D g/l

LES DIX MEILLEURS
ROSÉS
DE 2014

Le rosé est incontestablement un vin d'été, mais il peut aussi être un vin de table savouré avec des poissons et des fruits de mer, notamment. Les rosés du millésime 2014, arrivés au printemps 2015, seront sur les tablettes de la SAQ jusqu'au printemps 2016, au moment où arriveront les rosés 2015. Voici nos coups de cœur du millésime 2014. Vous remarquerez que ce sont tous des secs qui ne correspondent pas à la mode des rosés sucrés.

PÉTALE DE ROSE 2014
CÔTES DE PROVENCE, FRANCE 13,5 %

15/20 Cette année encore, le rosé de Régine Sumeire est mon grand gagnant. Si ça se trouve, la robe est encore plus légère, plus pâle que d'habitude; le vin a de la présence, il est élégant et distingué. Impeccable.

20,25 $ CODE SAQ : 00425496   2,5 g/l

 COUP DE CŒUR

CHÂTEAU LA LIEUE 2014
COTEAUX VAROIS EN PROVENCE, FRANCE 13,5 %

15/20 Superbe encore cette année, le rosé de La Lieue se distingue par ses arômes floraux, des notes de fruits à noyau (pêche, abricot), une présence en bouche franche, bien équilibrée et fruitée en finale.

16,90 $ CODE SAQ : 11687021   1,7 g/l

CUVÉE INDIA 2013
BANDOL, DUPÉRÉ BARRERA, FRANCE 13 %

16/20 Le rosé de Bandol demande souvent de un à trois ans de garde pour se révéler pleinement. C'est le cas de la Cuvée India 2013. Encore timide, il gagne en complexité à l'aération. La bouche manque un peu d'éclat, mais on sent la richesse. Parmi les meilleurs rosés que j'ai goûtés cette année.

24,40 $ CODE SAQ : 11900805   3,3 g/l

ROSÉ D'UNE NUIT 2014
DOMAINE DU DEFFENDS, COTEAUX VAROIS EN PROVENCE, FRANCE 12,5 %

15/20 Nez floral, un peu d'agrumes, agréable; la bouche suit, tendre et charmeuse. Un rosé qui se démarque.

23 $ CODE SAQ : 12638491   2 g/l

VIN GRIS DE CIGARE 2014
BONNY DOON, SANTA CRUZ, ÉTATS-UNIS 13 %

15/20 Un vin spécial de l'excentrique Randall Grahm. Nez minéral, avec de fines notes florales. Intense en bouche, avec une vinosité et une longueur appréciables. Cher, mais racé. Un vin sérieux.

21,95 $ CODE SAQ : 10262979   1,3 g/l

BEAUJOLAIS ROSÉ 2014
GEORGES DUBŒUF, FRANCE 12,5 %

15/20 Un peu bonbon, flatteur, rond. Impression de douceur bien que le vin soit techniquement sec; il a tout pour « cartonner » en été. Et la fameuse bouteille quille de Dubœuf est particulièrement mise en valeur avec ce rosé.

20,25 $ CODE SAQ : 12244598   1,8 g/l

LE PIVE GRIS 2014
MAISON JEANJEAN, SABLE DE CAMARGUE IGP
FRANCE 12 %

15/20 Petit côté floral au nez, du corps, agréable; à mon sens, meilleur que le 2013 qui a rencontré beaucoup de succès.

15,95 $ CODE SAQ : 11372766   1,5 g/l

LE ROSÉ 2014
CHARTIER CRÉATEUR D'HARMONIES
PAYS D'OC, FRANCE 13,5 %

15/20 Bien meilleur que le 2013, le 2014 fait partie de ma courte liste des meilleurs rosés de l'été. Petite pointe d'agrumes au nez. La bouche est à la fois légère, aérienne même, tout en étant consistante (ce beau paradoxe étant toujours, quant à moi, la marque des bons vins), tandis que les saveurs reprennent finement les notions d'agrumes proposées par le nez. Assemblage de vieilles vignes de grenache noir et de cinsault.

19,25 $ CODE SAQ : 12253099   1,9 g/l

DOMAINE DE GOURNIER 2014
VIN DE PAYS DES CÉVENNES, FRANCE 13 %

14/20 Le bon petit rosé de soif, avec cette espèce de légèreté que l'on attend de ce type de vin. Bon rapport qualité-prix.

12,95 $ CODE SAQ : 00464602   2 g/l

SANCERRE ROSÉ LE RABAULT 2014

JOSEPH MELLOT, SANCERRE, FRANCE 12,5 %

15/20 La cuvée 2013 avait donné, pour moi, non seulement le meilleur rosé de l'été 2014, mais aussi l'un des meilleurs jamais bus à vie. Fait avec du pinot noir, ce rosé sentait et goûtait le pinot noir, en mode mineur bien sûr, mais avec une franchise et une précision étonnantes. Hélas, le 2014 est moins spectaculaire que le 2013, bien que fort agréable. C'est un rosé fin et élégant, droit, léger et digeste et très agréable. Quand même un des très bons que j'ai dégustés jusqu'à maintenant.

25,80 $ CODE SAQ : 12228539 3,3 g/l

LES 20 MEILLEURS VINS DE 15 $ À 30 $ DISPONIBLES PARTOUT AU QUÉBEC

Il y a environ un millier de vins dit courants, ou réguliers, que l'on trouve à peu près dans toutes les succursales de la SAQ du Québec. Mais depuis que la société d'État a instauré son service «Cliquez, achetez, ramassez», on peut se faire livrer dans une des annexes près de chez soi non seulement la totalité (ou presque) de ces bouteilles, mais souvent aussi des productions spéciales. En voici 20 : 5 blancs et 15 rouges, particulièrement faciles à trouver.

BLANCS

BANFI FUMAIO 2014
CASTELLO BANFI, TOSCANA IGT, ITALIE 12,5 %

15/20 Ce vin rencontre beaucoup de succès chez nous et avec raison. Dans cette composition de sauvignon et chardonnay, c'est le premier qui l'emporte sur le second, au nez à tout le moins. La bouche est ronde, souple et tendre, presque moelleuse, mais une belle acidité assure la fraîcheur.

16,75 $ CODE SAQ : 00854562 5,4 g/l

CÔTES DU RHÔNE 2013
E. GUIGAL, FRANCE 13,5 %

15,5/20 Ce vin compte maintenant sur un apport de 70 % de viognier (le reste de l'assemblage est de 10 % de roussanne, de 9 % de marsanne, de 8 % de clairette et de 3 % de bourboulenc). Résultat : un blanc sérieux qui a du charme et de la tenue.

19,95 $ CODE SAQ : 00259721 3,6 g/l

CHÂTEAU MOURGUES DU GRÈS LES GALETS DORÉS 2013
FRANÇOIS COLLARD, COSTIÈRES DE NÎMES FRANCE 13 %

15,5/20 Le nez est froid, la bouche est ronde et riche; ce vin de soleil fait preuve néanmoins de fraîcheur (60 % de grenache blanc, 20 % de vermentino et 20 % de roussanne). Et puis, ça nous change du chardonnay et du sauvignon.

17,55 $ CODE SAQ : 11095877 1,8 g/l

MARQUIS DE GOULAINE 2013 RÉSERVE
VALLÉE DE LA LOIRE, FRANCE 12 %

15/20 Quand le sauvignon montre cette subtilité et qu'il laisse parler, ne serait-ce que modestement, le terroir plutôt que son petit caractère variétal, on embarque. Frais, léger, il s'exprime avec de beaux accents minéraux qui en signent joliment la provenance.

15,95 $ CODE SAQ : 11905737   4,5 g/l

POUILLY-FUMÉ « LES CHAILLOUX » 2013
DOMAINE CHÂTELAIN, FRANCE 12,5 %

16/20 Vous aimez le sauvignon, mais seulement quand il est « civilisé » ? Celui-ci se tire toujours très bien d'affaire. Il est ici est à la fois floral et fruité sur les agrumes. La bouche est délicate en saveurs et comme nous sommes à Pouilly, la trame de fond est minérale.

25,20 $ CODE SAQ : 10689753   3,2 g/l

ROUGES

COUP DE CŒUR

DOMAINE DE LA CHARMOISE 2014
HENRY MARIONNET, GAMAY-TOURAINE FRANCE 12 %

15,5/20 Comme toujours, ce vin est tout plein de fruits. Il est droit, élancé, avec cette précision et cette pureté d'expression qui sont la signature des Marionnet.

17,30 $ CODE SAQ : 00329532   2,4 g/l

MERLOT 2010
CHRISTIAN MOUEIX
BORDEAUX, FRANCE 13 %

15/20 Pour un millésime comme ce 2010, frais et équilibré, il est particulièrement délicieux; le merlot s'exprime avec précision et conviction, aussi modeste soit l'appellation.

18,05 $ CODE SAQ : 00369405   3,1 g/l

CHÂTEAU DE CRUZEAU 2011
PESSAC-LÉOGNAN, FRANCE 12,5 %

16,5/20 Voilà un bordeaux, considéré comme un produit courant qui est vendu depuis des lustres au Québec et dont la qualité ne se dément pas. Nez fin et discret à ce stade de son évolution; la bouche a besoin d'un bon coup de carafe pour se révéler. Moyennement corsé, texture soyeuse, c'est un bordeaux sérieux et élégant, vendu à un très bon prix.

22,25 $ CODE SAQ : 00113381   2,3 g/l

BROUILLY « SOUS LES BALLOQUETS » 2013
LOUIS JADOT, FRANCE 13 %

15,5/20 Une certaine amplitude en attaque, rond, frais, digeste, charmeur, avec une impression homéopathique de moka dans les saveurs, nous a-t-il semblé. Très bon.

21,85 $ CODE SAQ : 00515841   2,3 g/l

CHÂTEAU RAUZAN DESPAGNE RÉSERVE 2012

BORDEAUX, FRANCE 13 %

15,5/20 Nous ne concevez pas un repas sans bordeaux ? Voici ce qu'il vous faut : un peu de moka torréfié au nez et une note de graphite (mine de crayon). C'est frais, agréable, peu corsé et son boisé discret lui donne un certain style.

19,95 $ CODE SAQ : 12074648 2,3 g/l

DOMAINE D'AUPILHAC LOU MASET 2013

SYLVAIN FADAT, COTEAUX DU LANGUEDOC FRANCE 13 %

16/20 Cet assemblage composé principalement de cinsault et de grenache et complété par un peu de syrah, de carignan et d'alicante boucher, est meilleur que jamais dans ce millésime. Le vin a une fraîcheur, un « gouleyant » et un côté digeste particulièrement remarquable. Un beau plaisir à très bon coût.

16,15 $ CODE SAQ : 11096116 2 g/l

BOURGOGNE GAMAY 2012

LOUIS LATOUR, FRANCE 12,7 %

15,5/20 Beau nez ouvert sur le gamay et ses petits fruits rouges. Léger et charmeur en bouche, ce vin a le charme d'un bon beaujolais; avec un petit quelque chose de plus qu'on ne saurait nommer à l'aveugle et qui provient en fait de l'ajout de 15 % de pinot noir, embellissant ainsi le portrait final.

18,80 $ CODE SAQ : 11979242 2,2 g/l

AMORINO 2010
PODERE CASTORANI, MONTEPULCIANO D'ABRUZZO, ITALIE 14 %

16/20 Ce cru charmeur et charnu, aux courbes sensuelles, est produit par l'équipe de Jarno Trulli. Il est vrai qu'il contient un rien de sucre résiduel, mais l'équilibre est vraiment réussi. Une belle alternative au liano qui a ses fans, mais qui contient quand même 10 g/l de sucre.

24,60 $ CODE SAQ : 11131778   5,3 g/l

« LES PIERRELLES » 2011
DOMAINE BELLE, CROZES-HERMITAGE FRANCE 13 %

17/20 Très beau nez de syrah, avec des nuances de violette; la bouche suit, distinguée, élancée, racée, d'une parfaite netteté. Bref, le genre de syrah qu'on aime bien faire goûter à ceux qui clament : « Ouais, je ne suis pas trop syrah ! ». Impossible de ne pas l'apprécier. À moins d'être de totale mauvaise foi, évidemment.

25,60 $ CODE SAQ : 00863795   2,9 g/l

« LES MEYSONNIERS » 2012
M. CHAPOUTIER, CROZES-HERMITAGE FRANCE 13 %

17/20 Un autre bon Crozes. Très beau nez de syrah, ouvert, invitant, avec des accents minéraux et de réglisse. La bouche suit, peu corsée, élégante et la syrah s'exprime ici avec cette franchise et cette précision qu'on lui connaît dans la vallée du Rhône.

27 $ CODE SAQ : 10259876   2,2 g/l

SECRET DE FAMILLE 2012
ALBERT BICHOT, BOURGOGNE PINOT NOIR
FRANCE 12,5 %

15,5/20 Les bons pinots noirs à un coût intéressant sont rares. Celui-ci n'offre rien de complexe, on s'en doute bien, mais il est quand même bien typé, porté sur les petits fruits rouges, et il fait plaisir à boire. Et puis le prix est avantageux.

22 $ CODE SAQ : 11153281   2,3 g/l

SAUMUR 2013
DOMAINE LANGLOIS-CHATEAU
SAINT FLORENT, FRANCE 12 %

15,5/20 En passant, il n'y a pas d'accent circonflexe sur le « a » de Langlois-Chateau. C'est que M. Langlois a épousé un jour une madame Chateau qui ne portait justement pas de chapeau sur le « a », bien que les correcteurs automatiques en mettaient un systématiquement, mais bon. Aucune note de poivron sur ce joli vin de cabernet franc. Il est léger, digeste et on a le goût de le boire à grandes lampées.

17,30 $ CODE SAQ : 00710426   1,8 g/l

COUP DE CŒUR

MONDEUSE « LA SAUVAGE » 2013
DOMAINE PASCAL & ANNICK QUÉNARD
VIN DE SAVOIE, FRANCE 12 %

16/20 Joliment épicé et un « tour » de poivre blanc; on a ici le côté gouleyant du beaujolais, mais avec un peu plus de structure. C'est vraiment bon.

25,25 $ CODE SAQ : 10884671   1,4 g/l

CENTINE 2013
BANFI, TOSCANA IGT, ITALIE 13,5 %

15/20 Fidèle à son style, cette union du merlot, du cabernet sauvignon et du sangiovese (60 %) a vu le bois, ce qui l'aromatise un peu, mais sans ostentation. En tout cas, particulièrement agréable et flatteur. En réalité, il contient un rien de sucre résiduel (6 g/l), mais honnêtement, c'est difficile de le percevoir au palais, car l'équilibre est parfaitement réussi.

18,20 $ CODE SAQ : 00908285   6 g/l

COUP DE CŒUR

CANNONAU DI SARDEGNA RISERVA 2010
SELLE & MOSCA, ITALIE 13,5 %

17/20 Cannonau est le nom que l'on donne au grenache en Sardaigne, mais il n'en demeure pas moins qu'il possède une personnalité bien à lui. Un peu épicé par le bois (le vin a passé deux ans dans des foudres de Slovénie), fondu, frais et équilibré, c'est un vin sérieux, comme d'ailleurs tous ceux que produit la maison Sella & Mosca.

17,70 $ CODE SAQ : 00425488   2,7 g/l

30 AUTRES BONS VINS ENTRE 15 $ ET 30 $ QUE VOUS RISQUEZ DE RENCONTRER À VOTRE SUCCURSALE PRÉFÉRÉE

Même si un vin fait partie de la catégorie des produits dits « courants », ça ne veut pas dire que vous allez le retrouver partout. Sa distribution repose sur différentes statistiques de ventes compilées par la SAQ. C'est vrai à plus forte raison pour les produits de spécialités qui se divisent, grosso modo, en trois catégories. D'abord, les spécialités en « approvisionnement continu », reconduites à peu près systématiquement. Celles « d'achat par lots » qui peuvent être éventuellement en rupture de stock, mais que la SAQ rachète régulièrement par lots; les millésimes de ces vins peuvent évidemment changer d'un arrivage à l'autre. Et, enfin, aussi des vins de spécialités que la SAQ ne mettra en vente qu'une seule fois. Sauf les vins appartenant à cette dernière catégorie, ceux qui sont proposés appartiennent aux trois groupes.

BLANCS

COUP DE CŒUR

QUINTA DO MINHO 2014
VINHO VERDE, LOUREIRO, PORTUGAL 10,5 %

15,5 / 20 Très beau vin d'été que ce vinho verde, obtenu uniquement à partir du cépage loureiro. Un peu citronné, légèrement perlant comme il se doit, le vin a du fruit, de la tenue et une élégance certaine. Un des meilleurs dans sa catégorie. Il est parfaitement sec en bouche, même s'il affiche un léger sucre résiduel que la vibrante acidité du vin se charge d'équilibre.

15,30 $ CODE SAQ : 10371438   5 g/l

PINOT GRIGIO RETRO DELLE VENEZIE 2014
BOLLA, ITALIE 12,5 %

15,5 / 20 Vous trouvez que certains pinots grigio sont mollassons ? Essayez celui-ci; il a de la rondeur, mais aussi de la vivacité. Ce style qui se veut « rétro », précise-t-on sur la contre-étiquette, rend hommage aux années 60; on comprend qu'on aimait avant les blancs avec une finale plus vive. Et à cet égard, les Méchants Raisins sont restés très années 60. À moins que ce ne soit ce style, venu tout droit de ces années, qui revienne à la mode.

16,95 $ CODE SAQ : 12494714   4,3 g/l

CHÉREAU CARRÉ 2013
**MUSCADET SÈVRE ET MAINE SUR LIE
FRANCE 12 %**

15,5 / 20 Notes de fleurs blanches, avec cette minéralité typique déjà détectable au nez et qui en est la signature en bouche. Une bouche pimpante et nerveuse, parfaitement droite, presque tranchante. Avec lui, tous les coquillages sont heureux.

15,50 $ CODE SAQ : 00365890 2,4 g/l

LE MASTER 2010
**DONATIEN BAHUAUD, MUSCADET SÈVRE ET
MAINE SUR LIE, ACKERMAN, FRANCE 14 %**

15,5 / 20 Ce vin nous a été présenté cet été comme une nouveauté, mais en réalité ceux qui suivent l'actualité viticole depuis un certain temps se rappelleront que le Master Donatien, comme on l'appelait, était vendu à la SAQ il y a une dizaine d'années. Intéressant ici de voir que c'est un muscadet qui a quand même cinq ans d'âge. Sa tension s'est calmée, il a pris de la rondeur et de l'amplitude, mais a gardé sa grande fraîcheur.

19,95 $ CODE SAQ : 12562545   3 g/l

LA SEGRETA 2014
PLANETA, SICILE, ITALIE 12,5 %

15/20 Intéressant cet assemblage (50 % granico, 30 % chardonnay, 10 % viognier, 10 % fiano) qui donne un blanc rond, charmeur et avec des saveurs évoquant un peu la pêche, à l'acidité basse, mais à l'équilibre d'ensemble réussi. Un bon blanc original.

17,30 $ CODE SAQ : 00741264   1,9 g/l

PICPOUL DE PINET 2013
CHÂTEAU SAINT-MARTIN DE LA GARRIGUE
COTEAUX DU LANGUEDOC, FRANCE 14,5 %

15,5/20 C'est le picpoul le plus cher de ceux vendus à la SAQ. C'est aussi le plus riche, le plus rond et le plus charnu, avec une mâche généreuse et une impression de sucrosité. Mais avec ses 4 g/l de sucre résiduel, le vin est quand même techniquement sec. Ceci explique aussi cela.

18,75 $ CODE SAQ : 11460045   4 g/l

VIOGNIER LES PILIERS 2014
MICHEL GASSIER, VINS DE FRANCE
FRANCE 14,5 %

15,5
―――
20 Très joli nez, aromatique à souhait sur la pêche et la poire, notamment; la bouche suit, parfumée, assez vineuse tout de même avec ses 14,5 degrés d'alcool, mais en même temps, ça lui donne de l'étoffe pour passer à table. On l'essaye avec la cuisine indienne. Michel Gassier signe aussi sous le même nom (Les Piliers), mais à un prix moins cher un sauvignon blanc (code SAQ : 11770140, 12,50 $). Il vaut la peine d'être goûté, avec son caractère variétal bien maîtrisé.

19,95 $ CODE SAQ : 10936785 2,1 g/l

LA SEREINE 2013
LA CHABLAISIENNE, FRANCE 12,5 %

16
――
20 Alors que plusieurs chablis génériques se sont déjà rendus au millésime 2014, c'est un choix délibéré de l'agence de vins LBV International et de la cave coopérative La Chablisienne d'offrir sur le marché des chablis qui ont eu le temps de « se faire un peu » et de perdre en partie leur tension acide, tout en gardant une fraîcheur. Bref, un de ces chablis qui ont du volume et sont faciles à aimer.

22,95 $ CODE SAQ : 00565598 1,8 g/l

ROUGES

VITIANO 2013
FALESCO, UMBRIA IGT, ITALIE 13,5 %

15,5 / 20 Un bon petit rouge léger qui descend bien. Souple et frais, digeste, pourvu d'une bonne acidité. Une fois légèrement rafraîchi, on a le goût d'en boire, même à l'apéro. Assemblage de sangiovese (34 %), de cabernet-sauvignon (33 %) et de merlot (33 %).

16,95 $ CODE SAQ : 00466029   2,5 g/l

CABRAL RESERVA 2011
**DOURO VALLEGRE VINHOS DO PORTO
PORTUGAL 13,5 %**

15,5 / 20 Pour accompagner les grillades, ça prend quand même un vin qui a du corps, une certaine densité et un petit côté boisé discret qui vient s'ajouter aux saveurs apportées par le barbecue; en fait, tout ce que cette bouteille propose à un très bon prix. Un « dur à battre » dans sa catégorie.

15,25 $ CODE SAQ : 12185647   3,7 g/l

COUP DE CŒUR

NAVARRA 2013
ARTAZURI GARNACHA, BODEGAS Y VIÑEDOS ARTADI, ESPAGNE 14 %

15,5/20 Généreux («il y a de la chair autour de l'os», comme on dit), gourmand, un peu épicé, tonifiant, frais en dépit de ses 14 %, sans doute grâce au zeste de gaz carbonique qui en accentue la fraîcheur et le pimpant. Il faut dire que le grenache, ou le garnacha comme on l'appelle en Espagne, est particulièrement bien adapté en Navarre, puisqu'il y est pratiquement né, sinon dans la province d'Aragon ou du moins tout à côté, ou en tout cas dans le nord de l'Espagne. À boire idéalement un peu rafraîchi, autour de 15 à 16 °C. Plaisir garanti.

15,95 $ CODE SAQ : 10902841 2,6 g/l

CLOS LA COUTALE 2013
V. BERMÈDE & FILS, CAHORS, FRANCE 13,4 %

15,5/20 Il y a des cahors qui sont tanniques et pas forcément aimables au premier abord, particulièrement ceux produits avec une bonne proportion de tannat. Et il y en a d'autres qui sont au contraire d'une grande accessibilité, très faciles à boire, même en jeunesse. Celui-ci est fait de 20 % de merlot avec 80 % de malbec et appartient donc à la seconde catégorie. Épicé, moyennement corsé, le vin montre une grande pureté d'expression et le tableau d'ensemble est parfaitement net. On apprécie particulièrement son côté digeste. Bref, c'est franchement savoureux.

15,65 $ CODE SAQ : 00857177   2,6 g/l

PARALLÈLE 45 2013
PAUL JABOULET AÎNÉ, CÔTES DU RHÔNE
FRANCE 14 %

16/20 Vraiment savoureux, pour ne pas dire particulièrement bon, ce millésime. Le hasard a voulu que nous dégustions le 2011 la veille d'avoir goûté celui-ci et le 2013 le dépasse d'une bonne tête. Épicé, légèrement boisé, on a l'impression de mordre dans le fruit. Franchement, on se régale à pas cher avec cet assemblage de grenache et de syrah. Emportés par l'enthousiasme, nous lui avons donné une très bonne note pour souligner sa franchise et sa gourmandise.

16,35 $ CODE SAQ : 0332304   2,9 g/l

BELLERUCHE 2013
M. CHAPOUTIER, CÔTES DU RHÔNE
FRANCE 14 %

15/20 Plutôt léger de corps, vineux sans être alcooleux, car le vin a de la fraîcheur; la texture est agréable, ça descend bien et, pour tout dire, sans être complexe, c'est franchement un bon petit côtes-du-rhône.

17,95 $ CODE SAQ : 00476846   3 g/l

BORSAO CRIANZA SELECCIÓN 2012
CAMPO DE BORJA, BODEGAS BORSAO ESPAGNE 14,5 %

15,5 / 20 Bodegas Borsao est l'une des meilleures caves coopératives d'Espagne. Ce vin, un assemblage de garnacha (grenache), de tempranillo et de cabernet-sauvignon, nous semble mieux équilibré que le précédent millésime, moins marqué, en tout cas, par son élevage. La bouche est souple, ronde, mais avec quand même de la structure; moyennement corsé, ce vin est plus sérieux que ce que n'indique le prix.

15,75 $ CODE SAQ : 10463631 3,1 g/l

CHÂTEAU DES TOURTES 2012
BLAYE CÔTES DE BORDEAUX, FRANCE 14 %

15 / 20 Un peu de moka au nez, en bouche aussi; plutôt léger, agréable, bien fait, le genre de petit bordeaux bien typé qu'on peut servir sans rougir lors de toutes sortes d'occasions qui commandent un bon rouge.

18,40 $ CODE SAQ : 00889899 3,2 g/l

LE ORME 2012
MICHELE CHIARLO, BARBERA D'ASTI ITALIE 13 %

15,5 / 20 Très réussi, ce millésime. Le vin a de la tenue, de la droiture, avec le fruit qu'il faut évidemment. Nous aimons bien les vins de Michel Chiarlo; ils ont le charme traditionnel des vins du Piémont, avec cette franche acidité qui leur donne du tonus. Dans un restaurant «apportez votre vin», c'est une bouteille gagnante.

16,45 $ CODE SAQ : 00356105 2,9 g/l

CHÂTEAU PELAN BELLEVUE 2009
BORDEAUX CÔTES DE FRANCS, FRANCE 13,5 %

$\frac{15}{20}$ Joli nez qui a commencé à évoluer sur le tertiaire, avec des notions d'encre. La bouche suit, relativement fondue, avec des tanins qui pointent dans un ensemble agréable. Un bon petit bordeaux plutôt léger qui après ses presque six ans de bouteille est parfaitement prêt à boire, ce qui n'est pas si courant à ce prix.

17,45 $ CODE SAQ : 10771407 2 g/l

RUBESCO 2011
LUNGAROTTI, TORGIANO, ITALIE 12,5 %

$\frac{15,5}{20}$ Ce petit vin d'Ombrie est vendu à la SAQ depuis toujours, nous semble-t-il. C'est un bon signe : on apprécie sa présence régulière. Joli fruit, un profil élancé, des petits tanins qui pointent (il contient un peu de sangiovese, complété par du colorino et du canaiolo). C'est net, facile à boire, rafraîchissant.

17,35 $ CODE SAQ : 00041947 2,4 g/l

GUELBENZU AZUL 2011
RIBERA DEL QUEILES, ESPAGNE 14,5 %

$\frac{15,5}{20}$ Un nez qui évoque les prunes, avec un peu de chocolat amer. La bouche est vineuse, presque chaleureuse, mais le fruit est si généreux qu'on est prêt à lui pardonner son léger débordement de chaleur. Texturé et les saveurs un brin évoluées, mais un vin éminemment sympathique qu'on imagine bien servir à un méchoui. Assemblage de tempranillo (75 %), de cabernet-sauvignon et de merlot.

18,85 $ CODE SAQ : 973248 2 g/l

LA FLEUR ANNE 2011
SAINT-ÉMILION, FRANCE 13,5 %

$\frac{15,5}{20}$ Toujours à la recherche d'un bon bordeaux à bon prix ? Celui-ci fera l'affaire. Composé principalement de merlot (et d'un peu de cabernet-sauvignon et de cabernet franc), comme la plupart des vins de l'appellation, il est plutôt léger, vraiment plaisant à boire. Un bordeaux passe-partout, non dépourvu d'une certaine élégance pour le prix.

19,85 $ CODE SAQ : 00236653 2,9 g/l

 COUP DE CŒUR

ZANTHO ZWEIGELT 2013
PECK & UMATHUM ZANTHO, BURGENLAND AUTRICHE 14 %

$\frac{15,5}{20}$ Ce vin, élaboré avec le cépage zweigelt, lequel est le fruit d'un croisement de deux autres raisins typiquement autrichiens (le sankt laurent — ou saint-laurent — et le blaufränkisch), n'est pas sans rappeler le gamay. Il est minéral, frais et équilibré et se paie même le luxe d'une certaine finesse. Léger et digeste, c'est franchement bon. Avec des charcuteries ou alors accompagné d'un poulet grillé.

17,05 $ CODE SAQ : 10790384 2,2 g/l

SINO DA ROMANEIRA 2010
QUINTA DA ROMANEIRA, DOURO PORTUGAL 13,5 %

$\frac{16}{20}$ Belle sève juteuse, peu corsé, généreux de son fruit sinon de sa personne, des saveurs sur les cerises griottes, ce vin produit avec les cépages traditionnels du Douro (tinta roriz, touriga franca, touriga nacional, tinta cão) ne se prend pas pour ce qu'il n'est pas, ce qui le rend d'autant plus charmeur et franchement gourmand.

20 $ CODE SAQ : 12291319 2,7 g/l

CHÂTEAU MONTAIGUILLON 2012
MONTAGNE SAINT-ÉMILION, FRANCE 13,5 %

16/20 Le merlot prend la part belle dans cet assemblage (78 %) et il a de la jasette, soulignée par un petit accent torréfié. Moyennement corsé, le fruit est frais et l'ensemble est net, avec une amertume de bon aloi en final. Fort bon.

24,40 $ CODE SAQ : 00864249   2,9 g/l

MAESTRIA 2013
PRODUCTEURS PLAIMONT, MADIRAN FRANCE 13,5 %

15,5/20 Une belle réussite de cette coopérative du Sud-Ouest que ce madiran substantiel et solide. Moyennement corsé, il a subi un élevage adéquat en barriques, ce qui lui apporte un petit côté « toasté » agréable. Le prix est bon, compte tenu de la qualité.

18,45 $ CODE SAQ : 10675271   2,5 g/l

EL COTO 2011
RIOJA CRIANZA, EL COTO DE RIOJA ESPAGNE 13 %

15/20 De corps moyen, avec un boisé certes présent mais discret qui ne fait que souligner les origines. C'est un bon vin souple, bien produit; il pourra faire un bon compagnon pour les grillades.

17,30 $ CODE SAQ : 11254188   2,6 g/l

CHÂTEAU LA GASPARDE 2009

**CASTILLON, CÔTES DE BORDEAUX
FRANCE 13 %**

15,5/20 Le nez a commencé à évoluer un peu sur le tertiaire, mais la bouche est encore pleine de tonus en raison d'une belle acidité. De corps moyen, légèrement torréfié, des tanins plutôt fermes, c'est un bon bordeaux vendu à bon prix. Le 2010 doit arriver en début d'année 2016.

20,90 $ CODE SAQ : 00527572 3,3 g/l

COUP
DE
CŒUR

LE MICCINE 2012

**AZIENDA AGRICOLA LE MICCINE, CHIANTI
CLASSICO, ITALIE 13 %**

15,5/20 Impossible de passer à côté de ce très bon chianti produit par la Québécoise Paula Cook, née à Saint Bruno et qui a étudié l'œnologie à Angers et à Piacenza, en Italie. Le vin est vineux et le paysage gustatif est parfaitement net. Un bon chianti vibrant et authentique.

21,15 $ CODE SAQ : 12257559 1,8 g/l

VIEUX CHÂTEAU CHAMPS DE MARS 2010
CASTILLON, CÔTES DE BORDEAUX FRANCE 13,5 %

16,5/20 Un de nos coups de cœur lors de nos longues séances de dégustations et, de plus, sûrement aussi l'un des meilleurs rapports qualité-prix du guide. Fruit bien mûr mais frais, du gras, du charnu, du texturé, des notes de cuir et de petits fruits noirs, fondu, belles notions florales, comme la rose à l'aération; bref, un régal. Il vient d'atteindre son plateau de maturité et devrait pouvoir s'y maintenir encore entre cinq et huit années de plus. On a bien hâte de goûter le prochain millésime.

22,75 $ CODE SAQ : 10264860   2,1 g/l

PINOT NOIR 2012
CHANSON, BOURGOGNE, FRANCE 12,5 %

15/20 On ne se trompe guère en achetant un vin de la maison Chanson. Même si celui-ci est fait avec des raisins qui ne proviennent pas de ses vignobles. C'est du bon pinot léger, agréable, bien typé, authentique. Si on veut mettre quelques sous de plus, on monte d'un cran en qualité avec le Givry 2013 (Code SAQ : 00966176, 30,50 $).

24,45 $ CODE SAQ : 11598394   2,2 g/l

LES 75 (+ 1 !) MEILLEURS VINS À MOINS DE 15 $ (LISTE 2016)

LES VINS BLANCS

CHENIN BLANC 2014
ROBERTSON WINERY, BREEDE RIVER VALLEY
AFRIQUE DU SUD 13,5 %

$\frac{13,5}{20}$ Oui, c'est charmeur, un peu rond (le vin affiche près de 6 g/l de sucre résiduel) et assez simple, mais nous saluons avec une joie chaque fois renouvelée l'équilibre sucre/acidité qui donne à cette cuvée un côté gourmand, sec et tonique. Assez constante de qualité (il nous est arrivé de la trouver un peu moins convaincante), ça reste un plaisir coupable que nous endossons complètement !

10,60 $ CODE SAQ : 10754228   5,8 g/l

VALE DA JUDIA 2014
COOPERATIVA AGRÍCOLA DE SANTO ISIDORO DE PEGÕES, MOSCATEL, TERRAS DO SADO PORTUGAL 12 %

$\frac{15}{20}$ Très joli nez de muscat (appelé « moscatel » dans la péninsule ibérique), à la fois floral et fruité, mais parfaitement sec en bouche bien que parfumé. Croquant, charmeur, invitant, c'est un très beau vin d'apéro qui, en plus, accompagne parfaitement bien les asperges, les blanches en particulier.

11,30 $ CODE SAQ : 10513184   1,7 g/l

BOTTERO DI CELLO 2014 BIANCO
CASA VINICOLA BOTTER CARLO, VENETO IGT ITALIE 11,5 %

$\frac{13}{20}$ On a toujours besoin d'un bon vin de party. En voici un et même deux, puisque celui-ci est la version en blanc du même en rouge. C'est facile à boire, c'est rond mais sec (ou presque), avec quelque chose de légèrement « muscaté » dans les saveurs. Et comme il n'est qu'à 11,5 % d'alcool, on est bien parti pour veiller plus tard !

11,55 $ pour 1 l
CODE SAQ : 00430462   4,2 g/l

AVELEDA 2013
QUINTA DA AVELEDA, VINHO VERDE PORTUGAL 10 %

$\frac{14}{20}$ Nez sur les agrumes qui fait penser au sauvignon (il n'en contient évidemment pas). Une bouche fraîche, presque pétillante, comme c'est souvent le cas dans les vinhos verdes. Le vin est sec en final, car le sucre qu'il contient est complètement gommé par une vivifiante acidité.

11,95 $ CODE SAQ : 00005322   14 g/l

CAMPO DA VINHA 2014
UINTA DO MINHO, VINHO VERDE
PORTUGAL 10,5 %

14/20 Le prototype du petit vin de fin d'après-midi, léger (10,5 degrés d'alcool), tonique, légèrement effervescent, frais et fringant; il est aussi rond, agréable, fort bon pour tout dire. L'acidité étant naturellement élevée dans les vinhos verdes, ses 11 g/l de sucre ne sont pas vraiment perceptibles et assurent plutôt l'équilibre.

12,20 $ (SAQ Dépôt seulement)
CODE SAQ : 00597542   11 g/l

CHARDONNAY 2014
TRAPICHE, MENDOZA, ARGENTINE 13,5 %

13,5/20 Un chardo argentin évidemment généreux au nez, avec sa pointe tropicale qui rappelle l'ananas. Il lui manque peut-être un peu de concision et, bizarrement, de poids en bouche pour se démarquer, mais l'ensemble reste bien maîtrisé et irréprochable.

12,25 $ CODE SAQ : 00588004   4,4 g/l

VIÑA SOL 2014
TORRES, CATALUNYA, ESPAGNE 11,5 %

14,5/20 Encore une fois au «rendez-vous qualité» dans ce millésime-ci, et avec un prix qu'on réussit à contenir à un niveau plus qu'acceptable. C'est droit, croquant, avec un fruit qui a de la rondeur en milieu de bouche. Impeccable et franchement délicieux.

12,65 $ CODE SAQ : 00028035   3,5 g/l

BIN 65 CHARDONNAY 2014
LINDEMAN'S, SOUTH AUSTRALIA, AUSTRALIE
13,5 %

$\frac{15}{20}$ Un chardonnay australien simple, mais tout en fruits et en rondeur, avec des notes beurrées et vanillées. Efficace pour accompagner des fruits de mer sautés au beurre ou servis avec une sauce à la crème.

12,85 $ CODE SAQ : 00142117   6 g/l

LES VIGNES RETROUVÉES 2013
PRODUCTEURS PLAIMONT, SAINT-MONT
FRANCE 13 %

$\frac{14}{20}$ Léger, croquant, avec un petit rien d'agrumes apporté sans doute par l'apport de 60 % de gros manseng (le petit courbu et l'arrufiac complètent l'assemblage). C'est léger et rond en final, simple mais impeccable pour le prix.

12,85 $ CODE SAQ : 10667319   3,8 g/l

CLASSIC 2014
DOMAINE DU TARIQUET, CÔTES DE GASCOGNE
FRANCE 10,5 %

$\frac{14}{20}$ C'est frais et vif, malgré une pointe de sucre qui arrondit le tout. De beaux arômes floraux et de pommes vertes. C'est aussi léger dans tous les sens : c'est l'un des rares vins français à afficher seulement 10,5 % d'alcool. Bon pour l'apéro ou sur des huîtres.

12,95 $ CODE SAQ : 00521518   6,4 g/l

ALBIS 2014
JOSÉ MARIA DA FONSECA, PÉNINSULE DE SÉTUBAL, PORTUGAL 12 %

13,5 / 20 Simple et efficace, ce petit blanc portugais ira à merveille avec les poissons et autres fruits de mer. C'est légèrement perlant à l'attaque, mais l'oxygène viendra remettre le tout rapidement en place. On le sert bien frais.

12,95 $ CODE SAQ : 00319905   2,1 g/l

CAVIT COLLECTION PINOT GRIGIO 2013
DELLE VENEZIE, ITALIE 12 %

14 / 20 Nez simple, mais agréable, ça coule bien en bouche et contrairement à ce qu'on pourrait s'attendre, le vin est techniquement sec, à quelques cheveux près.

12,95 $ CODE SAQ : 12382501   4,6 g/l

---

3 GRAPPES BLANCHES DE LA CHEVALIÈRE 2013
LAROCHE, PAYS D'OC IGP, FRANCE 12,5 %

14 / 20 Joli nez où le sauvignon apparaît en filigrane, où l'on détecte aussi un petit côté floral. La bouche est un rien «perlante» (gaz carbonique), ce qui ajoute à sa fraîcheur et le rend croquant; en même temps, il est rond et charmeur. Assemblage de chardonnay, de sauvignon blanc et de terret (un raisin assez neutre qui sert surtout de cépage d'appoint).

13,35 $ CODE SAQ : 10324615   1,9 g/l

PYRÈNE CUVÉE MARINE 2014
CÔTES-DE-GASCOGNE, FRANCE 11,5 %

$\frac{13}{20}$ Assemblage classique de sauvignon blanc, de gros manseng et de colombard. Nez d'assez bonne expression évoquant les agrumes, l'herbe et l'iode. Très sec de par son acidité, le vin gagne du volume en milieu de bouche. Tendre et rafraîchissant.

13,70 $ CODE SAQ : 11253564   3,8 g/l

PORCA DE MURÇA 2014
**REAL COMPANHIA VELHA, DOURO
PORTUGAL 13 %**

$\frac{14}{20}$ Assemblage hétéroclite de cépages arinto, moscato, gouveio et viosinho qui donne un blanc fort original tant au nez qu'en bouche. Floral avec des notes de tilleul, de melon et un fond de muscat facile à déceler. Assez gras et possédant une acidité suffisamment vive pour tenir le tout en équilibre. Ça se laisse boire facilement à l'apéro.

13,50 $ (SAQ Dépôt seulement)
CODE SAQ : 11905622   2 g/l

ORMARINE PICPOUL DE PINET LES PINS DE CAMILLE 2013
**MAISON JEANJEAN, COTEAUX DU LANGUEDOC
FRANCE 13 %**

$\frac{15,5}{20}$ Notion de paille au nez, mais aussi de poire à l'aération, avec en plus une petite pointe d'agrumes. C'est léger, net, ça coule bien et avec sa franche acidité, ça nettoie le palais en moins de deux. Impeccable sur les coquillages.

13,95 $ CODE SAQ : 00266064   2,3 g/l

GROS MANSENG-SAUVIGNON 2013
ALAIN BRUMONT, SUD-OUEST, FRANCE 12,5 %

13,5/20 Alain Brumont appartient à ces locomotives qualitatives qui ont permis de tirer vers le haut la production d'une région à la fois grande et méconnue des amateurs. C'est précisément le cas de ce petit blanc qui, année après année, étonne par sa franchise, sa fraîcheur, son équilibre et son caractère. Son secret ? L'âge de ses gros manseng, parmi les plus vieux ceps de la région selon ce qu'il nous a glissé à l'oreille lors de l'un de ses nombreux passages au Québec. Voilà, c'est dit !

13,80 $ CODE SAQ : 00548883   4,9 g/l

RAPITALA 2014
RAPITALA, TERRE SICILIANE IGT, ITALIE 13 %

15/20 Assemblage très réussi de catarrato et de chardonnay. C'est frais au nez, invitant, la bouche est droite, ce qui n'empêche pas le vin d'avoir du gras et de la rondeur (il n'a pas fait de bois); bien que simple, on aime l'originalité de son expression. Un bon petit blanc à poissons.

13,95 $ CODE SAQ : 00613208   2,4 g/l

ANGIMBÉ 2014
CUSUMANO, TERRE SICILIANE IGT, TENUTA FICUZZA, ITALIE 13,5 %

14/20 Cet assemblage d'inzolia (70 %), un cépage sicilien et de chardonnay (30 %) nous offre ici un bon petit blanc simple, mais équilibré et désaltérant. On en a pour son argent.

14,20 $ CODE SAQ : 11097101   2,1 g/l

BLANCO SELECCION 2014
BORSAO, CAMPO DE BORJA, ESPAGNE 13 %

13,5/20 Parmi les meilleures caves coopératives d'Espagne, Borsao est un nom bien connu au Québec. Et c'est tant mieux, car la plupart des vins vendus sous ce nom sont souvent irréprochables de qualité. C'est le cas de ce petit blanc à base de macabeu et fermé à capsule à vis — on aime, car pas de soucis de «goût bouchon». Bien parfumé avec des notes de fruits de la passion, d'ananas et de crème. C'est gras et doté d'une acidité basse. Finale peu longue, mais agréable.

13,95 $ CODE SAQ : 10856161   N/D g/l

SEYVAL BLANC 2014
VIGNOBLE DU MARATHONIEN, HAVELOCK
QUÉBEC 11,5 %

14/20 On connaissait les vins doux du domaine, mais ce seyval blanc sec nous a étonnés par son fruité quand même exubérant, avec des arômes de pommes mûres et de poires, mais également des notes de fleurs blanches. En bouche c'est vif, comme tous les vins du cépage seyval, mais bien équilibré.

14,50 $ CODE SAQ : 11398325   5,7 g/l

COUP DE CŒUR

ADEGA DE PEGÕES 2014
TERRAS DO SADO, PORTUGAL 13 %

15,5/20 Cette année, on a tellement aimé ce vin qu'on vous l'a placé dans trois catégories : pour l'apéro, pour la pizza et dans cette liste des meilleurs à moins de 15 $. Et ce n'est pas volé pour cet assemblage de chardonnay et de cépages locaux portugais qui nous charme par ses arômes à la fois fruités et floraux, et par sa texture grasse, mais relevée par une bonne acidité.

14,60 $ CODE SAQ : 10838801   4,6 g/l

VIÑA IJALBA GENOLÍ 2014
RIOJA, ESPAGNE 13 %

15/20 Le millésime 2014 ne fait pas mentir la réputation de ce toujours très bon vin produit à partir du cépage viura, nom que l'on donne au macabeo dans La Rioja. Beau fruit tendre qui rappelle la poire, rond et charmeur, avec la fraîcheur qu'il faut. Impeccable.

15,10 $ CODE SAQ : 00883033   1,8 g/l

LA VIEILLE FERME 2014
LUBERON, FRANCE 13 %

14,5/20 Ce classique de nos succursales est particulièrement réussi en 2014; à la fois floral et fruité, c'est léger, croquant, très frais donc et assez vineux pour passer à table.

14,80 $ CODE SAQ : 10690404   1,5 g/l

CHAMINÉ 2013
CORTES DE CIMA, VINHO REGIONAL ALENTEJANO, PORTUGAL 13 %

15,5/20 Bien que le sauvignon ne compte que pour 25 % de l'assemblage, c'est celui-ci, avec ses notes d'agrumes qui domine au nez (le reste se divise en parts égales entre le viognier, le verdelho et l'antão vaz). En bouche, les saveurs jouent aussi une jolie partition sur les fruits tropicaux, avec un fond de minéralité qui ajoute de la complexité à l'ensemble. Un blanc qui a beaucoup de personnalité.

14,95 $ CODE SAQ : 11156238   2,3 g/l

COUP
DE
CŒUR

LES JARDINS DE MEYRAC 2013
SOCIÉTÉ DU CHÂTEAU CAPENDU, VIN DE PAYS D'OC IGP, FRANCE 11,5 %

15/20 Cet assemblage de sauvignon et de chardonnay continue de nous réjouir dans ce millésime-ci. L'équilibre est réussi entre ces deux cépages et le sauvignon se montre discret, tout juste sent-on une petite pointe d'agrume. Simple, certes, mais très bien fait. Un bon blanc passe-partout.

14,50 $ CODE SAQ : 00637850   2,4 g/l

LES VINS ROUGES

FONTE DO NICO 2013
COOPERATIVA AGRÍCOLA DE SANTO ISIDRO DE PEGÕES, VINHO REGIONAL PENÍNSULA DE SETÚBAL, PORTUGAL 12,5 %

14/20 Pas très aromatique, c'est vrai, encore qu'on y trouve des notes florales et épicées; la bouche est plutôt légère et fait montre d'une certaine rusticité avec des tanins un peu rudes. Mais c'est bon, particulièrement à table.

9,35 $ CODE SAQ : 12525120   3,7 g/l

MALBEC 2014 ROBLE
FINCA FLICHMAN, MENDOZA, ARGENTINE 12,5 %

14/20 Le mot *roble* signifie « chêne ». Cette cuvée a donc vu le bois — et à ce prix, ça pourrait n'être que des copeaux ou des douelles. Mais peu importe si cela, surtout dans cette gamme de prix, ajoute un petit plus au vin. Et c'est le cas ici. C'est fondu, souple, rond et ça lui apporte de discrètes notes boisées épicées.

9,95 $ CODE SAQ : 10669832   1,7 g/l

MAS DES TOURELLES GRANDE CUVÉE 2013
GFA DE FORTON, PAYS D'OC, FRANCE 14 %

13,5/20 À tout petit prix, ce vin aux accents du Sud, avec des notes de fruits rouges cuits, rond et souple en bouche et une chaleur qui lui vient de son taux d'alcool assez élevé (14 %). Servez-le bien frais.

9,95 $ CODE SAQ : 11975233   2,1 g/l

SAVEURS OUBLIÉES 2013
VIGNERONS CATALANS, CÔTES DU ROUSSILLON VILLAGES, FRANCE 13,5 %

14,5/20 Rond et gourmand, relativement souple, peu corsé, un rien épicé (on a l'impression que le vin a vu un peu le bois, sinon les « chips » de bois). On a réussi à contenir les degrés de ce vin qui, encore dans ce millésime, demeure plus que recommandable. C'est même dans sa catégorie l'un des meilleurs achats à faire.

10,45 $ CODE SAQ : 00448498   2,4 g/l

MAPU 2012 CABERNET SAUVIGNON — CARMENERE
VALLE CENTRAL, CHILI 13,5 %

$\frac{14}{20}$ Un vin tout simple. Au nez, on y trouve des notes de poivrons mûrs, de cerises. En bouche, c'est bien structuré pour une bouteille de ce prix; avec une trame tannique fine et une belle acidité.

10,95 $ CODE SAQ : 10530283   3,1 g/l

VILA REGIA 2013
SOGRAPE, DOURO, PORTUGAL 12,5 %

$\frac{13,5}{20}$ Qualité constante et exemplaire. L'archétype du petit rouge de semaine bien fait qu'on prend plaisir à boire. Le 2014 paraît bien né. Parfums de mûres, de garrigue et de pruneau. Matière généreuse et d'assez bonne densité qui permet de polir la rusticité des tanins et rend l'ensemble authentique et agréable à boire. Un tour de force à ce prix.

10,55 $ CODE SAQ : 00464388   2,2 g/l

RÉSERVE SAINT-MARTIN MERLOT 2014
**VIGNERONS DE LA MÉDITERRANÉE
PYRÉNÉES-ORIENTALES, FRANCE 14 %**

$\frac{13}{20}$ Un merlot tout ce qu'il y a de plus merlot par ses odeurs et par ses saveurs de bleuets et de tarte aux fruits. Ample en attaque, juste assez riche et doté d'une acidité basse, on sent le vin peu corsé et facile à boire, mais qui ne tombe pas dans le piège de la lourdeur ou du sucré (quand même 6,1 g/l de sucre résiduel). Servir assez frais (15 °C).

10,90 $ CODE SAQ : 12477914   6,1 g/l

COTO DE HAYAS
GRENACHE - SYRAH 2013
**BODEGAS ARAGONESAS, CAMPO DE BORJA
ESPAGNE 13,5 %**

14,5 / 20 Très joli fruit; un fruit qui a de l'éclat, même. Le vin est moyennement corsé, souple, avec des notions de cerise et de réglisse.

11,20 $ CODE SAQ : 12525111   3,3 g/l

NARI 2012
FIRRIATO, TERRE SICILIANE IGT, ITALIE 13,5 %

13,5 / 20 Cet assemblage de nero d'avola et de petit verdot en a réjoui plusieurs ces derniers mois. C'est un petit rouge facile, certes qui a peut-être vu un peu le bois; joyeux et bon enfant, si on peut dire, il a quand même de la structure avec ces petits tanins qui pointent.

10,95 $ CODE SAQ : 11905809   2,7 g/l

J.J. MCWILLIAM SHIRAZ/
CABERNET 2013
SOUTH EASTERN AUSTRALIA, AUSTRALIE 13,5 %

14 / 20 À prix minuscule, un rouge australien honnête et fidèle à nos attentes : du fruit, de la couleur, de la rondeur et du bois. Pas de grande complexité, mais c'est généreux et savoureux.

10,95 $ CODE SAQ : 10915001   6,5 g/l

QUINTA DE BONS-VENTOS 2013
CASA SANTOS LIMA, LISBOA, PORTUGAL 13 %

$\frac{12,5}{20}$ Un rouge portugais qui, à l'aveugle, n'est pas sans rappeler les vins riches en sucre résiduel de Californie. Notes de pâtisserie, de cerise et de bonbon au chocolat. C'est rond, gourmand, avec une acidité basse mais suffisante pour garder l'ensemble vivant et... intéressant. Du moins pour les amateurs du genre!

11,45 $ CODE SAQ : 10269388   9,4 g/l

LA GARNOTTE 2013
JEAN-NOËL BOUSQUET, CORBIÈRES
FRANCE 13,5 %

$\frac{13,5}{20}$ Encore cette année, cette petite « garnotte » a trouvé son chemin jusqu'à cette liste. C'est un vin chaleureux, ensoleillé, assez costaud, sans être lourd. Sympathique.

11,30 $ CODE SAQ : 11374411   2,5 g/l

COUP
DE
CŒUR

LES JARDINS DE MEYRAC 2013
S.A. CHÂTEAU CAPENDU, PAYS D'OC IGP
FRANCE 14 %

$\frac{15}{20}$ Frais, léger, facile à boire, avec un caractère fruité qui rappelle la groseille et le cassis, c'est un petit vin exemplaire, le parfait passe-partout que l'on boit sans se poser de questions, mais surtout sans regrets et avec plaisir.

11,25 $ CODE SAQ : 12167246   5,9 g/l

BOTTERO DI CELLO
**CASA VINICOLA BOTTER CARLO, VENETO IGT
ITALIE 11,5 %**

14,5 / 20 Petit frère en rouge du même vin en blanc, recommandé aussi; c'est également un parfait vin de party (prix de revient : 8,80 $ la bouteille). Pas cher, et franchement, fort correct. Et puis, contrairement à d'autres vins de cette gamme de prix, il est parfaitement sec.

11,55 $ pour 1 l
CODE SAQ : 00409888   4 g/l

MEIA ENCOSTA 2013
**SOCIEDADE DOS VINHOS BORGES, DÃO
PORTUGAL 12,5 %**

14 / 20 Le nez est plus ou moins expressif, mais par contre c'est tout plein de fruits en bouche, une bouche qui vient enjoliver un petit côté floral fort agréable. Plutôt léger de corps, c'est une belle bouteille pour les repas tranquilles de la semaine. Assemblage de touriga nacional, de jaen, d'alfrocheiro et de tintat roriz.

11,90 $ CODE SAQ : 00250548   2,4 g/l

MONASTERIO DE LAS VIÑAS CRIANZA 2008
**GRANDES VINOS Y VIÑEDOS, CARIÑENA
ESPAGNE 13 %**

13,5 / 20 Toujours étonnant de voir un vin à ce prix tenir aussi longtemps. On devine des arômes primaires de fruits cuits, rapidement dominés par des notes nettement plus secondaires, voire tertiaires de camphre, de terre cuite et d'humus. En bouche, la richesse de jeunesse a gagné une certaine patine. Assez ample, presque rond, fondu et porté par une acidité encore énergique. Un vin qu'on aura intérêt à boire à table.

12,30 $ CODE SAQ : 00539528   2,5 g/l

BOUSSAC 2013
J. PELLERIN, LANGUEDOC-ROUSILLON FRANCE 13 %

13,5/20 Ah, le Languedoc ! Quand il nous donne des vins à la fois généreux, sapides et d'assez bonne définition comme celui-ci, on dit oui ! C'est sec, mi-corsé avec un fruité mûr lui donnant un aspect soyeux. Persistance en finale tout à fait respectable. Importé en vrac au Québec, il a l'avantage d'afficher un tout petit prix. À servir autour de 15-16 °C.

11,25 $ CODE SAQ : 00346148   2,4 g/l

MEDORO 2013
UMANI RONCHI, MARCHE, ITALIE 13 %

13/20 Bien parfumé, rose séchée, cerises, réglisse. Bouche sapide, fraîche, car portée par l'acidité. Ensemble charmeur et digeste, un peu court, mais qui se tire fort bien d'affaire si vous cherchez un petit italien pour le spaghetti de milieu de semaine.

12,70 $ CODE SAQ : 00565283   4,5 g/l

HOYA DE CADENAS 2010 RESERVA TEMPRANILLO
VICENTE GANDIA PIA, UTIEL-REQUENA ESPAGNE 14 %

14/20 Il y a deux cuvées de ce vin, celle-ci est la moins chère. Discrètes notes de chêne au nez; le chêne est présent aussi en bouche, mais sans être trop insistant, lui donnant en fait sa signature typiquement espagnole. Moyennement corsé, il y a un joli fruit en arrière-fond, avec des saveurs légèrement torréfiées. Il a quand même du style pour un vin de ce prix.

12,95 $ CODE SAQ : 00978387   1,6 g/l

CHÂTEAU CAZAL VIEL VIEILLES VIGNES 2013
SAINT-CHINIAN, FRANCE 13,5 %

14,5/20 L'un des meilleurs à moins de 15 $, année après année. Un vin généreux et fruité, complexe aussi, avec des notes animales et fumées, une texture soyeuse et une belle longueur. Que demander de plus ?

13,25 $ CODE SAQ : 00202499   3 g/l

ALTANO 2013
SYMINGTON, DOURO, PORTUGAL 13,5 %

14/20 De la famille Symington, ce petit rouge du Douro est un coup de cœur pratiquement chaque année. Bien coloré, typique par ses tonalités de pruneau, d'épices et de réglisse. Un fruit généreux, frais qui se traduit par une bouche caressante, peu tannique et qui conserve un petit côté rustique en finale. Beaucoup de vin pour le prix.

12,95 $ CODE SAQ : 00579862   2,8 g/l

GRANDE RÉSERVE DES CHALLIÈRES 2014
BONPAS, CÔTES DU VENTOUX, FRANCE 14 %

14/20 Petit vin du Rhône en voie de devenir un classique à bas prix. Généreux, d'une belle netteté sur le plan des saveurs (fruits rouges, viande sanguine, pivoine), avec un petit côté poivré en arrière-plan. C'est tendre, bien construit et soyeux au palais. Servir frais, autour de 15 °C.

12,95 $ CODE SAQ : 00331090   1,6 g/l

MICHEL HAURY GRENACHE PETITE ÉDITION 2013
CASTEL FRÈRES, PAYS D'OC, FRANCE 13,5 %

15,5/20 Nous avons craqué pour cette nouvelle introduction au répertoire général de la SAQ. Le vin est généreux de son fruit; un fruit qui a de l'éclat et qui s'exprime sur de franches saveurs de framboises. C'est léger, gourmand et gouleyant et la finale donne une impression de rondeur, voire d'une légère «sucrosité», mais le vin est techniquement et parfaitement sec. Franchement très bon.

13,70 $ CODE SAQ : 12477594   3,3 g/l

CAMPO REALES CANFORALLES ROBLE TEMPRANILLO 2013
LA MANCHA, ESPAGNE 14 %

14/20 Légèrement épicé, boisé sans ostentation, mais assez pour lui apporter un petit rien de torréfié. Beau fruit généreux, moyennement corsé, la texture est jolie, le vin est équilibré et délicieux. On lui pardonne facilement son chouïa de sucre résiduel.

14,05 $ CODE SAQ : 10327373   4,6 g/l

MONTE DEL FRA 2013
BARDOLINO, ITALIE 12,5 %

13,5/20 Un italien de Vénétie, dont le profil rappelle justement les vins de type Ripasso et Amarone. Un rouge généreux, riche, soutenu par une acidité qui apporte de la fraîcheur à un ensemble dominé par des arômes de fruits en confiture, de cigare et d'épices douces. Finale légèrement herbacée qui se traduit par une amertume et s'ajoute à la personnalité du vin. Il est préférable de le servir assez frais (14-15 °C).

14,10 $ CODE SAQ : 12383109   8,4 g/l

CHÂTEAU DU GRAND CAUMONT 2013
CORBIÈRES, FRANCE 14 %

14/20 Autre référence et vraisemblablement l'un des meilleurs vins à moins de 15 $. Nez aguichant de garrigue, de violette et de fruits noirs. Bouche axée sur la puissance, bien structurée, avec une pointe capiteuse en finale qui s'étire de façon agréable.

13,85 $ CODE SAQ : 00316620   1,8 g/l

CHATONS DU CÈDRE 2013
CHÂTEAU DU CÈDRE, CAHORS, FRANCE 13,5 %

15/20 Le petit vin du Château du Cèdre déçoit rarement. À ce prix, on a un bon malbec, d'abord sur le fruit (mûres, bleuets) avec des notes de fumée, mais sans les excès racoleurs des malbecs argentins. Ça se boit bien, les tanins sont souples et réservés. Parfait pour les burgers sur le BBQ.

14,20 $ CODE SAQ : 00560722   2,1 g/l

SYRAH 2014
CUSUMANO, SICILE, ITALIE 14 %

14,5/20 Belle bouteille (avec bouchon de verre très design). Le vin regorge d'arômes et de saveurs de cerises confiturées, avec quelques notes d'olives. C'est rond et lisse, avec une belle intensité de saveurs.

14,20 $ CODE SAQ : 10960777   2,3 g/l

SEPTIMA MALBEC 2013
CODORNIU, MENDOZA, ARGENTINA 14 %

15/20 Bien réussi encore avec ce millésime-ci, bien que le style nous ait semblé légèrement différent du 2012. Note de chocolat amer et un rien de torréfaction au nez; de corps moyen, avec des épaules un peu carrées, le vin est travaillé, comme on dit, en ce sens qu'il a peut-être vu un peu les douelles de chêne. Mais à ce prix, on ne se plaint surtout pas.

13,95 $ CODE SAQ : 12207252   2,6 g/l

CABERNET DE CABERNET 2013
PAUL MAS, FRANCE 14 %

15/20 Jean-Claude Mas, c'est le producteur derrière le populaire Arrogant Frog qui a disparu des tablettes il y a quelques années. Depuis, c'est ce vin qui l'a remplacé. Les deux cuvées sont très proches l'une de l'autre : le même style joufflu, avec beaucoup de fruit et des notes de chêne bien senties. Le vin est dense et d'une texture grasse.

13,95 $ CODE SAQ : 11676381   4,6 g/l

HÉCULA 2013
CASTAÑO, YECLA, ESPAGNE 14 %

13,5/20 Qualité toujours aussi constante et impressionnante pour ce petit rouge espagnol à base de monastrell (ou le mourvèdre en France). De bonne intensité tout en restant simple sur des notes de fruits noirs, de prune et de vanille qui rappellent les rhums âgés. Richement constitué, assez corsé tout en restant souple et caressant. Charmeur et athlétique. On le laisse 45-60 min au frigo (dont une petite demi-heure en carafe) avant de le servir.

14,05 $ CODE SAQ : 11676671   2,7 g/l

FONTANÁRIO DE PEGÕES 2012
COOPERATIVA AGRÍCOLA DE SANTO ISIDORO DE PEGÕES, PALMELA, PORTUGAL 13,5 %

14 / 20 Millésime après millésime, la qualité de ce petit vin qui possède son lot d'amateurs chez nous, ne se dément pas. Fait avec le cépage castelaõ (appellé aussi periquita), moyennement corsé, il a un fond de rusticité, c'est vrai, mais en même temps, ça lui donne de la personnalité.

14,10 $ CODE SAQ : 10432376   4,2 g/l

SHIRAZ 2014
ROBERTSON VINERY, BREEDE RIVER VALLEY AFRIQUE DU SUD 13,5 %

13,5 / 20 L'un des rouges les plus surprenants à moins de 15 $. Un rouge gourmand et généreux, tout en nuances, avec de la fraîcheur et une impression à la fois caressante et structurée. Belle allonge sur des notes de café, d'épices douces, de cerise noire et d'eucalyptus. Une coopérative sud-africaine qui excelle qualitativement.

14,20 $ CODE SAQ : 00586149   2,9 g/l

CHÂTEAU LA LIEUE 2013
COTEAUX VAROIS EN PROVENCE, FRANCE 14 %

14 / 20 Un autre de nos chouchous. Agriculture bio. Un savoir-faire familial auquel s'ajoutent passion et minutie. Que ce soit le blanc, le rosé ou le rouge, la qualité est impressionnante. Sans parler du prix toujours aussi doux. Le rouge 2013 évoque des tonalités de fruits noirs, de rafle et de poivre. Simple, généreux, avec une trame tannique qui se fait sentir en fin de bouche. Assez bonne longueur rappelant la framboise et les épices.

14,50 $ CODE SAQ : 00605287   2,1 g/l

CUVÉE PRESTIGE 2014
DOMAINE DE GOURNIER, GARD, LES CÉVENNES FRANCE 13 %

14/20 La syrah qui partage ici la scène avec un peu de merlot (30 %), porte à bout de bras ce vin gourmand aux effluves de lavande, de cassis, de garrigue, avec, en arrière-plan, une touche végétale. Simple, souple, le tout reste frais et digeste. Qualité constante et irréprochable.

14,25 $ CODE SAQ : 11769616   2,6 g/l

SOLI PINOT NOIR THRACIAN VALLEY 2012
EDOARDO MIROGLIO, BULGARIE 13,5 %

15,5/20 On a de la difficulté à trouver de bons pinots noirs entre 20 $ et 30 $. Alors, imaginez quand on en trouve un sous la barre des 15 $, comme celui-ci. Bien typé en plus, bien qu'il ne soit pas complexe; par contre, il est d'une totale franchise et réussit à donner une expression juste et vraie du pinot.

14,75 $ CODE SAQ : 11885377   2,7 g/l

CATAMAYOR TANNAT 2014
BODEGAS CASTILLO VIEJO, SAN JOSE URUGUAY 12,5 %

15/20 Moins tannique qu'à Madiran où il est le cépage roi, le tannat donne en Uruguay (où il est aussi le cépage de prédilection) des vins qui sont plus portés sur le fruit. Un rien de torréfaction (encore ici, le vin a sans doute vu les douelles de chêne), mais l'ensemble est équilibré avec des saveurs de mûres et de groseilles.

14,80 $ CODE SAQ : 10264376   2,6 g/l

PRIMITIVO LAPACCIO 2014
PASQUA, SALENTO, ITALIE 13,5 %

13/20 Un vin langoureux, aux tanins charnus et à la matière juteuse. L'acidité lui permet d'atteindre un équilibre enviable et d'éviter le piège de la lourdeur. Une cuvée facile, bien maîtrisée et moderne qui plaira aux amateurs de Ménage à Trois et autres vins « botoxés » au sucre résiduel.

14,95 $ CODE SAQ : 00610204   12 g/l

LA VIEILLE FERME 2014
PERRIN, CÔTES DU VENTOUX, FRANCE 13,5 %

14/20 C'est le vin de négoce de la famille Perrin qui est notamment derrière le Château de Beaucastel, l'un des grands de Châteauneuf-du-Pape. Dominé par la grenache et complété par la syrah, le mourvèdre et le cinsault, c'est un rouge d'excellente facture. Nuancé, sur le fruit, souple et gouleyant. Un classique qui mérite sa place dans le peloton de tête des meilleurs vins à moins de 15 $ à la SAQ. Bravo !

14,95 $ CODE SAQ : 00263640   2,2 g/l

DUQUE DE VISEU 2012
SOGRAPE, DÃO, CARVALHAIS, PORTUGAL 12,5 %

15,5/20 Meilleur que jamais, ce millésime-ci. Moyennement corsé, mais doté quand même d'une structure qui ne l'empêche pas d'être souple. Bien en chair, petite note de réglisse (une partie du vin a vu le bois), c'est un vin qui descend bien, comme on dit. Assemblage de touriga nacional, de jaen, d'alfrocheiro preto et de tinta roriz (le nom du tempranillo au Portugal).

14,95 $ CODE SAQ : 00546309   2,2 g/l

NAOUSSA 2012
BOUTARI, GRÈCE 11,5 %

14/20 Un classique de la région de Naoussa, dans le nord-ouest de la Grèce. Le cépage xinomavro donne un vin assez unique, tant pour ses parfums de pâte de tomates, d'olives et de cerise noire au nez que pour sa bouche à la fois ciselée, rustique et passablement ferme, mais qui garde assez de fraîcheur et se démarque par son allonge aromatique. À son meilleur à table avec l'agneau.

15,05 $ CODE SAQ : 00023218   2,9 g/l

LES VINS ROSÉS

120 ROSÉ CABERNET SAUVIGNON
SANTA RITA, VALLE CENTRAL, CHILI 13,5 %

13/20 Un rosé foncé, presque rouge, aux accents « sauvignonnés » de cassis, avec des notes de vieux cuir qui peuvent être désagréables au nez de certains et qu'on retrouve très souvent dans les vins chiliens. En bouche, c'est capiteux, plus costaud que la plupart des rosés. Idéal donc pour la table, avec des saucisses sur le BBQ, par exemple.

9,95 $ CODE SAQ : 00266502   2,9 g/l

LISTEL GRIS 2014
SABLE DE CAMARGUE, IGP DU GARD
FRANCE 12,5 %

$\frac{14}{20}$ On aime le Listel Gris et on ne s'en cache pas. C'est un rosé sans prétention, à tout petit prix, mais qui est toujours bien fait, simple, tendre, savoureux. Le rosé du sud de la France, c'est ça : pâle, sans excès d'acidité, légèrement floral.

12,25 $ CODE SAQ : 00270272   5 g/l

DOMAINE DE GOURNIER 2014
VIN DE PAYS DES CÉVENNES, FRANCE 13 %

$\frac{14,5}{20}$ Léger, fruité, avec beaucoup de fraîcheur. C'est un rosé idéal pour l'apéro quand il fait chaud et qu'on boit sans trop se poser de questions. Efficace et abordable, année après année. On aime.

12,95 $ CODE SAQ : 00464602   2 g/l

LES VINS MOUSSEUX

CODORNÍU CLASICO SEC
CAVA, ESPAGNE 11,5 %

$\frac{13,5}{20}$ Le classique des mousseux espagnols. On le snobe souvent, mais pourtant, dans le style, c'est très bien fait : petites bulles fines, arômes de fruits frais (pommes, poires), avec des notes de mie de pain. Attention : le « sec » est un peu plus sucré que le « brut » (vendu juste au-dessus de 15 $), mais tout aussi bon, à notre avis.

13,45 $ CODE SAQ : 00503508   17 g/l

BRUT BLANC DE BLANCS
J. P. CHENET, FRANCE 11 %

$\frac{14}{20}$ Un mousseux d'entrée de gamme, on s'entend ; simple mais agréable, dosé légèrement, saveurs un peu miellées, mais aussi porté sur les pommes vertes. À ce prix, c'est très respectable.

13,75 $ CODE SAQ : 10540748   12 g/l

HUNGARIA GRANDE CUVÉE BRUT
HONGRIE 11,5 %

$\frac{13}{20}$ Difficile de produire des bulles de qualité aussi respectable à un prix aussi bas. Bonne intensité des parfums qui rappelle la pomme verte, les noix de Grenoble et une pointe de fumée. Plutôt ample en attaque, l'ensemble profite d'une belle acidité qui le rend fort agréable.

12,95 $ CODE SAQ : 00106492   8,6 g/l

LES VINS DOUX

MOSCATEL DE SETÚBAL 2011
BACALHOA, PORTUGAL 17,5 %

$\frac{15}{20}$ Nous avons été charmés, cette année, par ce muscat liquoreux portugais, légèrement ambré, aux notes de melon miel, de fruits confits (abricots), à la texture moins lourde que d'autres vins du genre, donc plus digeste. À servir très frais en apéro, l'été, ou à la fin du repas.

12,25 $ CODE SAQ : 10809882 ❯ 60 g/l

VIN DE MUSCAT
UNION DES COOPÉRATIVES VINICOLES DE SAMOS, SAMOS, GRÈCE 15 %

$\frac{14,5}{20}$ Ok, ce n'est pas subtil : les arômes de miel, de raisins de Corinthe, de pêche cuite vous rentrent dedans comme un camion de 18 roues. Mais c'est onctueux, (très) riche et efficace. À servir absolument très froid (certains mettent des glaçons, mais on ne vous le conseille pas), en guise de dessert. Vous pouvez aussi l'essayer avec un fromage bleu très puissant; c'est étonnant.

13,20 $ CODE SAQ : 00044578 ❯ 60 g/l

CANASTA CREAM SUPERIOR OLOROSO

XÉRÈS, WILLIAMS & HUMBERT, ESPAGNE 19,5 %

14,5 / 20 Le xérès est à l'Espagne ce que le porto est au Portugal. Comme pour le porto, il existe plusieurs types de xérès. Il y a des xérès doux (les oloroso que les Anglais appellent le cream sherry) et les xérès secs (les finos, que les Anglais appellent « dry sherry »). Si on vous parle des Anglais, c'est que comme pour le porto, ce sont les Britanniques qui sont en grande partie responsables de l'essor qu'a connu le xérès au XVIIIe et XIXe siècles.

Nos amis british sont de grands friands de sherry, encore aujourd'hui. On affectionne particulièrement les « oloroso ». Celui-ci en est un d'entrée de gamme, une bonne introduction au style. Servez-le frais après le repas, seul ou avec un dessert.

14,85 $ CODE SAQ : 00416966 ⟩ 60 g/l

QUIZ

QUEL TYPE DE BUVEUR ÊTES-VOUS ?

Aiguisez votre crayon mine et trouvez une gomme à effacer afin que la prochaine personne à qui vous allez passer ce guide n'en sache pas trop sur vous. Assurez-vous d'avoir au moins deux verres de vin au compteur et laissez-vous aller. Surtout, ne prenez pas ce test trop au sérieux, tout en sachant qu'il pourrait vous en révéler un peu plus sur vos goûts en matière de vin.

Le meilleur moment pour ouvrir une bouteille :
a) En 5 à 7 ♣
b) Le vendredi soir ♥
c) Le lundi soir ♠
d) Tous les moments sont bons ♦

Vous achetez votre vin :
a) Chez Signature ♦
b) En importation privée ♠
c) SAQ Sélection ♥
d) Épicerie, dépanneur ou SAQ, cela n'a pas d'importance ♣

Si vous aviez une pastille de goût à choisir, ce serait ?
a) Soyeux et élégant ♦
b) Boisé et savoureux ♣
c) Pur et funky ♠
d) Fruité et généreux ♥

Côté bouffe, vous êtes plutôt :
a) Côte de bœuf vieilli 30 jours ♣
b) Dahl indien (plat de lentilles) ♠
c) Spaghettis bolognaise ♥
d) Flétan à la plancha ♦

En prenant un verre de vin, vous regardez :
a) Une comédie ♥
b) Un documentaire ♠
c) Un classique en noir et blanc ♦
e) Un match de football ♣

Quel type de restaurant recherchez-vous ?
a) Un étoilé Michelin ♦
b) Un bistro-lounge du Dix-30 ♣
c) La Buvette de quartier ♠
d) Un « apportez votre vin » de la rue Duluth ♥

Comme musique, vous écoutez :
a) David Guetta ♣
b) Charles Aznavour ♦
c) Marie-Mai ♥
d) Arcade Fire ♠

Si vous partez en voyage, vous préférez :
a) Un voyage humanitaire en Amérique du Sud pour construire un orphelinat ♠
b) Un tout-inclus familial à Cuba ♥
c) Un voyage organisé des châteaux de la Loire ♦
d) Une virée de gars ou entre filles à Las Vegas ♣

À quel endroit aimeriez-vous faire la grande demande de mariage ?
a) Dans les vignes de Santorin ♠
b) Entre deux périodes de hockey du Canadien ♣
c) Dans un grand restaurant de New York ♦
d) En gondole sur un canal de Venise ♥

Votre fantasme :
a) Une orgie romaine ♣
b) Derrière la cabane du vigneron du Clos de Bèze ♦
c) Sur un lit de roses d'un château médiéval ♥
d) Une séance sado-maso avec de la corde d'escalade ♠

Laquelle de ces voitures de rêve choisiriez-vous ?
a) BMW 635 CSI ♦
b) Lamborghini Gallardo ♣
c) Tesla Model S ♠
d) Lexus 4x4 hybride ♥

Si vous aviez un prix Nobel à remporter, ce serait ?
a) Paix ♥
b) Physique ♦
c) Littérature ♠
d) J'aimerais mieux un oscar ♣

Quelle est votre définition du bonheur ?
a) Être riche et célèbre ♣
b) Être reconnue et accomplie ♦
c) Être en santé et heureux ♥
d) Être jeune et légendaire ♠

Votre dessert préféré ?
a) Profiteroles ♥
b) Tarte Tatin parfumée à la fleur d'oranger ♠
c) Une barre Mars ♣
d) Une assiette de fromages ♦

RÉSULTATS :

SI VOUS AVEZ PLUS DE CARREAU (♦) : LE BUVEUR CONNAISSEUR

Sans dire que vous êtes conservateur, vous avez tendance à préférer les valeurs sûres. Vous avez plongé depuis un moment dans le monde du vin et possédez les premières éditions du Guide Phaneuf. Vous affectionnez autant le blanc que le rouge et avez rarement besoin de conseils à la SAQ. Au fil des ans, vous avez scrupuleusement accumulé des vieux bordeaux pendant que c'était encore abordable. Aujourd'hui, votre cœur est en Bourgogne, mais vous êtes outré par les prix. C'est pourquoi vous vous rabattez sur les crus du Mâconnais, le chablis, sans oublier les crus bourgeois afin d'y trouver l'esprit classique des grands vins.

SI VOUS AVEZ PLUS DE PIQUE (♠) : LE BUVEUR AVENTURIER

Vous êtes enclin à vivre de nouvelles expériences et n'hésitez pas à aller à contre-courant afin de remettre en question les idées reçues. Sans vous décrire comme un hipster du vin, vous accordez beaucoup d'importance à son origine et sa démarche en arrière. Vous recherchez les vins bios, vous connaissez les principes de base de la biodynamie et vous achetez souvent des vins naturels en importation privée. Vous aimez faire un brin de jasette avec les conseillers à la SAQ pour connaître les arrivages à venir. Vous avez depuis longtemps baissé les bras devant l'absurdité des vins de banquiers. Vous avez un faible pour le Jura, les vins de l'Etna, en Sicile et votre réserve personnelle contient plusieurs flacons de crus du Beaujolais.

SI VOUS AVEZ PLUS DE CŒUR (♥) : LE BUVEUR DU DIMANCHE

Vous êtes à l'écoute, plutôt amusé que passionné. Vous avez peut-être reçu ce livre en cadeau. Le vin vous intéresse, mais pas au point d'y consacrer la moitié de votre chèque de paie. Au fil du temps, vous avez développé un lien d'amitié avec le conseiller en vin de votre SAQ, que vous fréquentez et écoutez de manière régulière. Vous avez déjà pu croire que le rouge est meilleur que le blanc, mais vous comprenez qu'on fait d'aussi grands vins dans les deux couleurs. Avec le temps, votre intérêt pour le vin devrait continuer à croître. Vous êtes sur la voie de devenir un amateur averti.

SI VOUS AVEZ PLUS DE TRÈFLE (♣) : LE BUVEUR DE MODE

Pour vous, le vin est d'abord un prétexte pour faire la fête avec ceux que vous aimez. Les commentaires de dégustation vous ennuient. Sans dire que tous les vins goûtent la même chose, vous y prêtez peu d'attention. Vous demandez rarement conseil à la SAQ et trouvez souvent plus simple d'acheter votre bouteille à l'épicerie. Vous avez tendance à suivre les modes et à aimer les vins « botoxés » au sucre résiduel comme le Ménage à Trois ou le Liano. Si on était Méchants Raisins, on dirait que vous êtes le « douchebag » sympathique du vin, sauf qu'on sait que vous êtes toujours le premier à offrir l'apéro. Et c'est pour ça qu'on vous aime.

LEXIQUE

À PROPOS DE L'ALCOOL ET DU SUCRE

Pour presque tous les vins commentés dans ce guide, nous avons jugé bon de vous indiquer leur teneur en alcool et en sucres résiduels. Vous retrouverez ces informations écrites juste sous le nom du vin.

On est évidemment plus familier avec le pourcentage d'alcool qu'avec le taux de sucre résiduel. Mais, pourtant, la teneur en sucre d'un vin modifie beaucoup son goût et la perception qu'il laisse en bouche.

Il faut comprendre que le vin est le résultat de la fermentation du jus (moût) de raisins, processus pendant lequel des levures se «nourrissent» du sucre pour le transformer en alcool et gaz carbonique. Le sucre résiduel, c'est celui qui reste dans le vin une fois la fermentation complétée.

Un vin sec contient moins de quatre (4) grammes de sucre résiduel par litre.

Voici un tableau expliquant la classification (par la SAQ) des vins selon leurs taux de sucre :

Vin sec : moins de 4 g/l

Vin demi-sec : 4 à 12 g/l

Vin demi-doux : 12 à 50 g/l

Vin doux : plus de 50 g/l

Cépage : c'est la variété de raisins utilisés pour faire le vin. Le chardonnay, le cabernet-sauvignon et le malbec sont des cépages. Un vin qui n'est fait que d'une seule variété de raisins est un vin mono-cépage. Un vin qui est composé de plusieurs types de raisins est un vin d'assemblage.

Encépagement : désigne la proportion des différentes variétés de raisins cultivées sur un même vignoble. L'encépagement de ce dernier peut être représenté par 60 % de cabernet-sauvignon, 20 % de merlot, 15 % de cabernet franc et 5 % de petit verdot. Cela peut donner une indication de la proportion des cépages qui vont se retrouver dans un vin d'assemblage, mais ce n'est pas nécessairement la recette exacte utilisée.

Millésime : c'est l'année de production d'un vin.

Tension : un vin « tendu » est doté d'une structure assez solide pour ne jamais « s'effoirer » en bouche. Il reste bien droit, bien senti, depuis son attaque en bouche jusqu'à la finale.

Attaque : la première impression donnée par le vin quand on le met en bouche.

Milieu de bouche : l'impression que nous donne le vin après l'attaque, mais avant la finale, juste avant le moment de l'avaler.

Finale : la dernière impression laissée par la vin en bouche. Une longue finale (c'est-à-dire des saveurs et des arômes qui persistent) est l'une des manifestations d'un grand vin.

Rétro-olfaction : ce terme qui semble compliqué désigne en fait les arômes (et non les saveurs) perçus en bouche par la voie rétro-nasale, c'est-à-dire en remontant par le fond de la bouche vers le nez. C'est grâce à la rétro-olfaction que ce que l'on boit et mange semble « goûter » autre chose que les saveurs primaires que sont le salé, le sucré, l'acide et l'amertume.

Tanins : ce sont des substances qui proviennent de la peau et des pépins de raisins et qui apportent une certaine amertume au vin (surtout aux rouges), tout en lui donnant de la structure. Ce sont les tanins, notamment qui permettent aux vins de bien vieillir. Les barriques de chêne dans lesquelles sont élevées certaines cuvées apportent aussi des tanins. Ceux-ci peuvent être plus ou moins mûrs et plus ou moins agréables.

Nervosité : un vin nerveux est celui qui a une bonne acidité, encore plus qu'un vin « vif ».

IGP : Indication géographique protégée. C'est une reconnaissance attribuée principalement en Europe (par la Communauté européenne) pour garantir et déterminer l'origine d'un vin (ou d'un autre produit alimentaire).

IGT : Indication géographique « typique ». L'une des classifications officielles des vins italiens. Équivaut à un IGP ou un vin de pays en France.

VDP : Vin de pays. C'est une appellation plus ancienne que l'IGP pour déterminer l'origine des vins qui n'ont pas d'appellation d'origine contrôlée (AOC). Équivaut à l'IGP européenne.

BRG : nom donné à une levure développée en Bourgogne et utilisée pour ses qualités aromatiques.

Biodynamie : méthode de production de divers produits alimentaires, dont le vin qui comporte une grande part de philosophie et une certaine part de spiritualité. Les vignerons qui produisent en biodynamie considèrent leur vignoble comme un organisme agricole. Ils respectent des calendriers lunaires et planétaires pour effectuer certaines tâches, en plus d'élaborer des préparations parfois étranges pour amender le sol. On considère que les producteurs en agriculture biodynamique obtiennent généralement de très bons résultats, sans nécessairement pouvoir prouver scientifiquement que c'est cette méthode qui rend leurs vins si bons.

Bâtonnage : c'est une opération qui consiste à remuer le vin en cuves après la fin de la fermentation pour remettre les lies (les parties solides qui s'accumulent au fond) en suspension; ceci pour qu'elles soient en contact avec le vin et qu'elles lui apportent davantage d'arôme et de corps.

Élevage : c'est la période où le vin repose après la fermentation et avant qu'il ne soit mis sur le marché. L'élevage peut se produire en fûts de chêne, en cuves d'acier inox, en bouteilles, sur lies (avec ou sans bâtonnage) etc.

Mâche : un vin qui a de la « mâche », c'est un vin qui possède suffisamment de corps et de gras et qui donne une impression d'épaisseur en bouche, comme si on pouvait le mâcher, justement.

Minéralité : terme controversé (et plutôt récent) qui décrit le caractère d'un vin, soit par la présence d'arômes « minéraux » (pierre à fusil, coquillages, silex, pétrole etc.), soit par une sensation gustative à la fois acide et saline.

Fruité : se dit d'un vin qui possède des arômes de fruits. À ne pas confondre avec un vin doux qui possède, lui, un taux de sucre élevé. Un vin très sec, aux arômes de citron et de pomme verte, peut être fruité, mais ne sera pas doux. À l'inverse, un vin doux qui sent le caramel et les noix, peut ne pas être fruité du tout.

REMERCIEMENTS

Un Méchant Raisin, ça peut aussi être reconnaissant. Et je le suis. Premièrement envers mes collègues Claude et Patrick, qui ont pris ce projet à bras-le-corps. À Renée, mon amour, qui endure mes (trop nombreuses) dégustations. À Yves Viau qui, le premier, m'a fait comprendre que le vin appartenait à tous, pas seulement aux élites. À Benoît-Guy Allaire, qui doit bien rire dans sa barbe, au Paradis, avec tous ces grands buveurs. Et à tous ceux qui suivent les Méchants Raisins depuis le début.

— Mathieu Turbide

Comme j'aurai bientôt 30 ans de chroniques derrière le gosier, je ne pensais jamais travailler sur un guide du vin dans mon dernier droit. Merci à Mathieu pour avoir eu l'idée de ce guide, et de m'avoir convaincu de m'y atteler. Merci à Patrick pour m'avoir donné l'énergie de me rendre jusqu'au bout. Et merci surtout à Denise, à nos enfants et à nos amis qui ont compris (et pardonné, évidemment) que le temps consacré à ce guide était du temps qu'on leur volait un peu, mais que je tente, depuis, de leur remettre en double.

— Claude Langlois

À mes parents, sans qui le monde du vin et tout cela n'existerait pas. À Benoît, dit Singe, notre «sommelier» émérite, sorte de technicien de tournée en charge de nos dégustations à l'aveugle. À Sister, Anatole, Fleur, Barbiboule, Luc Rodrigue, Gazelle et JFL pour vos précieux conseils. Vous vous êtes prêtés à mes sessions de dégustation pas toujours évidentes. Remerciements au service du courrier de Québecor Média pour la gestion des échantillons. Merci à Mathieu d'avoir initié ce projet, et à Claude pour sa confiance. Spéciale dédicace à Marc Chapleau pour m'avoir donné, le premier, la chance d'écrire sur le vin.

— Patrick Désy

Les Méchants Raisins tiennent aussi à remercier Linda Bouchard et Laurie-Anne Riendeau, de la SAQ, qui nous ont aidés à réunir les informations factuelles et les photos nécessaires. Un gros merci aussi à Benoit Dussault, à Christine Lemus et à Johanna Reynaud pour les beaux dessins.

TABLE DES MATIÈRES

Cet ouvrage a été achevé d'imprimer
au Québec sur les presses de
Marquis Imprimeur
le vingt-sept octobre deux mille quinze
pour le compte des
Éditions du Journal